Biblioteca Era

Carlos Monsiváis

Los rituales del caos

Carlos Monsiváis

Los rituales del caos

Ediciones Era

Agradezco a Alejandro Brito, Jorge Claro León, Armando Cristeto,
Marco Antonio Cruz, Guillermo Castrejón, Rogelio Cuéllar, David Hernández,
Maritza López y Francisco Mata Rosas el préstamo de las fotografías
que aparecen en este libro. –C. M.

Primera edición: marzo de 1995
Primera reimpresión: abril de 1995
Segunda reimpresión: junio de 1995
Tercerra reimpresión: agosto de 1995
Cuarta reimpresión: octubre de 1995
Quinta reimpresión: abril de 1996
Sexta reimpresión: mayo de 1998
Séptima reimpresión: enero del 2000
ISBN: 968-411-373-0
DR © 1995, Ediciones Era, S. A. de C. V.
Calle del Trabajo 31, 14269 México, D. F.
Impreso y hecho en México
Printed and made in Mexico

PARA
Alejandra Moreno Toscano
Y
Enrique Florescano

Índice

Sólo existe el buen verso, el mal verso, y el caos.
• T. S. Eliot •

Lo que caracteriza a la cultura de las nuevas generaciones es, antes que nada, el predominio de su mera existencia. Ya que la historia de este tiempo consiste en demografía, y no en la historia, lo que estas generaciones han sido y lo que han querido, constituye la historia de su tiempo.
• George W. S. Trow •
Within the Context of No Context.

Caos fue la primera fuerza que sopló sobre los
    campos
hizo centro en la entrada de un hormiguero
    para
hacer de una planicie
un remolino que su centro hundía.
• Ricardo Castillo, *La oruga* •

Lo único que puede decirse del caos es que es bueno para la libre empresa.
• John Kenneth Galbraith •

...Como si existiese una eternidad de gentes, lo mismo que hay una eternidad de tiempo y de espacio.
• Charles Dickens •
Historia de dos ciudades

Prólogo

Las formas enredadas —solemnes, divertidas o grotescas— de la vida en sociedad se identifican ante sí mismas de modo más bien típico: multitudes que se hacen y rehacen cada minuto, carnavales previstos e imprevistos, capacidades adquisitivas, placer por extraviarse en los laberintos de la energía o de la inercia. Aquí la avidez todo lo devora, la resignación todo lo santifica, el relajo todo lo conoce y desconoce a la vez. Visto desde fuera, el caos al que aluden estas crónicas (en su acepción tradicional, precientífica) se vincula, básicamente, a una de las caracterizaciones más constantes de la vida mexicana, la que señala su "feroz desorden". Si esto alguna vez fue cierto ya ha dejado de serlo. Según creo, la descripción más justa de lo que ocurre equilibra la falta aparente de sentido con la imposición altanera de límites. Y en el caos se inicia el perfeccionamiento del orden.

En el centro, el consumo. En el mundo de las grandes supersticiones contemporáneas, la compra y el anhelo de compra se han convertido en el don para reflejarse en el espejo del prestigio íntimo, y, en el juego donde las imágenes son lo esencial, lo que se alaba es la creencia en el consumo (de fe, de atmósferas privilegiadas, de sensaciones únicas, de productos básicos y superfluos, de shows), al que se califica como fuerza que verdaderamente encauza a la sociedad.

Sin embargo, el consumo es uno entre tantos factores en el espacio donde concurren las variedades del caos. Hay otro elemento inevitable, ubicuo. Si, como se dice, el poder es la raíz de la noción misma de espectáculo, a lo que se presenta con ese nombre se le reconocen virtudes totalizadoras y los atributos de lo armónico. Gracias al espectáculo, según se declara con otras palabras, pero de manera inequívoca, el desorden se aquieta, las multitudes admiten las disciplinas del pasmo, y tiene lugar la mezcla perfecta de imposición autocrática y nivelación democrática.

La hipótesis anterior cuenta con el apoyo de sectores muy amplios, seguros de que tras el falso caos se alza la normatividad del espectáculo. Pero a esta dictadura de la fascinación electrónica (de los manuales del sojuzgamiento) le falta, para ser convincente, tomar en cuenta los valores de la diversión, "el lenguaje fluido de la anti-ideología", según Guy Debord. La diversión genuina escapa a los controles, descree de las bendiciones del consumo, no imagina detrás de cada show los altares consagrados al orden. La diversión genuina (ironía, humor, relajo) es la demostración más tangible de que, pese a todo, algunos de los rituales del caos pueden ser también una fuerza liberadora.

PARÁBOLA DE LAS IMÁGENES EN VUELO

Desde las estadísticas, la gente acecha. Allí, en esa plaza fuerte de la demografía, la gente se sabe a salvo y en expansión continua. Recién abandonamos a la pareja y ya su descendencia colma el estadio. Al amparo de las tempestades demográficas, la gente se ufana de su incontinencia, y, aunque diga lo contrario, se enorgullece de su poderío reproductor. Donde hace un siglo se localizaba a los prototipos, hoy se desbordan las especies: los admiradores de quien sea, los adversarios de lo que sea, los reprimidos, los ansiosos de empleo, los ganosos de ejercer la fama, los ávidos de los aprendizajes que jamás desembocan en la práctica.

Y todos cuantos vagan, y todos cuantos se inmovilizan, de la demografía sus mil virtudes van refiriendo. El ámbito de las multiplicaciones reta al infinito y despoja de sentido a las profecías. ¿Y qué es el crecimiento sino la negación de los augurios? Siempre, los números, así se les disminuya, hacen palidecer a los vaticinios. ¿Hay una pesadilla más entrañable que la demografía? Y las imágenes iluminan el perpetuo Camino del Exceso (la intimidad masificada), y en las imágenes la gente se acomoda en el espacio físico que es, también, la visión del mundo. Todos juntos aunque nadie lo quiera, en la implosión de recursos y la explosión de familias, en la lujuria y el ascetismo. La diosa de los modernos, la demografía, expulsa y atrae, preserva y anega, es un diluvio y es la sequía que florece.

Todo lo que respire, si logra hacerlo, alabe a la demografía.

Concierto de la raza © David Hernández

El flechador del cielo ● Jesús Helguera

Apolo urbano © Armando Cristeto

Jesús Fidencio Síntora Constantino, El niño Fidencio

Rodolfo Guzmán, El Santo © particular

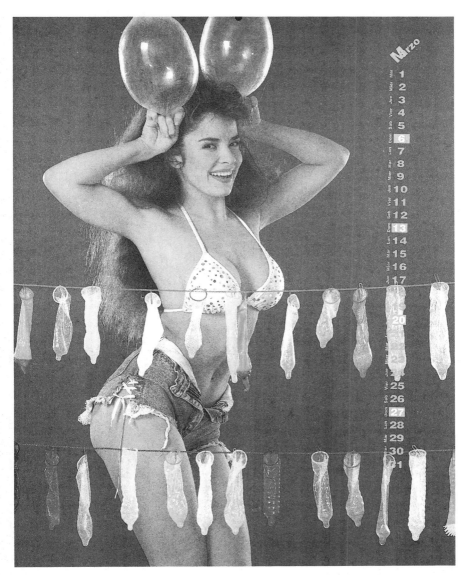

Gloria Trevi y los condones © Maritza López

Viernes Santo en Iztapalapa © Marco Antonio Cruz

Julio César Chávez © Guillermo Castrejón

Peregrinos en la Basílica © Jorge Claro León

Celebración futbolera en el Ángel © Jorge Claro León

Balneario © Francisco Mata Rosas

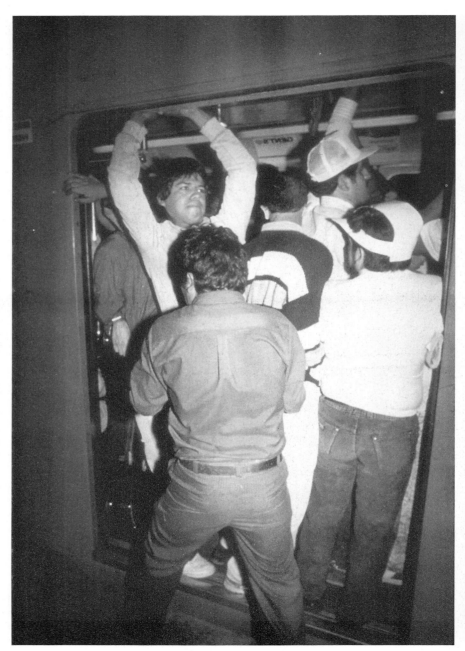

El Metro © Guillermo Castrejón

Luis Miguel © Rogelio Cuéllar

María Félix en el Zócalo © Alejandro Brito

Redada © Marco Antonio Cruz

La hora de la identidad acumulativa
¿QUÉ FOTOS TOMARÍA USTED EN LA CIUDAD INTERMINABLE?

En el terreno visual, la Ciudad de México es, sobre todo, la demasiada gente. Se puede hacer abstracción del asunto, ver o fotografiar amaneceres desolados, gozar el poderío estético de muros y plazuelas, redescubrir la perfección del aislamiento. Pero en el Distrito Federal la obsesión permanente (el tema insoslayable) es la multitud que rodea a la multitud, la manera en que cada persona, así no lo sepa o no lo admita, se precave y atrinchera en el mínimo sitio que la ciudad le concede. Lo íntimo es un permiso, la "licencia poética" que olvida por un segundo que allí están, nomás a unos milímetros, los contingentes que hacen de la vitalidad urbana una opresión sin salida.

El reposo de los citadinos se llama tumulto, el torbellino que instrumenta armonías secretas y limitaciones públicas. ¿Y qué es hoy, desde ángulos descriptivos, la Ciudad de México? El gran hacinamiento, el arrepentimiento ante la falta de culpa, el espacio inabarcable donde casi todo es posible a causa de "el Milagro", esa zona de encuentro del trabajo, la tecnología y el azar. En la capital, éstas son algunas de las imágenes más frecuentes:

• las multitudes en el Metro (casi seis millones de usuarios al día) se comprimen para cederle espacio a la idea misma de espacio.

• las multitudes en el Estadio de Ciudad Universitaria hacen su examen de inscripción.

• la economía subterránea desborda las aceras, y hace del tianguis la subsistencia de la calle. En torno a los semáforos, los vendedores ambulantes anegan al cliente con ofertas de klínex, utensilios de cocina, juguetes, malabarismos. De tan extrema, la simple indefensión resulta artística, mientras un joven hace del fuego (la ingestión y la devolución) el eje de su gastronomía.

17

- las piñatas donde se resguardan los elementos de la tradición: el Demonio, el Nahual, las Tortugas Ninja, Batman, el Pingüino.
- la Basílica de Guadalupe.
- el hervidero de vehículos. De golpe parece que todos los automóviles de la tierra se concentrasen en un punto para avanzar sin avanzar, mientras el embotellamiento es ya segunda naturaleza del ser humano, es el afán de llegar tarde y a buen paso al Juicio Final, es la prisión en crujías móviles, es el cubículo donde se estudia la radio, universidad del aquietamiento. Entre las dos y las seis de la mañana, hay un respiro, la especie parece aletargada... y de pronto todo se reanuda.
- las azoteas, continuación de la vida agraria en donde se puede, extensión natural del rancho, reducto de la Reforma Agraria. En las azoteas se concentran las evocaciones y las necesidades, hay gallinas y chivos, hay gritos a los helicópteros porque espantan a las vacas y los labriegos que las ordeñan, hay la ropa tendida a modo de maíz crecido, hay cuartos en donde caben familias que se reproducen sin dejar de caber, los hijos y los nietos van y regresan, los compadres y las comadres se instalan por unos meses, y el cuarto se amplía, digo es un decir, hasta contener al pueblo entero de donde emigró su primer habitante.

A estas imágenes elegidas hay que añadir el Museo de Antropología, el Zócalo a cualquier hora, la Catedral, y tal vez, una escena de violencia con la policía que golpea vendedores ambulantes, o la policía que detiene jóvenes y los levanta del cabello, o la policía que asegura no haber golpeado a nadie. Así va el repertorio típico, y si no incluí a los mariachis en la Plaza Garibaldi, es por un imperativo acústico: este texto no lleva música de acompañamiento. El tumulto despliega sus propuestas estéticas y la ciudad popular entrega sus rituales.

De los orgullos que dan (o deberían dar) escalofríos

Estaba escrito que yo debería serle leal a la pesadilla de mi elección.

Joseph Conrad, *El corazón de las tinieblas*

¿Adónde se fue el chovinismo del "Como México no hay dos"? No muy lejos desde luego, y volvió protagonizando el chovinismo de la catástrofe y del estallido demográfico. Enumero algunos *orgullos* (compensaciones psicológicas):

• México es la ciudad más poblada del mundo (¡La Super-Calcuta!!)

• México es la ciudad más contaminada del planeta (¡El laboratorio de la extinción de las especies!)

• México es la ciudad en donde lo insólito sería que un acto, el que fuera, fracasase por inasistencia. Público es lo que abunda, y en la capital, a falta de cielos límpidos, se tienen, y a raudales, habitantes, espectadores, automovilistas, peatones.

• México es la ciudad donde lo invivible tiene sus compensaciones, la primera de ellas el nuevo status de la sobrevivencia.

¿Qué es una mentalidad apocalíptica? Hasta donde veo, lo antagónico a lo que se observa en la Ciudad de México. Allí, en medio de cifras pavorosas que cada quien inventa (y que suelen quedarse cortas), muy pocos se van porque, sociedad laica a simple vista, muy pocos toman en serio las predicciones del fin del mundo, de *este* mundo. ¿Y cuáles son los poderes retentivos de la megalópolis que, sin duda, ha tocado su techo histórico? ¿De qué manera conciliar el sentimiento del límite con los planes a mediano y largo plazo de cada uno de los capitalinos? ¿Sólo la ansiedad centralista determina la intensidad del arraigo?... Para muchos, el mayor encanto de la capital de la República Mexicana es su (verdadera y falsa) condición "apocalíptica". He aquí —presumiblemente— a la primera megalópolis que caerá víctima de su propia desmesura. ¡Cómo fascinan las profecías bíblicas, las estadísticas lúgubres y la selección catastrofista de experiencias personales! En las reuniones se discute si se vive la inminencia del desastre o en medio de las ruinas, y el humor colectivo describe los paisajes urbanos con el entusiasmo de un testigo de primera fila del Juicio Final: *¡Qué horror, tres horas en mi automóvil para recorrer dos kilómetros!/ ¿Ya oíste hablar de los que caen desmayados por la contaminación?/ Falta el agua en muchas partes/ Nada más de viviendas se necesitan otros tres millones...*

Siempre se vuelve a la gran explicación: pese a los desastres veinte millones de personas *no renuncian a la ciudad y al Valle de México, porque no hay otro sitio adonde quieran ir y, en rigor, no hay otro sitio adonde puedan ir.* En el origen del fenómeno, el centralismo, la concentración de poderes que, sin embargo, tiene algunas ventajas, la primera de las cuales es la identificación entre libertad y tolerancia. "No tengo ganas de hacer juicios morales porque eso me llevaría a conocer a mis vecinos." Al tradicionalismo lo destruyen el apretujamiento, el trueque de la familia tribal por la familia nuclear, el anhelo de individualización extrema que acompaña a la anomia, los grados del desarrollo cultural, la carencia de valores democráticos que obliga a las personas a (en algo) democratizar su vida. "Lo que debe suprimirse" se convierte paulatinamente en "Lo que a mí no me gusta".

Quedarse en la capital de la república es afrontar los riesgos de la contaminación, el ozono, la inversión térmica, el plomo en la sangre, la violencia, la carrera de ratas, la falta de significación individual. Irse es perder las ventajas formativas e informativas de la extrema concentración, las sensaciones de modernidad (o de postmodernidad) que aportan el crecimiento y las zonas ingobernables de la masificación. A la mayoría, así lo niegue con quejas y promesas de huida, le alegra quedarse, atenida a las razones de la esperanza: *Esto se compondrá de algún modo/ Lo peor nunca llega/ Antes de la catástrofe, lograremos huir.* De hecho, la argumentación se unifica: todo, afuera, está igual o peor. ¿Adónde ir que no nos alcancen la violencia urbana, la sobrepoblación, los desechos industriales, el Efecto Invernadero?

Entre los más incrédulos, los escritores. No hay antiutopías, la ciudad no es el gran peso opresivo (eso lo siguen siendo las

20

regiones) sino la libertad posible a costo muy alto; en la práctica, nada más alejado del ánimo capitalino que las profecías de Carlos Fuentes en *Cristóbal Nonato* y en el relato "Andrés Aparicio", de *Agua quemada*. Según Fuentes, la ciudad ha llegado a su límite. Reflexiona uno de sus personajes:

Le daba vergüenza que un país de iglesias y pirámides edificadas para la eternidad acabara conformándose con la ciudad de cartón, caliche y caca. Lo encajaron, lo sofocaron, le quitaron el sol y el aire, los ojos y el olfato.

Incluso el universo de *Cristóbal Nonato* (desolación ecológica, política, social, lingüística) se deja invadir por el relajo. En el fondo, si la catástrofe es muy cierta, el catastrofismo es la fiesta de los incrédulos, donde se funden la irresponsabilidad, la resignación y la esperanza, y en donde —doctrina no tan secreta de la Ciudad de México—, cunden las sensaciones del fin del mundo, con las aglomeraciones que son el infierno de lo contiguo, y la apoteosis de las turbas que consumen el aire y el agua, y que de tan numerosas parecen flotar sobre la tierra. Y a esta confianza la complementan la resignación, el cinismo y la paciencia. A la ciudad con signo apocalíptico la habitan quienes, a través de su conducta sedentaria, se manifiestan como optimistas radicales.

En la práctica gana el ánimo contabilizador. En última instancia, parecen mayores las ventajas que los horrores. Y éste es el resultado: *México, ciudad post-apocalíptica*. Lo peor ya ocurrió (y lo peor es la población monstruosa cuyo crecimiento nada detiene), y sin embargo la ciudad funciona de modo que a la mayoría le parece inexplicable, y cada quien extrae del caos las recompensas que en algo equilibran las sensaciones de vida invivible. El odio y el amor a la ciudad se integran en la fascinación, y la energía citadina crea sobre la marcha espectáculos únicos, el "teatro callejero" de los diez millones de personas que a diario se movilizan en el Metro, en autobuses, en camiones, en camionetas, en motocicletas, en bicicletas, en autos. Y el show más categórico es la pérdida del miedo al ridículo de una sociedad antes tan sojuzgada por el "¿Qué dirán?" La mezcla incesante es también propuesta estética, y al lado de las pirámides de Teotihuacán, de los altares barrocos y de las zonas del México elegante, la ciudad popular proyecta la versión más favorecida —la brutalmente masificada— del siglo venidero.

De las ventajas de la desventaja

Todavía en 1960 o 1965 el término *masas* es sólo despreciativo, porque, según el mercado de valores semántico, *masas* es el sinónimo de los seres que carecen, entre otras cosas, de moral, de freno a los instintos, de educación, de vestuario apropiado. A la-oscuridad-iluminada-por-el-rechazo se le ha llamado "la gleba", "el pópolo", "la leperuza", "el peladaje", "la grey astrosa", "el populacho", "el infelizaje", el conjunto amenazador o, las menos de las veces, compadecible que, según los conservadores, halla su justa descripción en un libro-epitafio: *La rebelión de las masas* de José Ortega y Gasset, heredero de *Psicología de la multitud*, de Gustave Le Bon, el ensayo donde se localiza al arquetipo que destruirá la civilización: el hombre-masa inhabilitado para la autonomía psicológica, enemigo de lo que no comprende (todo) y rencoroso ante lo sobresaliente. Gracias a *La rebelión de las masas* (no que se lea, sí que se intuye), la élite afina su desprecio por el mar de semblantes cobrizos, por los invasores ocasionales de su panorama visual. ¡Cómo se multiplican! La fertilidad demográfica los acompaña y les permite convertirse en el alud amenazador y pintoresco que sumerge a las ciudades en la uniformidad. Y de acuerdo a los criterios de la derecha, la gran rebelión de las masas es su existencia misma.

Fe de erratas o rectificaciones: en donde decía *Pueblo* dice *Público*; en donde se hablaba de *la Sociedad* crecen por vía partenogénica *las Masas*; donde se ponderaba a *la Nación* o *el Pueblo* se elogia a *la Gente*; en donde *la Gente* era la vaguedad numerosa se habla de *la Gente*, proyección de la primera persona. (Para entender de modo cabal las expresiones "La Gente dice, La Gente piensa que...", colóquese "Yo digo, yo creo...")

22

La élite se resigna, da por concluido su libre disfrute de las ciudades y se adentra en los ghettos del privilegio: "Aquí todo funciona tan bien que parece que no viviéramos aquí". Y *lo exclusivo* quiere compensar por la desaparición de lo urbano.

Al cambio de vocabulario lo acelera la vivencia de la sociedad de masas, las realidades, presiones y pasiones del diluvio poblacional. Y cuando se habla de "sociedad de masas" se alude a lo inevitable: todos los que debían nacer han nacido, y los que siguen naciendo, importantes para cada familia, no alteran demasiado el paisaje.

La hora del consumo de orgullos
PROTAGONISTA: JULIO CÉSAR CHÁVEZ

Si algo le queda al nacionalismo es su condición pop. No popular, algo ya más bien anacrónico a fuerza de lo sentimental, sino *pop*, con el acento en el perfil publicitario, en los mensajes subliminales, en ese "barullo de las estaciones" que es la moda. Así por lo menos lo percibo hoy, en el Estadio Azteca, recinto de la pelea entre el campeón Julio César Chávez y el retador Greg Haugen.

Éste, y de manera certificada, es un acto de la Nación, la entidad que antecede y, tal vez, sucede al público televisivo. La variedad de las camisetas confirma que ya se vive en una sociedad plural, y el vocinglerío da vueltas alrededor de la plaza como si todavía las plazas existieran. Dentro y fuera del Estadio todo es obligatoriamente tricolor, en la escala que, según los himnos escolares de antaño, combina "la sangre abnegada de los paladines, el verde pomposo de nuestros jardines, la nieve sin mancha de nuestros volcanes". Todo es tricolor en la venta y en la contemplación: los carteles, las cuerdas del ring, la psicología a flor de piel de los asistentes. (En asuntos donde la patria se la juega, no hay vibraciones monocromáticas.) Y aunque uno, por falta de oído cívico, no lo intuya, deben existir las porras tricolores.

Van mis guantes en prenda. No en balde el presidente Carlos Salinas de Gortari asistió al entrenamiento de Julio César, a transmitirle no el estímulo deportivo sino el saludo del gobierno al enviado del gobierno en el ring... ¿Pero por qué soy tan burocrático y hablo del "representante del gobierno" y no del Pueblo y la Nación? Eso es en rigor Julio César, sinaloense nacido en Ciudad Obregón, Sonora, avecindado en Culiacán por razones familiares ("Me siento más sinaloense que muchos de

24

ustedes"), integrante del boxeo profesional desde 1980, poseedor de un récord devastador: 84 peleas, 84 victorias, 72 nocauts. El Boxeador Nacional exhibe lo que tiene, su legítimo amor por el lujo, los automóviles que deslumbran, el relojazo que da la hora y tonifica el ego, el anillo como promontorio, la cadena cuajada de gemas, "pero todo con gusto, sin ostentación". Y por lo mismo el promotor Don King le regaló a Chávez un Lamborghini de más de cien mil dólares.

"Un día histórico. Banco del Atlántico." En el cuadrilátero, las chavas del grupo Las Tropicosas, se afanan en extenuarse. Que su cansancio sea para nuestro bien. No son artistas, si tal especie aún perdura. Son, digamos, pretexto para el despliegue de la tecnología. Ellas bailan, las luces las siguen. Ellas persisten, las luces se aburren.

— ¿Quieren otra?

—*Noooo*.

— Digan "¡Queremos otra!"

—*Noooo*.

— Pues de castigo, ahí les va otra.

La rechifla bien podría cubrir los rincones de la tierra. En el Estadio Azteca ni las artistas ni los presentes cuentan, exponentes residuales de los millones que ven la tele. Ahora las chavas se recuperan en dos idiomas.

— Con mucho cariño porque somos mexicanos. WE LOVE YOU.

El helicóptero atruena. El Estadio alcanza su punto de serenidad al volverse inaudible el estruendo.

Las tres jóvenes seudo-norteñas se dejan cachondear por la repulsa, no necesariamente libidinosa pero qué importa. Los concurrentes agitan las cachuchas y detestan el show. Algunos posesos del nacionalismo instantáneo bailan envueltos en la bandera, y lo nacional se vuelve lo hogareño, cálido, inevitablemente coreográfico.

Sin tecnología no salgas a la calle. Los ligues hoy se hacen de celular a celular. Desde los walkies-talkies se previene y exhorta. Concluyen su número Las Tropicosas.

—GRACIAS.

Aparece Don King, el más que controvertido empresario de box. Trae el pelo sublevado, crispado.

—¡QUE SE PEINE, QUE SE PEINE!

El anunciador alaba "la técnica computarizada del siglo XXI". El rayo láser irrumpe en las conciencias, y censura implícitamente ese hoyo provinciano, el siglo XX. Abundan los jóvenes con bandas rojas en la cabeza. Ondean las banderas nacionales. La Ola es interminable y precisa, la maravilla disciplinaria. En el ring-side (la Zona Dorada) conversan con los ojos iluminados los que vendieron todo para comprar un boleto (900 dólares, dos mil ochocientos nuevos pesos). Es la EXPERIENCIA ÚNICA, y aquí la vehemencia se anula a sí misma, ¡MÉXICO! ¡MÉXICO! y sólo gritando uno puede resentir el fragor de los vocablos. La tele capta al público en su delirio y el público delira en exclusivo beneficio de la tele.

— ¡Qué locura! ¡Es de locos!

Las frases son comentarios de autoelogio. Si hay locura, valió la pena venir y uno desquita la entrada legalizando el motín de los sentidos. Se grita para tener la garganta en forma, y ser el sparring del alboroto propio. (El símil es horrible pero la sensación se le aproxima peligrosamente). En la Fiesta Deportiva brotan los encendedores, y sea lo que sea, el apoyo de las luces es siempre portentoso.

El Baño de Mexicanidad. En el video-clip difundido por las pantallas inmensas, se moviliza el Mexico que debió existir si los aztecas hubiesen conseguido patrocinadores. Las bailarinas con máscaras de jade quieren ser estatuillas o estelas mayas. Entrado en gastos, el promocional vierte ídolos, música de caracolas, acercamientos a las pirámides. Los treinta siglos de esplendor se adhieren a la causa de Julio César Chávez. El Estadio desborda iluminaciones tricolores. El grito es unánime: CHÁVEZ. En el video-clip cruzan figuras prehispánicas de computadora. Resuena el teponaxtle y uno siente aunque no los oiga (¿para qué? Ya están inscritos en nuestro código genético) los acordes de himnos, marchas, canciones desafiantes. *Que me maten y al cabo y qué.*

Seamos posmodernos, ahora que hay modo. El láser en suce-

26

sión acelerada forma glifos, redes con el trasfondo de las pirámides, signos prehispánicos, el mapa de la República, el águila que no desciende. El alarde tecnológico es la tercera patria (la segunda es la televisión). Se entrecruzan las líneas, el infinito alcanza al finito y le reprocha su carencia de ambiciones. Los rayos láser son el techo, son la guerra, son el horizonte incandescente, son la lluvia, son la distancia más corta entre dos asombros. Las imágenes se abaten pertinaces: Tláloc, concheros, Monte Albán, Uxmal, Palenque, Teotihuacán, Mitla... Con la tecnología se puede hacer todo menos acostumbrar a los usuarios a que prescindan de ella en el siguiente espectáculo.

Creo hallarme, felizmente, en la Convención Cósmica de Concheros. Algo de pronto, tal vez el ring, me recuerda la existencia del box. En la pantalla unas cartas de la baraja forman el Estadio Azteca con los campeones. El láser dibuja el ring: PÓKER DE ASES a distancia. Al cabo de dos horas ya nada significó lo que significa, ni las rechiflas, ni los aplausos (inaudibles), ni la Ola (calistenia de masas), ni el boxeo. Aquí no se viene a encumbrar al Famoso, ya lo está y en exceso, se viene a reconocerse en algún nivel del éxito. Muy probablemente por eso han pagado lo que han pagado los de Tepito y La Lagunilla y La Merced.

En este momento el peinado de Don King parece la insurrección del Himalaya, y los palcos son los cuartos de vecindad más caros del mundo.

El que pega es nuestro delegado en el ring. El que recibe golpes es un perfecto desconocido

Durante la mayor parte del siglo, el box fue puro deporte y pura psicología y pura sociología, el ámbito de los jóvenes pobres con facultades, de los chavos sobrados de coraje a corto plazo y faltos de voluntad a largo plazo. No todos se avecindaban en el arroyo, pero el arroyo era la metáfora predilecta de quienes veían en las afueras de los gimnasios a los seres atrofiados que fueron promesas alucinantes. Nacidos-para-perder: los

27

boxeadores cuya agonía existencial recreó Alejandro Galindo en *Campeón sin corona*, en la secuencia donde Kid Terranova (David Silva), el personaje basado en Rodolfo el Chango Casanova, el nevero con puños de roca, vacila a un paso de la victoria. ¿Cómo es posible que él, un mexicano feo, un peladito, le gane a un gringo? Y Kid Terranova elige perder porque eso va con el destino de la raza, que nació doliente. Uno recuerda también a Ricardo el Pajarito Moreno, Rubén el Púas Olivares, José el Toluco López, Mantequilla Nápoles. ¡Qué historias! ¡Qué de noches en vela y de días sin tregua! ¡Qué puños y qué arremetidas y qué desplomes (psicológicos y de los otros)! Tuvieron y gastaron; tuvieron y compartieron; tuvieron y no les quedó nada. Tuvieron y ni quién los salude. Tal vez el problema casi insalvable es la calidad de símbolo. Ellos muy pronto o de inmediato así se consideraron, y quizás por eso no les afectó tanto la caída, porque lo que a fin de cuentas se derrumbaba era el símbolo, no cada uno en particular, pero lo malo —nada es perfecto— es que al venirse abajo el símbolo sus fragmentos se precipitaban sobre sus anfitriones de tiempo completo. El símbolo caía y el símbolo brotaba el año siguiente, porque la explicación aún funciona: "Mientras haya jóvenes hambrientos, habrá boxeo", y Rocky Graziano tuvo razón al decir: "La vida es la pelea".

En otra época, la dimensión racial y la nacional eran definitivas, y la psique de colectividades enteras se la jugaba con un boxeador, por ejemplo en Estados Unidos con el negro enfrentado a The Great White Hope, o con el blanco que desafiaba a la raza bárbara, o con el primitivo que peleaba con el pretencioso (Jack Dempsey versus Gene Tunney), o con el negro adversario del teutón (Joé Luis versus Max Schemmeling), o con el negro que se burlaba de su contendiente (Cassius Clay o Muhammad Ali versus Sonny Liston o George Frazier), o con el latino que se enfrentaba al hijo del ghetto (Roberto Durán versus Sugar Ray Leonard). Pero eso fue antes del crecimiento del gigante corporativo, y las denuncias sobre el papel de la Mafia. Y luego Mike Tyson fue a la cárcel.

En el box de los noventas el centro es el negocio, y ya hasta el final vienen los peleadores y las peleas. Se desgastó lo emblemático y sólo representa a su país el boxeador que gana. El que pierde es apátrida. Piénsese en un boxeador legendario: Raúl el Ratón Macías. En los cincuentas, él enriqueció al refranero nacional al contestarle al locutor Paco Malgesto, que le preguntaba sobre sus agradecimientos: "Todo se lo debo a mi mánager y a la Virgencita de Guadalupe". En ese orden. Hoy debería responder: "Todo se lo debo a la Corporación, a mi representante, al equipo de promoción, a las cadenas de televisión y a la Virgencita de Guadalupe".

"Fíjate en la pantalla"

A los contendientes se les ve avanzar hacia el ring gracias a las pantallas. Está escrito: ha concluido el tiempo y los testigos directos. La televisión ha eliminado ese dudoso privilegio, y el rumor ansioso de las arenas de box. El *dentro* y el *afuera* se extinguen como categorías inapelables, y en el Estadio Azteca por cortesía de los celulares, los que vinieron les refieren el ambientazo a sus amigos y familiares. "¡Mira! Se acaba de subir al ring un espontáneo con la bandera mexicana".

Transcurren tres peleas inocuas y el ardor se consume y las porras se adelgazan hasta el susurro...

¿Quién sabe algo del retador, el norteamericano Greg Haugen? Es un accidente de la vida, porque Jei Ci debe pelear con alguien, y por eso a Haugen se le atribuyen declaraciones antimexicanas, para concederle perfil de infamia, pero las frases hirientes ya no provocan la ira, si eso piensa es cosa suya. Mientras, a Jei Ci lo saluda un video-clip en su honor, donde su punch es la demolición. Los encendedores se hacen cargo del Fuego Nuevo. El público grita DURO-DURO, y es por instantes y genuinamente el mar encrespado, el tifón, la tempestad que se añade a la espera.

Una manta instruye: CHÁVEZ, WE WANT NOCAUT. El láser es la corona sobre el rey. Se presentan las dos banderas, y todos (*todos*) cantan "México lindo y querido". Persiste el teponaxtle. El cantante Mijares, sin duda asesorado por todos los profesores de música de secundaria, entona el Himno Nacional. Ahora se canta el norteamericano. La rechifla es portentosa. Nunca falta quien se acuerde de la pérdida de Texas y California y Nuevo México.

—Mátalo/ Pártele la madre. Que lo mate.

—Róm-pe-le-la-ma-dre (Rumbeado). Róm-pe-le-la-ma-dre.

—Quiere llorar.

—Duro con el gringo.

La pelea no tiene mucho interés, al decir de los expertos. Pero el país goza de uno de esos ratos de esparcimiento en los cuales vuelve a ser, por un instante, la Nación.

[1992]

La hora del consumo de emociones
VÁMONOS AL ÁNGEL

El paso más prometedor en la trayectoria errátil pero firme de la humanidad es el conocimiento generalizado de los deportes. En esto cree con firmeza Juan Gustavo Lepe, aficionado que no se resigna a serlo, y que se obstina en trascender etapas en su pasión futbolera conduciéndola a planos de enorme seriedad. Él pone con la humildad debida el ejemplo y, según me consta, en materia de futbol, lo sabe todo. Y cuando digo todo estoy diciendo *todo*. Nunca se pierde un juego y, si le es posible, en vivo y en directo como hoy se dice (él detesta las transmisiones por tele, que al reducir el tamaño de la cancha enanizan la emoción). También, él posee una colección insuperable de video-tapes, que noche a noche analiza con severidad de contable y astrofísico, mientras imita burlonamente a los locutores y discute el valor de los entrenadores como si fueran regiones geográficas con sus puntos cardinales: "Al sur y al norte de Miguel Mejía Barón..." Para decirlo rápido, Juan Gustavo sólo se siente realmente vivo cuando opina (juzga) (delibera) sobre futbol. Según sus amigos cercanos a él lo descubre la madrugada alegando consigo mismo lo adecuado o lo inadecuado de las formaciones. "El futbol es una ciencia", asegura, "es la verificación empírica de los modos correctos de usar el balón, que significan el triunfo de una nación sobre las demás".

En esta semana los éxitos inesperados en el Mundial de la Selección Nacional, del Glorioso Tri, le infundieron a Juan Gustavo nuevos bríos, y la expresión es suya. "Son horas en que la Patria nos entra por los ojos y los oídos y se nos sale por la garganta". Y más si el escenario de las celebraciones vuelve a ser la columna del Ángel de la Independencia, adonde ya ha ido Juan Gustavo en otras ocasiones. Allí se ha desfogado, ha bailado, se ha enamorado de su fibra vocal, y le ha dado la razón a la frase del Papa Juan Pablo II: "¡México sabe rezar, México sabe cantar, pero sobre todo, México sabe gritar!"

Este día México ganó, y Juan Gustavo, sin pensarlo, se dirige al Ángel. En el camino, circundado por la euforia general, lo aqueja un recuerdo malsano. Hace unas semanas se quedó viendo, sin saber ni por qué, un debate televisivo de más de tres horas sobre las celebraciones futboleras. Participaban un comunicólogo, un psicólogo sólo apto para personas menores de treinta años, un experto en dilucidar los motivos ocultos de los actos nonatos, un memorioso que se sabe sin fallarle un dato las alineaciones de la historia del futbol mexicano (y que en anterior reencarnación quizás estuvo en Pachuca, en aquel partido inaugural e histórico de 1898 entre mineros e ingleses, o algo así), un psicólogo de conducta urbana en ciudades con más de un millón de habitantes, un politólogo y un conocedor de reacciones patrióticas genuinas.

Sin poderse explicar el porqué, a Juan Gustavo el programa lo afectó profundamente, y todavía le reverbera en la memoria. ¿De modo que sus reacciones, las más profundas, se deben a...? No, no puede ser. ¿O sí? Él ya está al tanto desde la secundaria de cuánto nos traiciona el inconsciente pero aquí se permite la duda. Claro, es muy probable que el condicionamiento social alcance grados bárbaros, y que muchas de nuestras reacciones dependan de lo que se espera de nosotros, ¿pero hasta ese punto? Él acumula los elementos de juicio y los distribuye como sobre una mesa. Vamos a ver. El futbol es un deporte y es un gran negocio. ¿No es cierto? Y uno, durante y después de los partidos, se comporta exactamente como los demás, aunque *los demás* no hagan nada. ¿No es cierto?

Ya cerca del Ángel Juan Gustavo recapitula mentalmente y fija su posición. El juego fue apasionante y le hizo evocar aquel otro cuando el mismo Presidente saltó y gritó y participó en la Ola. Hasta aquí todo bien porque incluso en ese debate que lo perturba nadie objetó el placer que se deriva de un buen partido de futbol. Y ni quién lo dude, el juego de hoy fue sensacional y nada mejor que ir al sitio donde se le rinde homenaje ritual a la Nación que a la mejor ya la hizo o ya la va a hacer en el futbol. Qué padre desgañitarse con el "¡Viva México!!!", o con el más agresivo y popular "¡Viva México, cabrones hijos de la chingada!!!" En el resumen él va muy bien, porque es legítimo y universal festejar la victoria de nuestros enviados plenipotenciarios sobre el césped. Pero en este instante Juan Gustavo se siente acosado. ¿Qué pasa? ¿Efectivamente, como se dijo en el programa, esta multitud y por ende el país entero, ha mecanizado su proceso de carnavalización? ¿Es el futbol la alucinación catártica que facilita el desahogo de las frustraciones y los resentimientos de tanta vida aplastada?... Juan Gustavo se detiene y se autocritica. ¡Qué cosas le hace decir su mente tan débil a las incitaciones del rollo! Él quiere hacer a un lado las hipótesis mamonas y entrarle a las porras y a las filas de la conga patriótica y a la Ola. ¿Para qué perder el tiempo con elucubraciones si la ciudad entera se ha vuelto un desmadre óptimo? Los chavos bailan sobre el toldo de los camiones, arriesgan la vida al extraer la mitad del cuerpo en los automóviles, se encuentran y se felicitan por ser mexicanos, le pierden el respeto a la autoridad que mejor se ausenta... Por estas horas las turbas (¡pinche palabrita de los rolleros!) han tomado el control de la ciudad.

Nomás eso faltaba. Nomás eso sobraba. Juan Gustavo, el enamorado del futbol, se detiene segundos antes de diluirse en el anonimato de los anónimos, y observa a sus semejantes. "¡Qué extraño!," murmura. "¿De dónde viene ese canto gutural...?" ¡Qué joda! Más bien, ¿en dónde acuñó su cerebro eso del "canto gutural"? Él se reconviene a sí mismo, a lo que oyes dile *porra*, dile *fervor patrio*. ¡Y qué mala onda! El día que gana México, él con la conciencia dividida. ¿Qué es esto? Ahora localiza en su evocación una de las teorías que más le perturban: si actúan así las legiones de fans en el Ángel es porque el civismo se ha ido atrofiando, y el patriotismo ya tiene muy pocas oportunidades de existir... ¿Y de qué patriotismo me hablan? Estas colectividades llevan muchos años haciéndose a la idea de su cruel destino, y de que su mayor hazaña comprobable es trasladarse como pueden de un día a otro, de un año al siguiente. En 1847 se perdió la mitad más grande del territorio nacional, y desde entonces los traumas históricos se agravan, éramos una nación y ahora somos la rebatiña por las franquicias...

Vámonos respetando. Que no me psicoanalicen el Alma Nacional porque ni le entrará jamás al incesto, ni es equívoca ni ambigua... Juan Gustavo se detiene en medio del alegato autopersuasivo. ¿Quién le manda oír tonteras de ociosos? Es cierto que a veces como que el ánimo patrio se resquebraja, eso sucede en el momento de las devaluaciones del peso, eso sucedió cuando el Mundial de Argentina en 1978, entonces perdimos tan feo que hasta el escudo nacional parecía desdibujarse. Ni hablar. Hay momentos en la vida en que la desdicha nos conduce al autocastigo, y por eso las frases como guillotinas: la visión de los vencidos/ el complejo de inferioridad del mexicano/ el hoyo del subdesarrollo/ el dolor de no haber sido y el terror de nunca ser... Quizás no con el determinismo de estas expresiones, pero son muchos siglos de pasarla mal y por eso el pópolo aprovecha cualquier resquicio para reconstruir su ego.

"¿Qué estoy diciendo?" Juan Gustavo, aturdido por el sube y baja de sus pensamientos, busca recuperarse y se sumerge en el tumulto. La gente lo arrolla con sus desplazamientos coreográficos (al avanzar con extrema lentitud la muchedumbre es como el danzón del origen de las especies, donde la tribu se vuelve pareja apretujada), y él se asoma al paisaje de olores y sensaciones. Sí, en eso no se equivocan los críticos. Qué mal lo del vandalismo, y qué locos y suicidas estos chavos que se lanzan desde las estatuas al corazón del gentío, como Niños Héroes o clavadistas demenciales en la Gran Alberca de la República. Se van a partir la madre, qué tontería eso de sentirse invulnerables porque los intoxica la idea de ser fragmentos de la Patria... Y estos chavitos que se precipitan hacia las mantas, para que un grupo los lance a las alturas y los recoja y los vuelva a lanzar, como a Don Quijote en la venta, o a quién sabe quién el día que se desnucó...

Qué loquera. Por lo menos hoy no pasó lo de hace unos días, cuando unos granaderos circundaron el Ángel a modo de cinturón de castidad del monumento, tan agraviado por la exuberancia popular. Entonces Juan Gustavo, que cree ya no alarmarse de nada, se asombró de la ferocidad inconsciente o maligna de los jóvenes que se arrojaban en oleadas contra los guardianes del orden (o del desorden), se dejaban golpear módicamente y volvían a la carga porque sus cuerpos eran intercambiables, a unos les puede ir del carajo pero a todos juntos el dolor les hace los mandados... "¡Qué estupideces digo!", se recrimina el Teórico de las Mil Canchas, pero si aquello era espantoso, les pegaban a los chavos y regresaban y empujaban a los granaderos y se adueñaban de las escalinatas con la pura densidad corporal y eran tanto más temibles por innumerables.

En el Ángel la especie ya imprescindible, los Maquillistas del Rostro Tricolor no se dan abasto, trazan con velocidad inigualable los simulacros de banderas de tres colores, y algunos se dan maña y dibujan algo parecido al águila y la serpiente. ¡Qué habilidad de trazo! ¡Sí que estos jóvenes logran maravillas con sus tatuajes efímeros! Por lo pronto, los rostros convencionales ascienden a las profundidades de la Guerra Florida, y se adornan con las policromías insurgentes y, aunque usted no lo crea, con la espectacularidad del inconsciente colectivo... "¿Qué necedades se me ocurren?", se pregunta. "¿De dónde saqué lo del inconsciente colectivo? Si lo que hay es la diafanidad o las turbiedades del relajo, las máscaras del atavismo..." Dios mío, más poesía instantánea al amparo del marcador que nos favorece. Además, según aseguró un panelista ya no hay atavismos. Y lo argumentó bien: al atavismo y sus ritmos genésicos los sustituyen los anhelos de aparecer en la tele aunque sea por un segundo.

¡Qué curioso! Juan Gustavo, de por sí memorioso, enumera con fidelidad extrema los argumentos más bien oscuros de los teóricos del futbol y sus mitologías privadas y públicas. Y sus dudas van a dar al seno del monstruo indecible: el Mundial de las interpretaciones en torno a los acontecimientos del Mundial. A lo mejor es cierto, a lo mejor es probable, a lo mejor es pura fantasía, pero algo hay en el fondo, quizás eso del extravío de la conciencia que persigue a un balón, tal vez el que los aullidos de la raza remplacen a las demandas de empleo o a las

ganas de hallarle sentido a la existencia... "¿Pero qué me pasa?",
se pregunta por enésima vez Juan Gustavo. "¿A qué vine: a mu-
sitar sandeces o a desfogarme? ¿Y por qué el nacionalismo deportivo es censurable si es cosa de todos los países y puede que
en México nos quedemos cortos?" Él enumera las agrias censu-
ras al falso nacionalismo, y ve en su alrededor a los chavos envueltos en las banderas, lo que ya es ritual, y observa el verde,
el blanco y el colorado en caras y brazos y torsos, y admira la
variedad de rostros como máscaras, y recuerda a la chava sobre
el toldo del camión con el brassiere improvisado que tomó de
una bandera, y contempla a dos adolescentes con su taparrabos
tricolor, y se rinde a la evidencia: este nacionalismo será a plazo
fijo pero es novedosísimo. Los grandes símbolos ya forman parte del guardarropa más esencial.

¡Sí que son vándalos!, reacciona Juan Gustavo enconadamen-
te. ¿De qué se trata, de darle la razón a los críticos? La chusma,
y no hay palabra más descriptiva al respecto, se ufana ahora de
su machismo y de sus ansias de posesión, o a lo mejor ya los
tragos los desquiciaron, y se entregan al manoseo y al tentaleo
y al desgarramiento de vestidos. ¡Qué horror! Esto que sucede
aquí a unos pasos es un intento de violación tumultuaria. Los
plebeyazos o los juniorazos atrapan a una joven, la desnudan de
la cintura para arriba, y la embisten con celo de antropófago.
¡Cuántas manos sobre un par de senos! La penuria y la ham-
bruna se desatan, la chava grita, se retuerce, pasa en un segundo de la dejadez al espanto, quiere huir, al principio no
consigue apoyo, es demasiado el aturdimiento, pero luego algunos reaccionan, la protegen o quieren hacerlo, y a fin de
cuentas a la chava la salva el exceso: son demasiadas manos,
demasiadas excitaciones.

Un grupo pregunta cada tres minutos a los paseantes que se
dejan rodear: "¿Qué somos los mexicanos?" Y sólo una respuesta se admite, diáfana y sonora: "¡UNOS CHINGONES!!" Va de nuevo: "¿Y qué son los demás?" Y *los demás* deben y pueden
desempeñar una función precisa: "CULEE-ROS/CU-LEEE-ROS".

"¿A qué vine?", se repite a sí mismo Juan Gustavo. A lo mejor vine a lo que dicen, a reconquistar la calle que ya no es

nuestra, a manifestar el ardor patrio para olvidar las prisiones de la casa o el departamento y... "¿A qué vine?" Cómo saberlo, nada es como parece, el fondo misterioso de las cosas es el sentido de la vida. Y él salta y salta, y pronto se detiene, y se aparta de la masa y anota en un cuadernito sus reacciones, y así sucesivamente, hasta llegar a la conclusión múltiple: el Ángel es un símbolo freudiano, el juego de futbol representa al ser nacional en abstracto, las reacciones ante el Tri son festejos del postnacionalismo, la tele empequeñece la realidad para engrandecer nuestro ánimo, y él mismo, el sabio futbolero, es una falsa demostración de la ley de gravedad.

Parábolas de las postrimerías
TEOLOGÍA DE MULTITUDES

¿Cuántos se necesitan para integrar o promover una nueva creencia? Antes eran bien pocos, bastaban unos cuantos corazones desamparados y hartos del páramo espiritual en que vivían; ellos se reconocían por señas o frecuentación de los mismos parques, y se iban juntando a la espera de la frase o la plegaria que iluminan el sendero desconocido, mientras voces extrañas se amplifican en la conciencia. ¿Qué más pedir? Y el grupo disertaba de la fe inconvincente o agonizante, ubicaba la nueva oportunidad mística, e iniciaba, con la mirada del visitado por los ángeles, la prédica de las buenas nuevas...

Esto fue antes, cuando lo cuantitativo no era el criterio absoluto, y los poderes obstaculizaban el crecimiento de las minorías. Hoy se extingue la utopía de los pocos-pero-representativos, y a los credos recién inaugurados se les exige acreditar de inmediato su vocación mayoritaria. Ahora la legitimidad es asunto de números, en la estadística suelen hallar los enterados la validez de una creencia y lo que no se multiplica traiciona a la razón de ser del mundo contemporáneo. A diario, las minorías se vuelven mayorías, y las mayorías antiguas se doblan o centuplican para que las nuevas mayorías no las alcancen. Y lo que llamamos "explosión demográfica" no es sino el encarnizado combate entre las mayorías de ayer y las de mañana.

Una predicción: somos tantos que ya ninguna creencia, ni la más oscura y extraviada, podrá estar sola un minuto siquiera.

La hora de la tradición
¡OH CONSUELO DEL MORTAL!

solace

El 11 de diciembre en la noche en la Basílica de Guadalupe se concentra, año con año, la religiosidad popular. Si el guadalupanismo no es, exactamente, la esencia nacional (millones de personas no son católicas, y eso no las despoja de ciudadanía alguna), sí es la expresión más pródiga de vida religiosa, con su secuela de esfuerzos comunitarios, devociones familiares, júbilos de palomilla o banda, certezas de que la fe resurge cuando el calendario —de fechas o de penas— lo demanda, y la Virgen se maravilla ante los sufrimientos que cuelgan en su manto.

En su mayoría, quienes llevan las Mañanitas son adolescentes y jóvenes (hombres). En los dos días desfilan personas de todas las edades, pero la noche del 11 es propia de los chavos con mantas, guitarras, y grandes imágenes de la Guadalupana a cuestas. Su fiesta es múltiple: de entrega al símbolo que se desdobla en doctrina y nación, de alivio demográfico porque hay cientos de miles como ellos, de contento por haber nacido en el seno del agradecimiento guadalupano (del gremio, de la colonia, del pueblote, de la capital, de la familia innumerable). Así va el razonamiento: de ustedes, padres y abuelos, conservamos el apellido, los rasgos, las creencias, la suerte laboral y una que otra foto; de ustedes, paisanos y artesanos, retenemos estilos y cansancios, vírgenes y cristos y santos.

Las bicicletas inundan el atrio, y los ríos de personas chocan y se neutralizan, caminar es imposible, dejarse arrastrar es lo conducente, el humor fluye sin interés alguno por el ingenio, el cansancio es el preámbulo de la transfiguración, y el pueblo es el conjunto de ropa de saldos, y la técnica para adaptar los cuerpos a la falta de espacio. Aquí se exhibe lo ocultado el resto del año: el país sin acceso a la modernización por contagio.

Inventario a modo de letanía

Ayúdanos. *Mira a éste tu pueblo. Si tú no intervienes, ¿quién va a hacerlo? Sácanos del hoyo, Patroncita. Te ofrecemos lo que hay: los rostros inexpresivos a fuerza de tan reveladores, las pencas de nopal en las rodillas, los pies que sangran delatando los kilómetros de zarandeo en la aflicción, la vista extraviada en las ayudaditas del trago, el impulso danzante hasta el confín del próximo mediodía... No hiciste igual con ninguna otra nación, Virgencita, tú acompañaste al libertador Miguel Hidalgo, tú derrotaste a la extranjera Virgen de los Remedios, tú no te separaste de Emiliano Zapata, tú refulges en las paredes desnudas y te dejas adorar en estanquillos y refaccionarias y en los caminos y en los camiones, y en las chozas habilitadas de vivienda popular, y en las residencias en la sección de arte virreinal... Danos una mano, mira que el salario mínimo es una burla y acaban de aumentar la gasolina, las tortillas, los frijoles...*

Históricamente, el guadalupanismo, acervo de arraigo y continuidad, es la forma más encarnizada del nacionalismo, ¿pero qué sucede en un mundo postradicional? ¿Cuál es la relación entre *nacionalismo* y *guadalupanismo*? Según creo, más que de pasión belicosa, se puede hablar de lazos que igualan logros y limitaciones: la miseria, la comprensión del mundo a través de actos rituales, el desamparo, la costumbre, el amor estremecido por los símbolos, el sincretismo como vía de adaptación (primero a la Conquista, luego a la nación que surgía entre batallas, más tarde a la modernización), el fanatismo que es también un testimonio corporal del arraigo en el primer aprendizaje. La fe ciega: potencia dentro de la impotencia de creyentes que son mexicanos, de mexicanos que además son creyentes.

—Es la Reina de México. Aquí no tenemos monarquía, pero ella es la reina de todos nosotros, porque es india.

—Para que nos respeten a los de las bicicletas, tenemos que movilizarnos centenares a la vez. Si no, ni para cuándo llegaríamos a la Basílica.

—Yo le prometí a la Virgen que si consigo dinero y me caso el año entrante, mi primer hijo se llamará Guadalupe, sea hembra o varón.

40

—Qué bueno que esa promesa no se la hiciste a la Virgen de Fátima.

¿Qué más decir de la Guadalupana? Es el elemento pacifica- *2*
dor en la cristianización de los nativos y en la mexicanización
de la fe (fecha oficial de inauguración del sincretismo: 1531), es
el gran depósito reverencial de los mexicanos que emigran,
es la concesionaria del sitio de honor en recámaras, sindicatos,
tabernas, lupanares, camiones de carga... A fines del siglo XX,
en la Guadalupana se concentran las vivencias de la marginalidad y el desgarramiento, en ámbitos donde lo mexicano es sinónimo de orgullo recóndito o de inocencia sin protección.
Ella, presente en la infancia de cada mexicano (sea o no católico), es el paisaje de las convicciones tutelares, el signo de la *3*
normalidad en la pobreza, el pretexto formidable para el ejercicio de la intolerancia.

11 de diciembre. 9 de la noche

El peregrino, desfalleciente, avanza de rodillas, y en su rostro
se agolpan las tensiones: la piedad llagada, las vibraciones de la
esperanza, la inminencia del alivio, el dolor turbio y esclarecido,
las plegarias de los fieles... y los ecos de la otra marcha, la interminable de los radios de transistores y los sonidos del tránsito.

El peregrino se abisma en el infinito que es el siguiente metro a recorrer. Allí saciará su sed, obtendrá el perdón y los favores, expiará su necesidad de expiación, será feliz porque su
infelicidad permanente adquirirá un sentido.

Los familiares colocan mantas a su paso, y el peregrino deja
de oír y deja de sentir por instantes, agradece sin agradecer, las
rodillas sangran, el rezo languidece o se levanta. Él habrá de
prevalecer, una manda es compromiso sagrado, no porque le
suceda algo, sus cosechas no se perderán (no tiene), su hija no
huirá de la casa (murió muy niña), su padre se aliviará (no lo
conoció), sino porque las promesas a la Virgen, al margen del
estado de salud de quien las emita, son actas testamentarias en
el lecho de muerte. En trance de extinción uno no le falla a su

principal acreedora, a su caudal más preciado, a la mayor belleza que ha conocido, y por eso el flagelo del cuerpo redituará, y no porque el reptar desfalleciente exorcice al futuro, ni porque a la Virgen la sobornen la carne martirizada y las plegarias (ella no es un funcionario mayor o menor), sino porque el peregrino la ama hasta las lágrimas que no se evitan, hasta la transformación de la pena innecesaria en padecimiento que se justifica.

¿Quién comparte ahora la religiosidad de los suplicantes? Los rezongos se transmiten ante el desfile penitencial: para qué tanto si siempre nos va como nos va, mejor conducir las mortificaciones por los atajos de la plegaria desinteresada (porque en el fondo nada se espera), y anular por obvia la exhibición del sacrificio. Y la gente se hace a un lado absorta en sus propias mortificaciones.

La Basílica. 11 de la noche. Control remoto de Televisa

Canta el cuarteto de jóvenes, tan reminiscente a los grupos cubanos de los cincuentas, armoniosos como una sinfonola ultraterrena:

Señora de piel morena,
Señora bonita y buena.
Señora de piel morena
Usted, usted me besó.

En eso precisamente, en dulzura melódica, se transforma la sed de infinito que uno asocia con los comerciales. Ahora un abad emprende otra sesión catequística, novedosa en un país que tras cuatro siglos de cristianismo unánime y un siglo de creencias mayoritarias se abre por fin a la evangelización... Entra para suavizar el aleccionamiento la cantante María de Lourdes y su grupo de rescate de las tradiciones, de aquellas a punto de ahogarse y de las que por lo pronto todavía tienen clientela. Los trajes típicos (ese generoso olvido de cómo se vestían antes) honran a las regiones y son "un bello mosaico de lo

Nuestro". Y en el Festival del Fervor se entona "Guadalupe" de Juan Zaízar: "Guadalupe/ bella flor en el ayate de Juan Diego". Así hemos cantado desde 1531 y así nos vestíamos: con jorongos, huipiles, sombreros de palma, arrobos matutinos a cualquier hora del día, el alba de la Mexicanidad en las pestañas y en la garganta.

¿Hasta qué punto es reverente a la antigua una muchedumbre cuyo alborozo también le viene de su condición televisable? Cómo saberlo, los tiempos devastan los usos de la piedad antigua, no es lo mismo rezar a secas que rezar ante la cámara, ni se vive igual el amor filial en parroquias malamente iluminadas que en un control remoto pagado por Casa Domecq. Mientras dilucido tan arduas cuestiones, un sacerdote desata el maná de las alegorías: "El Cerro del Tepeyac reflejaba lo que es una teofanía... Ella les reveló al Dios en que los aztecas habían creído desde siempre". Y el maestro de ceremonias lo interrumpe para recordarnos otra vez lo inesperado: los cantantes mexicanos se distinguen por su guadalupanismo.

El Festival del Fervor no necesita jurado. Allí están Chamín Correa y su grupo, María Victoria, Lucero, Irma Dorantes, María Medina... Una vez más, la televisión nos informa: detrás de cada mexicano, se vista como se vista, acecha un campesino que canta o recita el "Piropo Guadalupano" del Vate López Méndez:

Virgencita linda, mi Guadalupana,
la mejor amiga de mi fe cristiana...
Bendita tú eres entre todas ellas,
entre las mujeres y entre las estrellas.

En el impulso evangelizador se asoma la presunción académica: "¿Qué puede usted decirnos, señor Abad, de los estudios modernos sobre la imagen? ¿Cuántas casas ha tenido Nuestra Señora de Guadalupe?..." Oigo la siguiente ronda de serenateros que preside Lola Beltrán y me pregunto a mí mismo, a falta de mejor interlocutor: ¿En qué pensarán los cantantes? No en la promoción, ni en verse santificados en cadena nacional... e internacional, como prometió el conductor. Más bien, y si le damos crédito a sus semblantes, atisban teofanías que fueron cerros, jubileos que fueron la visita de un indígena a un obispo, oscilaciones cosmogónicas que van de la teología de Santo Tomás a la religión nacionalizada, de la prédica con intérpretes a la conversión masiva que bien a bien no es tal porque, según el sacerdote, ya desde su salida de Aztlán los aztecas, por monoteístas, eran cristianos en términos generales antes de serlo en el detalle.

Vestido de blanco impoluto, como si asistiera a la primera comunión de sus cuerdas vocales, todo él la estilización del charro que se emancipa para siempre del campo, Fernando Allende le canta a la Morenita, "Despierta", la canción de Gabriel Ruiz:

Despierta, dulce amor de mi vida,
Despierta, si te encuentras dormida...

La letra, pensada para celebrar el amor profano, se endereza rumbo al amor divino. *Escucha mi voz vibrar bajo tu ventana...* Uno, por cinéfilo, evoca *La Virgen del Tepeyac*, película inolvidable por razones extra-artísticas, y en donde Allende (Juan Diego) camina a saltitos de animal coreográfico del monte, e inaugura en la Nueva España el habla castilla-Régulo-Madaleno-India María: "Pos ocurre, Tata Obispo, que andando por las querencias del monte, a este indio bruto e iletrado que ni teología ni metafísica domina, sorprendióle la refulgencia de una hermosa señora..." O algo así. Y me devuelvo a los murmullos resonantes que en el camino se vuelven "Las Mañanitas", y a las facciones alumbradas por el deber, que dirigen su inocencia a ese altar, ese cielo refulgente, ese Más Allá... la cámara de televisión, el nuevo tótem que no exige adoración pero la obtiene, y no demanda contemplación absorta porque de eso sí goza hasta el hartazgo.

—*Éstas son las Mañanitas, que cantaba el Rey David.*

Mi voto incondicional por las tradiciones se tambalea. *¿Cómo es posible?* Y sí, sí lo es. La congregación *está leyendo* la letra de

44

"Las Mañanitas", en papelitos obsequiados a la entrada. Si el pueblo no se sabe de memoria "Las Mañanitas", ¿qué destino le espera a la Constitución de la República? ...Sigue el concierto, y el bolero y la canción ranchera se depositan a los pies de la Virgen, como siempre pero no del modo que siempre. Recuerdo ahora, con esa portentosa memoria que lo inventa todo para no quedar mal consigo misma, las primeras transmisiones televisivas desde la Basílica de Guadalupe, a Pedrito Infante entonando con unción canciones guadalupanas y a los artistas llevándole "Mañanitas" a la Madre de Dios con un tono solícito y distante, no distante de Ella por supuesto, sino de la cámara, qué triste aquella etapa primitiva cuando la gente —¡qué atraso!— se sentía viviendo a secas, no perteneciendo al videocassette de la existencia.

Cada año en la Basílica, la serenata, institución semestral (el 10 de mayo, su otro nicho ecológico), revive con fuerza y despliega el vestuario de la Mexicanidad, las ropas gracias a las cuales los mexicanos seguirán reconociéndose en el cielo, tan multicultural: sarapes, rebozos, trenzas, moños de colores, trajes de charro a la usanza de los charros del porvenir, sombreros respetuosamente sostenidos en la mano, blusas bordadas, quexquémetls, trajes de tehuana. Todo esto portaron nuestros antepasados con tal de liberarnos de la falta de tradiciones.

"En esta noche clara/ de inquietos luceros/ lo que yo te quiero/ te vengo a decir..." María Victoria interpreta "Rondalla", la canción de Alfonso Esparza Oteo que durará lo que duren los homenajes líricos a la medianoche, y la cantante, alguna vez encumbrada por la sensualidad, se somete a las disciplinas de la mortificación: mirada vidriosa extraída de películas aptas para Semana Santa, semblante que busca hacer invisible lo terrenal, brazos cruzados en pos del diluvio de absoluciones. Y en torno a María Victoria se propagan los éxtasis faciales, o, mejor, las representaciones de ese asalto al Monte Carmelo de donde se desciende con el aura de los excursionistas celestes. El mariachi llega a donde se detuvieron los cantos gregorianos. "Conocí a una linda morenita/ y la quise mucho./ Por las tardes iba enamorado, cariñoso a verla./ Y al contemplar sus ojos mi pa-

sión crecía./ Ay morena, morenita mía, no te olvidaré." *Y quedé-
me no sabiendo, toda ciencia tarareando.* San Juan de la Cruz debió escribir boleros, y en esto medito severamente mientras las
estampas de Belén se interrumpen para dar paso al comercial y
a la religiosidad popular (nunca lo mismo).

"El fin de la mística es la sobreabundancia de la tecnología."
No sé quién dijo esta frase, o si alguien la dijo, o si es uno de
mis presentimientos póstumos (la nueva especie en los años del
neoliberalismo). Lo cierto es que, apretujado en la nueva Basílica, soy testigo del escamoteo: a la piedad que observa la sustituye la piedad que se siente observada.

Reflexiones que se detienen al borde de la herejía por falta de un patrocinador

Comentario *innoble*: ¿cuántos de los artistas convocados aprovechan la oportunidad para promocionarse aquí y en toda América Latina? *Reflexión que cancela el comentario innoble*: ¿Cuántos de
los convocados afirmarán con su devoción el ejercicio espiritual
de los televidentes? Si uno cae en la tentación (digo, para usar
una frase con prosapia) de sentir al medio electrónico invadido
por la fe, se ve devuelto al siglo al sólo imaginar las acciones de
los cientos de miles o los millones de familias que contemplan
ahora el programa, se levantan al refrigerador, comentan los
trajes, evocan anécdotas de la oficina, sonríen, se abrazan, man-
dan a los niños a la cama, preguntan a qué horas llegan Elenita
y Roberto, cambian de canal para "monitorear la piedad", comentan de paso un programa del día anterior. Así como se oye,
y si miento que me excomulgue el canal 2.

La televisión divulga las convicciones y, de paso, las transforma en algo semejante y distinto, no la irreverencia desde luego,
pero sí la conciencia escindida entre el rezo íntimo y la magna
divulgación de los rezos íntimos, entre las representaciones sa-
cras y el monitor. ¿Eso actualiza el dogma? Probablemente no,
ni subraya tampoco la incredulidad. La televisión en nuestros
días, centro de las creencias y las idolatrías inexplicables, ni es

creyente ni deja de serlo, es el precipitarse de imágenes que se disuelven en la indiferenciación, es la rutina que de pronto adquiere visos de zarza ardiente.

Alguien se pregunta: ¿terminarán viendo el aparato como si vieran misa? Y el escéptico responde: ¿acabarán inmersos en la misa como si vieran tele? Dos potencias de fin de siglo se encuentran y se unen en el lapso breve que antes llamaban, a falta de siglas y abreviaturas, eternidad. En la tele, la multitud pertenece al espectáculo de un modo que jamás prohijarán los templos. La serenata concluye, la misa pontificial acaba, y todos están seguros de que aún hay más.

Atrio de la Basílica. Doce de la noche

Los cantantes fuera de cámaras son, cómo no decirlo, belicosos. A ellos les indignan el silencio, la blandura del ánimo, y la ausencia del oro, de la mirra y el incienso que ofrecerle a Ella, la Madre del Verdaderísimo Dios. Y su canto —monótono, profundo, lacerante, bellísimo— extermina pecados, ensoñaciones del oído, indiferencias... y, de golpe, sueños y vigilias se agregan al estruendo, que es el idioma litúrgico de la hora, la síntesis demoledora de los rezos, los cánticos a la Morenita del Tepeyac, las elegías rancheras de José Alfredo Jiménez y Tomás Méndez, las bendiciones dichas como maldiciones, los exhortos, las advertencias de las familias que no pueden desbalagarse (porque si no regresan juntos al pueblo o al barrio, deberán fundar otra ciudad), las anécdotas juveniles donde las muchas ganas trascienden el poco desfogue, los diálogos a tropezones que son meros ejercicios de garganta, los sones de mariachi, los pregones comerciales, las iras de los técnicos de la televisión...

Mucho quiero, mucho deseo que aquí se levante mi morada sagrada... Cada 12 de diciembre la ciudad religiosa se aglomera en la Basílica. ¿Se produce allí, y de qué modo, lo que los teólogos de la liberación llaman *eclesiogénesis*, la creación de la iglesia desde abajo, desde el pueblo? La pregunta me sobrepasa, pero en tanto se decide si hay o no eclesiogénesis, percibo —rugiente, omnitronante — el tumulto que empareja a los ritos, enloquece a la montaña, sana y enferma al lunático, eleva y derrumba las madererías de Dios sobre las muchedumbres labrantías, deshace los ordenamientos jerárquicos, le da al ruido la calidad de presagio de la tierra desordenada y vacía antes del Principio o del Apocalipsis, le concede reposo a la fe durante los bailables, no le da tregua a la atención.

En el apretujamiento de la religiosidad, la creencia va y viene, se desfoga eurítmicamente, se apretuja, compra, come, ayuna, deja que la arrebaten las creencias idénticas, se desmaya, se recupera, se acuerda de palomas negras y de brazos en donde se amanece, certifica que no hay sensación más herética que la doctrina incontaminada, ingresa cada cinco minutos a cualquiera de las colas móviles, emite frases que le impiden conversar, se enreda entre las mantas, agita los cascabeles en los pies, deshace las teologías bien portadas, admite como voceros a teponaxtles y tambores, se desdobla en peregrinos y turistas, se abisma igualmente en ritmos prehispánicos y en marchas de John Philip Sousa, calienta tortillas, bebe de aquí a la siguiente sobriedad, deposita flores en el altar, se santigua, se enfada al no sentirse súbitamente traspasada por la bendita mortificación... En el tumulto, la religiosidad se democratiza.

El sincretismo a la fuerza

En el atrio, por los siglos de las horas, los danzantes ejercen su monomanía, y le regalan a la vigilancia de Aquí y de Más Arriba la repetición que es fuego de la paciencia, el deseo circular de que Ella los acepte, en el regazo que es patria, creencia, raza, pueblo, comunidad, cansancio, energía resurrecta. Cada año crece el número de las tribus danzantes, algo tal vez atribuible a la vuelta a la religiosidad (o al estudio de la religiosidad, que de *vivencia* pasó a *tema*, como asegura la industria académica), y a la fascinación por los ritmos primigenios. Los danzantes son puntuales y su dignidad no se ve afectada por las arremetidas de los tradicionalistas contra penachos multicolores

48

y calzoncitos al mayoreo. Con su rigor, ellos hacen a un lado las fantasías y convierten el ritual en su templo mayor, su catarsis, su biografía terrestre y arcangélica. Así debió "nacionalizarse" la religión, en las adaptaciones incesantes que la miseria le impuso a la adoración y el pasmo de los conquistadores.

Tradición es también disponibilidad de elementos, y desde hace tiempo las tribus de danzantes se visten como pueden. Se hizo trizas el vestuario que enorgullecía a las generaciones, o los turistas llegaron cuando había necesidad y se llevaron por unos dólares las indumentarias y las máscaras portentosas, o todo por servir desaparece... Sea cual fuere la causa, los danzantes no se afligen por su heterodoxia, al Señor sólo le ofende la maldad de los corazones, y, en la práctica, el vestuario típico se agranda hasta comprender máscaras y trajes de luchadores, el Caballero Águila se asocia a Octágon, el Tlatoani es pareja de El Santo, el Enmascarado de Plata y el volador de Papantla alternan con Spider Man. Si el motivo es piadoso, el uso de lo actual lleva su perdón a cuestas.

El nuevo sincretismo es muy sencillo, admite las mezclas porque las considera variaciones de un tema del siglo XVI, y no tiene sentimientos de culpa porque eso dificulta el matrimonio entre la industria cultural y el legado cósmico. En el sitio del siglo XVI, el show. En anticipación del show, las escasas minorías del siglo XVI. A los estallidos visuales de antaño los sustituye la regularidad cromática del Mexican Curios. Al Mexican Curios lo contrarresta la originalidad de la actitud. Al uso fiel de la ropa autóctona, lo desplaza el guardarropa del Ballet Folclórico, a su vez en deuda con el diseño hollywoodense de los cuarentas, que inventó dioses para tributarles coreografías, y soñó a los prehispánicos encandilados con la pasarela y las escenografías tropicales, y agradecidos con sus ídolos porque les permitían el tam-tam, los taparrabos, el fisicoculturismo, los collares de flores y las danzas lascivas. La danza: colores detonantes, el plástico incandescente, la ambición estilística que sueña con el glamour (con ese nombre) de Tenochtitlan antes de la llegada de los españoles.

Con todo respeto. La frase, una de las más oídas en el México actual, es en verdad la gran disculpa que los cambios forzados le dirigen a lo tradicional. *Sé que serás desplazado, pero te dimos tu lugar. Me apena hacerte a un lado, pero así son las adaptaciones.* Con todo respeto, Señor Alcalde... Con todo respeto, amas de casa... ¿Y por qué no? Con todo respeto, Patroncita... Éstos no eran tus colores, ni así fueron los trajes de mis antepasados, ni estas máscaras de rudos implacables de la arena tienen que ver con las que en los pueblitos se tallaban con esmero y genio. Pero fíjate Patrona, ya nadie hace aquellas vestimentas, aquellas capas y máscaras. Todo está muy caro, y muy arduo de comprar. Por eso, acéptanos orita, lo que te traemos es lo que tenemos y no habrá más. Y ni te enojes, porque te contentarás nomás de ver cómo andamos. Entre nosotros y la moda se interponen los harapos.

En el atrio los danzantes se enfundan las máscaras de luchadores y le ofrendan a Tonantzin-Guadalupe ese principio integrador del rostro colectivo, la eliminación de los rasgos individuales.

Dos de la mañana: ecos de la teología popular

> ¡Oh! sabía muy bien que para el alma resignada del pueblo sometido al trabajo y a la pena, pero sobre todo a la injusticia y al pecado eterno —el suyo y el del mundo—, no hay mayor consuelo que encontrar un santuario o santo, caer de rodillas y adorarlo: "Si el pecado, la mentira y la tentación son nuestra herencia, hay en algunos lugares del mundo un ser santo y sublime que posee la verdad y la conoce; así pues, ella bajará un día hasta nosotros y reinará sobre toda la tierra tal como ha sido prometido."
>
> Dostoievski, *Los hermanos Karamazov.*

Observo a varios observadores de la religión popular. Hasta hace poco, el 12 de diciembre solía recibir del catolicismo pensante comentarios paternalistas: "¡Así es la gente! Su educación nada más los orienta al exceso. Le llevan a la Virgen sus frustraciones, su embriaguez y su mugre. Sí, también le llevan su fe incandescente, pero el culto es fundamentalmente pagano". Eso era antes, cuando no se atendía a la religión popular, ni se analizaba el carnaval a lo Bajtin, ni se hablaba del espacio y del tiempo sagrados, y de "la opción preferencial del cristianismo: los pobres".

—Ella es la madre de Dios, su mamá de Jesucristo.

—La Virgen es mujer humilde escogida especialmente, una campesina, para así empezar desde abajo.

—Es igualita a nosotros, nomás que en bonito.

—Para mí Juan Diego es el primer mexicano. Antes de la Guadalupana no había nación, porque todos los que concedían favores eran santos extranjeros.

—Yo comparto a Dios, pero no a mis santos.

—Yo rezo si me enfermo, si alguno de los míos se aflige, si no tengo dinero, si debo dar gracias porque me alivié, si ya conseguí dinero, si quiero demostrarle a Dios que no soy interesado. Yo rezo en las buenas y en las malas.

—Lo peor de los ricos, es que teniéndolo todo le quitan el tiempo a Dios pidiéndole cosas.

—Si Dios quisiera, se acababa la pobreza. Pero entonces, ¿quién le rezaba todos los días?

—Los santos son nuestros abogados ante Dios, pero son abogados decentes: si Dios concede el milagro, no se llevan la mayor parte.

—Los santos son santos porque están más cerca de Dios. A mayor lejanía, más pecado.

—Según entiendo, los que no han sido bautizados andan por la vida arrastrando el pecado original.

—Yo y mi finado esposo somos católicos; yo por precaución, él seguramente por gratitud.

—Yo me casé luego de diez años de vivir con mi señora, para que mis hijos no pudieran reprocharle nada a su mamá.

—A mi tío le pusieron una cruz en la boca para que no fuera a llevarse su modo de hablar al otro mundo.

—A un niño que yo conozco le pusieron flores, para que los ángeles no lo fueran a confundir con un enano.

Un grupo canta por enésima vez:

La Virgen María es nuestra protectora,
nuestra redentora, no hay nada que temer.
Somos cristianos y somos mexicanos.
Guerra, guerra contra Lucifer.

En la madrugada, algunos chavos se niegan a dormir, qué extraordinaria la noche en vela y qué divertido el estar juntos repartiéndose las convicciones. Y el objetivo central persiste aunque las conversaciones se desvíen por las veredas de los romances, las novias pasadas, los espectáculos, el trabajo cierto o soñado, las enfermedades, las fiestas de fin de año. Nada en los diálogos parece sacramental, y a su manera todo debe serlo, así el extraño no lo perciba. Los chavos (y eso intuyo, aunque por supuesto puedo equivocarme, porque quién es uno, y más si no comparte la creencia), le enseñan a la Virgen su intimidad, *sólo esto puedo darte, lo que siento y lo que me imagino*, la economía anda mal, y además ellos son como son, y su trato es con la Virgen, no con las valoraciones adjuntas.

En el atrio, en la espera de la explosión del amanecer, el relajo y el respeto son formas —aletargadas— de la misma trascendencia.

La hora de la sensibilidad arrasadora
LAS MANDAS DE LO SUBLIME

¡Ah! Lo Sublime que en la fe se escuda, alucinación de los miles
y de los millones! Lo Sublime, que cada quien define a su gusto
y a su muy leal saber y creer, conquistó territorios inesperados
en el siglo XIX y en la primera mitad del siglo XX. Nada más
ténganse presentes los libros piadosos que abundaron a la sombra
de novelas y reflexiones espirituales. Por supuesto, al principio
eran más bien mujeres las auspiciadoras de esta literatura cuajada
de títulos que se volvían recursos familiares: *Genoveva de Brabante,
El mártir del Gólgota, Los últimos días de Pompeya, Quo Vadis?*, Ben-
Hur, los relatos del martirologio, del arrojo ante fieras y gladiadores, del equilibrio entre Galilea y Roma, de paganos que se
convertían a la Fe Verdadera a luz de los relámpagos en el monte
Calvario. De seguro, de la literatura devocional en lengua castellana lo más leído durante un siglo es *El mártir del Gólgota*, de
Enrique Pérez Escrich (1829-1897). Pérez Escrich, autor de otras
novelas muy edificantes (*El cura de Aldea, Las obras de misericordia,
La esposa mártir, El manuscrito de una mártir*) produce en serie las
atmósferas "exóticas" del nacimiento del cristianismo, y su imaginación, un tanto previsible, un tanto incontrolable, es muy del
agrado de los eclesiásticos. Véase por ejemplo un momento de *El
mártir del Gólgota* (también a escena y muy representada por más
de medio siglo). El bandido Dimas se compadece de María, José
y el niño Jesús y los hospeda. Pero llega la hora de partir:

> Mientras José ayudó a subir a la Virgen sobre la pacífica po-
> llina, Dimas cogió al Niño en brazos.
> Jesús, como si hubiera querido despedirse del hombre que
> con tanta bondad le había recibido en su casa, rodeó sus bra-
> zos al cuello del facineroso.

Entonces Dimas oyó una voz, dulce y melodiosa como el sonido de una arpa aérea herida por el céfiro nocturno, que le decía al oído:

—Tu muerte será gloriosa... y morirás conmigo.

Dimas quedóse absorto, demudado, como si del fondo de su sepulcro se hubiera levantado la voz de su padre.

¿De quién era aquel acento misterioso? ¿Quién había pronunciado aquellas palabras?

El Niño que tenía en sus brazos contaba apenas cuatro meses de edad.

Dimas sintió que las fuerzas le abandonaban, y temeroso de que aquel misterioso Niño se le cayera de sus brazos, fue a depositarlo en los brazos de su madre, que ya se hallaba montada en la pollina.

María recibió de manos del bandido con una sonrisa de bondad el precioso tesoro de su corazón, y después, despidiéndose de cuantos la rodeaban, abandonó el castillo.

Esto se leía, entreverado con vidas de santos y poemas piadosos que alguien, a petición general y con aspavientos electrizantes, decía en las reuniones. Por ejemplo, el infaltable "Marciano" (de Juan Antonio Cavestany), con sus líneas inaugurales de fuego: "Mal cerradas las heridas/ que recibió ayer mismo en el tormento..." En el fragmento alucinante, el declamador alzaba la voz:

—César —le dijo— miente quien afirme
que a Roma he sido yo quien prendió fuego;
si eso me hace morir, muero inocente
y lo juro ante Dios que me está oyendo;
pero si mi delito es ser cristiano
haces bien en matarme, porque es cierto.
Creo en Jesús y practico su doctrina,
y la prueba mejor de que en Él creo
es que en lugar de odiarte ¡te perdono!
y al morir por mi fe, muero tranquilo.

Los leones se precipitaban contra el protosanto, desgarraban sus carnes, acentuaban el paganismo de sus rugidos, y a los oyentes les complacía el arte edificante porque, honor a quien honor merece, lo más recompensado en el fuero interno es la adulación estructural: "Si te gusta este poema, demuestras sensibilidad y temperamento, por así decirlo, sientes el sentimiento".

Bendito autoelogio el del juego de la espiritualidad que explica los ángeles en los cementerios, el "lenguaje de las flores", la comparación de la pureza con las rosas blancas y el excelso ritmo del poema de Gutiérrez Nájera:

¿Qué cosa más pura que místico cirio?
¿Qué cosa más blanca que cándido lirio?
¿Qué cosa más casta que tierno azahar?
¿Qué cosa más virgen que leve neblina?
¿Qué cosa más santa que el ara divina de gótico altar?

En 1912, en su peregrinación a Lourdes, don Justo Sierra, no en balde Ministro de Instrucción con Porfirio Díaz, descubre en la basílica la zona de equívocos devocionales. Le escribe a su hija María de Jesús: "Claro que el que busque aquí el arte puro se lleva el gran chasco; arquitectura, imágenes, todo es vulgar y todo presuntuoso; todo parece salido de fábricas, no de talleres, no de los talleres de esos santos inspirados anónimos de los templos medioevales; que aquí no hay que buscar arte, sino piedad... Todo ello será un atentado contra el buen gusto y un autor católico ha podido decir, con visos de razón, que Lourdes es esencialmente *rastacuera*; pero leer una de las inscripciones, que las hay por millares, y sentir brotar de ellas un grito de gratitud y amor a María, exhalado por terrible dolor humano, basta para dar a aquella obra imperfecta un carácter especial, una entonación divina; se interponen las lágrimas y se ve con el corazón".

La descripción (la definición) es perfecta, y acto seguido Sierra lanza, para rebajarla, una frase de suprema malevolencia: "Si, como dice en una formidable hipérbole de refinamiento estético Karl Huysmans, todo lo que es arte en Lourdes es la tentativa del diablo para vengarse de María, su eterna enemiga, habrá que convenir en que no logra su objeto, porque todas aquellas cosas feas se transfiguran y aparecen, si no bellas, expresivas como si fueran oraciones y como si estuvieran construidas con almas". Y las frases del educador deberían grabarse en cada una de las calles que rodean a la Basílica de Guadalupe, donde al arte religioso lo suplanta la producción en serie cuyo signo es lo Bonito-a-bajo-precio. Lo Sublime al mayoreo: otro consuelo-de-los-pobres urdido por la sensibilidad industrial que los interesados ratifican y modifican.

A las ofertas que no rechazan ni por el precio ni por la forma, se llega por motivos evidentes: estos objetos atraen, conmueven, envanecen, autorizan el gesto de un regalo y, en su oportunidad, sustentan a la inspiración. Y los más enterados se doblegan ante el gusto de su familia y de sus amigos, que será el suyo porque fue el suyo, ni modo, no doy para más porque no tengo con qué, y a sabiendas del origen de mis predilecciones —la pobreza, la educación aprista— afianzo mi "gusto charro" rodeándolo de leves sarcasmos.

¿Cómo aparecieron estos productos? Bueno, los importamos de Estados Unidos, o de Hong Kong y Taiwán, o se nos ocurrieron a nosotros, pero tienen pegue y alucinan en proporción directa a su brillo, señal del miedo a los apagones en casuchas y departamentos. "¡Esto sí alumbra!" (En los atentados a la vista, la piedad reverbera.) Muy probablemente, a este gusto lo afianzaron las reproducciones fosforescentes de la *Última Cena*, la "leva decorativa" que incorporó la obra maestra de don Leonardo al muestrario psicodélico de restaurantes y unidades habitacionales, o quizás todo surgió apenas formulada la pregunta: "¿Quién creó los cielos y la tierra?", pero —insisto— Lo Sublime popular de antes era modesto, reservado, ganoso de ser entendido a la luz del arte clásico, qué helénicas las apoteosis en yeso de San Martín de Porres, qué latinas las estatuillas del Santo Niño de Atocha, qué elocuencia la de las versiones veracruzanas del Milagro de las Rosas, esculturas en conchas. Pero al desplomarse las artesanías, y al monopolizar los ricos el gran arte popular, otra sensibilidad se adueñó de los rincones del rezo, y de sus exigencias decorativas.

En tropel, la gente se dedicó a la adquisición que es olvido instantáneo de lo adquirido. Y creyentes y no creyentes se regocijan. ¡Cuán maravillosos los Cristos cuya mirada ambulante nos persigue a lo largo del cuarto! ¡Cuán seráfica la imagen que se torna, con sólo desplazarse unos centímetros, Cristo o la Virgen o dos niños resguardados por el *ángel*! ¡Alma, prostérnate ante el Cristo crucificado y, si caminas unos pasos, alma, conmuévete ante el nacimiento de Belén! Preside el Papa y desaparece la Guadalupana, y viceversa. Prodigios modestos de la óptica y adquisiciones resplandecientes.

Decenas de miles, peregrinos de la compra piadosa, invaden los atrios y las explanadas y los mercados y los superalmacenes y los malls, y de sus viajes al territorio de lo Bonito extraen espiritualidad y diversión, las dos cosas juntas. No basta la imagen venerada, y ya no desentona la ironía que es otra recomendación de las propiedades del objeto, la sonrisa sin malevolencia. ¿Podía ser de otra manera? Una devoción intacta en medio de las transformaciones no era concebible. Por eso, en el campo de la fe con intención estética, también Lo Sublime tiene que actualizarse. Hace unos años —me informa Ida Rodríguez Prampolini—, antes de las ceremonias de Semana Santa, un grupo de vecinos de un pueblo veracruzano convocó al alcalde y al cura. "No podemos seguir con los ritos tal cual", les dijeron. "A nadie le importan los centuriones y los fariseos ni nadie sabe quiénes fueron. Esa historia quedó muy lejos. Hoy, los enemigos del Señor necesitan otro aspecto." La discusión fue muy acre, los vecinos no cedieron, las autoridades tampoco, y al final, al representarse la Pasión, hubo un desfile alternativo. Por un lado las cohortes romanas y los funcionarios de la Sinagoga; por otro... pitufos, goonies, *ewarks* de *Stars War*, el Freddy Krüger de *Pesadilla en Elm Street*, Darth Vader... El pueblo aplaudió. Lo más entendible, se quiera o no, es lo más tradicional.

La hora del control remoto
¿ES LA VIDA UN COMERCIAL SIN PATROCINADORES?

Si un acto público de cualquier índole quiere sobrevivir en esta época, deberá, irremisiblemente, adoptar las características del control remoto. Algo de esta nueva dictadura de las sensaciones perciben los que se llaman a mutilación y desierto si no hay cámaras en las cercanías, y el planeta no les sigue la pista. De allí el éxito de los programas donde, por así decirlo, nace el público a la vista del público, qué buena onda que nos acompañaron en este control remoto, ni les pregunto cómo la están pasando porque ya los oigo, qué alboroto, qué bien que no se vayan pese a la lluvia (cuando la hay), o el frío (cuando acaece), bravo señoras, ánimo chavos, aquí están tres jóvenes de la Delegación que le entran al rap, tan mexicanos que se ven y cuánta destreza para el ritmo gabacho, si parecen de Harlem, mírelos como se descuartizan sobre la marcha, para no ser negritos la mueven, qué pasó con ese malinchismo amigos, no se crean, es broma, y quédense con nosotros, lo que sigue es mejor o igual de bueno para que nadie se ofenda, a este control remoto la lluvia, el calor, las incomodidades, le hacen los mandados, y qué lluvia tan repetitiva, siempre cae de arriba a abajo, nunca modifica el rumbo, qué pasó, qué mal chiste pero tengo una disculpa: yo también estoy empapado, qué buena onda...

En el estudio de televisión, gracias a la magia de las pistas, las estrellas juveniles fingen cantar mientras, debido a los placeres de la autohipnosis, los asistentes fingen delirar, y merced al hechizo de la automatización, el conductor (animador) (comunicador) finge recibir con júbilo a la voz privilegiada de Maracaibo o Valparaíso o Guadalajara que, a su vez, finge haber recibido clases de vocalización. Y en el control remoto el sortilegio se acrecienta: el público finge ser el Pueblo, y la empresa televisiva finge ser la Historia en sus horas libres. *That's the way it is*: el control remoto es el mensaje que la tecnología le entrega a la vida cotidiana: el momento que aquí se vive es: a] real; b] único e irrepetible, porque nunca acudirán exactamente los mismos; c] internacional, porque lo verán muchos, no importa que habiten en el mismo país, lo internacional no es asunto de distintas naciones, sino de satélites y señales y fibra óptica y cámaras y cables y técnicos que liquidan la impresión más triste de todas: de esta reunión sólo se enteran quienes a ella asisten y entonces qué caso tiene. Imagínense, ¡del acontecimiento nada más se percataron los asistentes! Eso es como habitar la Historia de antes, cuando a los bombardeos no iba la televisión, y los generales tenían tiempo de asistir al frente de batalla porque no los entrevistaban el día entero.

Ante la cámara, se suspende la indiferencia. Es el tótem, es la Máquina Inmortalizadora, y los chavos, sin moverse de su sitio, se precipitan a su encuentro, la saludan con ardor, le piden que los añada a su recorrido, porque ellos dejaron la videograbadora puesta, y en un rato certificarán ante sí mismos la sensación de importancia. *Ya estuve, ya la hice, ya salí en la tele.*

La sexagenaria baila, la niña baila, la joven baila, la recién casada baila, el señor solemnito baila, el chavo que detesta la música convencional baila. ¿Para qué negarse? El control remoto es el ágora de nuestro tiempo y los que acuden tienen derecho a interpretar el papel de público, ellos —que conste— no son público sino actores a quienes contrata el sentido de la oportunidad para hacer lo que haría el público de haber venido: reírse como si oyeran chistes, moverse como si la alegría los sacudiese, estar felices porque le roban unos segundos a la gloria.

En estos años, el control remoto es el principio y el fin de la democratización.

[1992]

La hora del gusto
LAS GLORIAS DEL FRACASO

failure

Todos en contra de lo vulgar, de la baratura y el fracaso de la estética, de lo estridente, de lo que irrita y provoca sonrisas del paternalismo cultivado, de lo hecho en serie con la intención de ser tomado en serio, del despropósito monumental. ¿Qué es el "mal gusto"? ¿Y tú me lo preguntas, tú que vienes de colectividades que le dan calor de hogar y, por tanto, fidelidad admirativa, a los desastres artísticos? ¿Y no te da vergüenza admitir tus proclividades, tú, el qué se arroba con tenores de diafragma exultante, cuya voz se alza para mejor derrumbarse sobre los oyentes? ¿Y todavía finges inocencia, tú, testigo de concursos de belleza, de proezas metafóricas de los empresarios, de arquitectura al capricho piramidal del cliente, de innovaciones a cargo del "ruido visual"? ¿Qué es el "mal gusto"? ¿Y me lo preguntas tú, que sólo necesitas mirar a tus jarrones en donde cabrían sin atropellos todos los bandidos y las huríes de *Las mil y una noches*?

Años de extraer recompensas del artificio fallido, de la estética del rompe y rasga, y de las predilecciones terroríficas, algo han dejado, un criterio de experiencias compensatorias, un núcleo de relajo en la resignación. Y tú, el de las pasiones criticables, algo has aprendido en este tiempo: el gusto es cosa de uno, y lo que otros digan es cosa de ellos. Y me disculpan o se van mucho a...

Estampa I: la ópera *Aída* (1990)

La ópera *Aída* en el Palacio de los Deportes es un espectáculo a lo Cecil B. de Mille o, si se es más reciente, a lo Steven Spielberg... ¡Más de mil personas en escena! ¡Coros cuyo vigor resucitaría a Nefertiti! ¡Un león de Numea y un tigre de Bengala! ¡*Bodybuilders* que proclaman las excelencias nutricionales de la prehistoria! ¡Vestuario de la época según los arqueomodistas! ¡Grupos infantiles en visita guiada a la Máquina del Tiempo! ¡Guerreros que regresan victoriosos del desierto de Las Vegas y las montañas del Madison Square Garden! ¡Hordas de vencidos que se disfrazan de lumpenproletariado para ocultar sus vergüenzas bélicas!

Si no se quiere hablar del genio de Verdi, que habilitó por su cuenta la gloria que fue Egipto, reconózcanse los méritos de la escenografía, un paisaje piramidal, funesto, en donde, insondable como tarjeta postal, se desborda la Esfinge, que se abre al final del primer acto dándole paso al cortejo y haciéndonos conscientes de lo obvio: a Cecil B. de Mille, el director de dos versiones de *Los diez mandamientos*, debe atribuírsele el descubrimiento de la grandeza de las masas ante las multitudes mismas.

Canta oh diosa la gula del espectador. ¿Qué es lo que aquí deslumbra: la superproducción, el auto-deslumbramiento, lo irrepetible del espectáculo que nos distrae de la obligación de valuar las voces y la música? *Aída* conmueve porque ya ha conmovido, y si la estupefacción no se obtiene a las buenas se obtiene a como dé lugar.

La nacionalidad en el oído: *Huapango*

¿Qué es "lo nacional" en la música culta? La compulsión por ubicar "lo mexicano a primera vista o primer oído" no sólo prodiga sones de mariachis, sino lecturas a voz en cuello de lo concebido muy de otro modo. Esto en parte se debe, y lo digo sin culpabilizar, a dos grandes personalidades, Carlos Chávez y Silvestre Revueltas, que forjaron la identidad entre la música mexicana y el temperamento del oyente, según los dictámenes de la geografía cultural, y legitimaron el reflejo condicionado que, a lo largo de trampas melódicas, ubica "lo mexicano" de un compositor o una obra.

La cumbre del éxtasis nacionalista es el *Huapango* de José

Pablo Moncayo, un fluir de la emoción mexicana (mexicanista, mexicanera), al que cada interpretación le añade euforias y vibraciones telúricas. Cuando, según la musicóloga Yolanda Moreno, "los músicos adquirieron conciencia del retraso técnico y la pérdida de posibilidades expresivas que significaba la permanencia dentro de un sentido unificado y mexicanista", el resultado inmediato no fue la universalidad, sino, más bien, el internacionalismo artístico sin público. Y se adueñó del campo la música que se "oía mexicana", traducida cívica o nostálgicamente desde el fondo de intuiciones y arrebatos.

Efectos polirrítmicos, resonancias de lo típico, solos de clarinete, trompetas y oboe, reminiscencias del mariachi y las bandas de kiosko. En este paisaje auditivo, el *Huapango* es la pieza culminante, solicitada por los presidentes de la república y por todos los gobernadores y sus esposas, sobreexplotada en documentales y comerciales, recibida al final de los conciertos sinfónicos con el ánimo levantisco antes sólo dedicado a los primeros acordes del son de *La Negra*. Al margen de su calidad intrínseca y de las intenciones de su autor, el *Huapango* es ya un envío del país típico. Es el "México Mágico y Misterioso" cuyas claves descifran, generosamente, los expertos en el inconsciente colectivo. Es, en fin, un "himno nacional" al que no desgastan la repetición y el abuso chovinista, aunque según algunos el vigor del impulso sinfónico y la ternura de trompetas y violines acentúan el patriotismo que va de la orquesta al oyente y de regreso en una cadena infinita. Qué más dan las burlas de los snobs. Al resonar el *Huapango* el acuerdo se esparce: hay alma nacional para rato, siempre y cuando no se quiera definir "el alma nacional".

Y *Huapango* es también —de acuerdo a las ganas de que se acabe para escucharlo de nuevo— la coreografía perpetua (lo mental es más vibrante que lo real) en donde el país cabe por entero en la fiesta del pueblo, y se deja venir la ronda de villorrios inadvertidos, alcaldías, cifras del atraso y del Progreso, audiovisuales tan impactantes como el olvido, turistas, confetti, serpentinas, cohetes, fuegos de artificio, cámaras de televisión, y dudas entre voluntad de fandango y obligación cívica de estar contento.

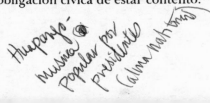

Ante las melodías "muy mexicanas" la patria se reconcilia con sus limitaciones coreográficas.

Estampa II: La búsqueda de culpables

Ya dejen en paz a la Fiesta de Quince Años. A estas alturas, lo terrible no es la quinceañera que se resbala al empezar el vals y hace llorar de felicidad a su padre, sino los sociólogos y aficionados que asisten al festejo para chotear oportunamente al hielo seco. No molesten a las reinas y a los concursantes y mantenedores de los Juegos Florales. Olvídense de las agudezas sobre aquellos coreógrafos y modistos que desde los años treinta combinan sin miedo la comedia musical de Hollywood y el pasado azteca, Tenochtitlán y Dreamland. Para desgracia de nuestro chovinismo, el mal gusto más omnipresente no es nativo sino de importación, elegancias de la Europa que nunca ha existido, cerámica de la zoología fantástica (patos y osos), souvenirs de las decoraciones caseras en Texas y California, concursos de belleza con escenas de la antigüedad clásica, donde la caída de Roma (la perversa) se anuncia con los gongs que anteceden por breves segundos a la orquesta que toca "El sueño imposible". El recurso no es nuevo: desde el siglo XIX la originalidad nativa no se basta para abastecer las pretensiones y un porcentaje abrumador del gusto hoy tan perseguido y coleccionado ha venido de fuera: el amor por lo clásico que cubre las regiones pudendas del *David* de Miguel Ángel; las tarjetas postales con palomas y novias y bellezas que debieron serlo porque de otro modo no las perpetuarían las tarjetas postales; los pastores y las zagalas de un estilo napoleónico infechable.

Y en el último medio siglo nos ha poblado la imaginación industrial tan propia de hogares festivos en Waco y West Los Ángeles y Dallas y San Diego y Chicago. En México, el gusto todavía en alza es regocijo y espiritualidad y envidia de esas casas *North of the border* con su decoración abigarrada, de las camisas floreadas que solicitan de urgencia el perdón de las playas, de los sombreros de señoras que aspiran a obras maestras de la

63

repostería. Todo esto conmueve y desalienta, como sin querer, al genio autóctono.

Quienes adquieren águilas bordadas en chaquira, admiran las figuras de porcelana que ni los terremotos harán quebradizas, o atienden películas de artes marciales como si presenciaran un concurso de exorcismos y sortilegios en el siglo XIII, se resarcen a su manera de limitaciones educativas y adquisitivas. Carecen de formación artística, pero se dejan estimular por lo Bello, lo Bonito, lo Ágil, lo Vistoso, lo Deslumbrante en la Forma. Y no le están pidiendo permiso a nadie.

Como sea, producto de la importación o de la sustitución de importaciones, el gusto indescriptible es la escuela de los sentidos y los sentimientos en la que casi todos, por una razón y otra, nos inscribimos.

Protagonista: Jesús Helguera
EL ENCANTO DE LAS UTOPÍAS EN LA PARED

¿Cuál ha sido, en el ámbito de las costumbres populares, la función del calendario, esa repartición del año entre un cromo, un anuncio publicitario y las doce hojas de los meses? Por más de medio siglo, el calendario fue el esperado regalo decembrino de las fábricas de cerillos, de los baños de vapor, de las tiendas de abarrotes, de los pequeños establecimientos comerciales que así daban cuenta ante sí mismos de su existencia. *¿Que no le he dado su calendario, señor Ramírez? Lléveselo. Esta vez nos quedó muy bonito, todo para complacer a nuestros favorecedores y amigos.* Y en misceláneas, jacalones, estanquillos, cuartos de vecindad, los calendarios destellaron solucionando (en distintos tamaños) las urgencias decorativas de lugares al margen de la decoración, y alegrando a plazo fijo el mismo rincón. Así fue, *y esta vez que no se le acaben, me guarda uno...* Y de pronto, de un día a otro, se evaporó el México-reconocible-a-simple-vista y el estilo del crecimiento nacional se hartó de trenzas con moños, sombreros de charro y calendarios. Al calendario se le declaró objeto estorboso, un método ridículo para medir el paso del tiempo ligado a la falta de status de sus sostenedores.

¿Dice usted "un calendario"? Pero si eso la imaginación modernizada ya nada más lo admite en las escenografías de películas sobre pobres que piensan pobremente ("Y allí me ponen una imagen de la Guadalupana con veladoras, un calendario, unos botes con flores y el retrato de la abuela. Que todo se vea del pópolo"). Y de la memoria de los subyugados por la modernidad se desvaneció un "dato insignificante": antes del poster, el calendario fue el arte posible en el ámbito popular, junto a los símbolos religiosos y al lado de una reproducción, mientras más difamatoria más sincera, de la *Última cena*, y de los retratos de

boda con el traje de novia y alquilado. Algo influyó la ubicuidad de estos calendarios en el gusto artístico y en el sentido de la decoración o, si se quiere ser más exacto, "del cómo hacerle para que esto no se vea feo. Un cromo siempre anima a las paredes, no que tan vacías..." Ni modo, ojalá a nuestro pasado cultural le hubiese ido mejor, pero así resultaron las cosas y tal fue el aprendizaje.

La cumbre del arte calendárico es el pintor Jesús Helguera, nacido en México, formado en España, y promovido almanaque tras almanaque por la Cigarrera La Moderna (Santiago Galas, el impresor) que lo contrató en exclusiva muchos años y lo difundió en cuartuchos, en casas edificadas con heroísmo quincenal, en ferreterías, fondas, despachos y consultorios erosionados por falta de clientela, talleres, cantinas. De modo literal, Helguera fue el "pintor de cabecera" de multitudes, al tanto intuitivamente de su carencia de pretensiones (él nunca se consideró gran artista ni buscó exhibir sus originales).

La investigadora Teresa del Conde ha documentado el método de trabajo de Helguera. La Cigarrera La Moderna, por conducto del señor Álvaro Mondragón, le proponía al pintor el tema: un "guión literario" con el repertorio de personajes, el sitio de la acción y los elementos secundarios. Un comité discutía el "guión", lo modificaba si era preciso y lo aprobaba. Acto seguido, un equipo —el guionista, dos camarógrafos y Helguera— se desplazaba al sitio convenido para la primera fase de la empresa. Se tomaban abundantes fotografías de paisajes, flora y fauna, artesanías, arquitectura, y se viajaba por casi todo México, eligiendo los "sitios paradisiacos", los menos afectados por el progreso, las casitas que evocaban armonía y antiguas costumbres, los remansos a simple vista. Por último, ya en su taller, Helguera hacía bocetos a lápiz o con pluma atómica, examinaba las fotografías y, asimilada la materia prima, producía el cuadro.

Sabemos muy poco de Helguera. Nació en 1910 y murió en 1971, trabajó en México, vivió en la colonia Portales, admiró a los muralistas, fue católico ferviente, y, sin dificultades, se consideró parte de un engranaje industrial y se aceptó como pintor de almanaque, objeto de admiraciones no muy explícitas y de lealtades acumulativas. Él, sin que esto pareciese afectarlo, vivió siempre el doble trato: la admiración de la mayoría y las referencias sardónicas de la minoría. Su caso es muy similar al de Norman Rockwell, durante cuarenta años portadista del *Saturday Evening Post*. Especialista en la autosatisfacción nacional, Rockwell elaboró una vez a la semana un paisaje idílico de la Norteamérica de clases medias, con sus porches de la felicidad conyugal, sus cenas de *thanksgiving* bendecidas por la paz del Señor, sus traviesos niños en días de asueto, sus Huck Finn convertidos en severos funcionarios de las ciudades medias. A cambio de ese retrato paradigmático (el espejo adulador de la Mayoría Silenciosa), Rockwell obtuvo mucho dinero, la lealtad sentimental de los más y el reconocimiento satírico de los menos. No tan afortunado en lo económico, Helguera impulsó un gusto visual y apuntaló a su manera el sueño del tradicionalismo, la reverencia por un pasado móvil, la imaginería del México igual y fiel, devoto y cariñoso, sonriente como el agradecimiento al patrón, bienaventurado como la gran fiesta de rancho sin alcohol, el México hoy confinado, a falta de otro castigo, en el territorio del kitsch.

> **Marchantita/ vea asté nomás la mañana/ ¡qué bonita!/**
> **¡Cómo cantan/ los jazmines!/ Y cómo hay en los jardines/**
> **florecitas**

Helguera inventa los escenarios o los transfigura a placer, poblándolos con una alegría dulcemente artificial, tan idílica como las canciones campiranas de los años veintes, con chaparritas que no lloran porque su Pancho muy pronto volverá, con surcos y casitas anteriores a las inclemencias del Progreso. Ante los cromos/cuadros de Helguera, el espectador no renunciaba al "gusto verdadero" (que él nunca había poseído), ni al temperamento crítico (que nunca había ejercido), sino a la incredulidad respecto a sus posibilidades de juzgar *lo bello*. Metamorfosis instantánea: si la reproducción de Helguera me conmueve, no soy del todo ajeno al arte.

¿Y qué más podría esperarse entonces, en un país sin museos, sin cursos masivos de artes plásticas, sin el aprecio oficial y social por la variedad de la pintura. Antes de los años sesentas, son muy exiguas las ofertas en materia de artes plásticas: unos cuantos libros, ausencia de bibliotecas, museos malamente habilitados, revistas por lo común mal impresas, y en este paisaje desolado, gente como Helguera, perfeccionista en su trabajo, decidida a complacer, excelente dentro de sus propios términos, que encarna el Arte, y más que eso, representa las sensaciones placenteras de *Lo Bonito*.

De los modos típicos de inventar la tradición

Examínense algunos de los óleos más reproducidos de Helguera. *El Valiente*, por ejemplo, capta un momento dramático de un relato fácilmente imaginable. En una cabaña en el monte, el reparto elemental: un perro, la joven con el crío, la figura de la Virgen, y un púber con la mano en el machete, en actitud desafiante. Todo como debe ser, diáfano y resplandeciente, en colores que impregnan la retina. Estamos al tanto de una amenaza y razonablemente ciertos del final feliz. Así será y así debe ser: el púber arrostrará con éxito el peligro o un héroe hará uso de presencia en el último instante. Para Helguera, la fuerza de un cuadro no estriba tanto en su contenido dramático como en su incitación al optimismo. Véase al respecto la apoteosis de la españolería intitulada *La muerte del torero*. Todavía en traje de luces, el matador nos abandona —¡que no quiero verla, que no quiero ver la sangre...!— y lo despide un retablo del cuplé: el cuadro gigantesco de la Virgen, los estoques, las majas llorando, la quieta pesadumbre del olé. No obstante el repertorio, se advierte de inmediato que para Helguera lo esencial del cuadro no es la tragedia sino su propia maestría. Virtuoso, le agrada percibir la mezcla infalible de elementos: el dolor, el amor, el colorido de la fiesta brava, la esencia de Lo Castizo.

Desde una perspectiva actual, el destino del cuadro no es el respeto luctuoso sino el choteo que acompaña a las escenografías cómicas... Y sin embargo *La muerte del torero* ha conmovido a decenas de miles que sienten a su modo *el pasmo estético.* ¿Cómo traduce usted lo anterior? A ver, *¡Qué padre! ¡Está divino! Yo de arte no sé nada, pero me parece bien bonito.* Helguera aprovechó elementos centrales del gusto popular, los engendrados en el arte y el kitsch católicos, los afirmados por las variedades de la industria gráfica, los perfeccionados por el cine (El Technicolor, el primer museo dinámico de las mayorías), y utilizó la predilección por los colores vigorosos (que ratifican la intensidad de los sentimientos), el amor por las imágenes de la infancia ideal, el encanto de las utopías domiciliarias, la afición por las anécdotas previsibles.

Me acerco a una obra maestra del arte calendárico, *10 de mayo* que, desde el título, alude a la felicidad sin distanciamientos ni fisuras, la correspondiente a la glorificación de la familia. En la casa colonial una abuela extasiada recibe el cariño de la pareja charra y de sus dos bellísimos nietos. ¡Detente momento, eres tan bello, tan capaz de apresar el sentido de la vida! Según Helguera, la felicidad anida en el respeto por los ancestros y en el cariño hacia los descendientes. Todo en el cuadro indica suavidad y eliminación de problemas, incluso las "notas de color": la fuente, las palomas, la jaula del canario. Helguera no simplifica al extremo ni lo reduce todo a las proporciones de un anuncio comercial. Él, seguro de su maestría y de su mensaje, hace de la tradición el depósito de las perfecciones.

Al margen de si se creía o no gran artista, Helguera estuvo seguramente al tanto de la penetración de su obra, y de la estima en que lo tenían quienes guardaban sus calendarios sin sentirse coleccionistas. Él agregó a la encomienda de la Cigarrera su espíritu catequista, que proyectó un sueño moral iniciado en la regeneración física de la raza y prolongado en la exaltación de las creencias ancestrales. En algunas de sus estampas más celebradas: *El flechador del sol, Amor Indio, Grandeza azteca, Guerrero azteca, La leyenda de los volcanes,* Helguera, mucho antes de la moda "embellecedora" de lo prehispánico, algo supuso: sin el añadido de la gracia física, el pasado indígena será irrecuperable. A dioses y guerreros del mundo prehispánico les han faltado, por gracia del arte monumental, las seducciones del gimnasio y el salón de belleza.

Perfección física. Como muchos tradicionalistas, Helguera cree que la Raza de Bronce sólo se salvará, en la teología del impulso nacional, si el aspecto físico la distancia de su destino cruel. Por eso pinta a lo prehispánico como festín de la hermosura, cuerpos inmaculados, "perfiles aristocráticos", torsos labrados, senos opulentos. Sólo la mirada embellecedora nos reconcilia con los antepasados indios, y con los campesinos de hoy. En otras estampas, *Esperanza campesina, Despedida, Almuerzo,* Helguera responde a esa moral de época donde los arquetipos de esbeltez y donaire son necesidades de la recuperación tradicionalista. Ciertamente a él no le molestó ser pintor de almanaques, concentrado por entero en su prédica visual, en la propaganda extrema de los jóvenes que "viven la pureza" del horizonte donde en cada apólogo (estampa) el bien triunfa y la pareja o la familia son felices. Helguera, excelente pintor parroquial, manejó una sola idea de conducta permisible: el respeto por las tradiciones, y por la gente bella que debía habitarlas; y ante la puntual reproducción que de los cuadros hizo la imprenta de Santiago Galas, los espectadores se hallaron ante una doble recompensa: *lo noble* y *lo bonito.*

La ética y la estética, ideales accesibles y cómodos. Así debe ser la vida, así debe ser el arte. Véanse dos estampas de Helguera. En *Nacimiento,* el voceador de periódicos, la niña con el misal y la madre dejan fluir su devoción ante otra de las representaciones del nacimiento de Cristo. De paso, Helguera fija también la actitud ideal de quien contemple su trabajo: ante lo espiritual, el espectador desaparece y se apersona el feligrés. Si hay congruencia el tema del cuadro será lo mismo que el estado de ánimo de sus destinatarios. En otro orden de cosas, *El pescador* es el retrato ideal de la vida en Tlacotalpan. A una pareja, físicamente inmejorable, la enmarcan colores luminosos y "serenos", en su viaje en canoa. Ellos son sanos y, por tanto, son bellos. Y el río de las costumbres los santifica.

La obra de Helguera funciona en los años de la confianza pública en el nacionalismo, cuando aún se cree en la defensa del México de las tradiciones idealizadas. El programa es elocuente: depositemos la esperanza en un mañana idéntico al ayer, donde la pureza sea consecuencia de días y años y existencias que se repiten. Un poema de Ricardo López Méndez, el "Credo", es el gran equivalente de la empresa pictórica de Helguera:

México, creo en ti,
porque escribes tu nombre con la X,
que algo tiene de cruz y de calvario,
porque el águila brava de tu escudo
se divierte jugando a los volados
con la vida, y a veces, con la muerte.

La estética de la mitomanía nacionalista. La ética de las recompensas terrenas por la sumisión a lo ultraterreno. Jesús Helguera combinó ambas vertientes, y con estilo muy derivado y muy original, las fijó en un espacio pictórico, que reverbera con imágenes del Edén mexicano, parejas portentosas, paisajes "extraídos de la mano de Dios", costumbres celosamente respetadas... Él, con su caudal de idealizaciones, le dio a la Patria la clave de su dicho: transporta en las carretas, oh Madre, el candor irrepetible de un público y de un pintor siempre al servicio de las Causas Beneméritas que lo apartarían del arte pero no de la recuperación cultural.

La hora de las convicciones
alternativas
¡UNA CITA CON EL DIABLO!

—¡Quiero verlo!
— No se puede.
— Nomás quiero saludarlo.
— Lo siento, no se puede.
— Con éste van tres años que vengo y no lo he visto.
— Para verlo hay que hacer un pacto.
—¡¡¡QUIERO HACERLO!!!

El grito conmovedor apenas se oye, asfixiado por el hervidero de conversaciones que ni empiezan ni terminan, el otro nombre de todo grupo que se respete. Pero a eso se viene a la sierra de Catemaco en la región de Los Tuxtlas, en la madrugada que va del jueves al primer viernes de marzo, a vislumbrar al Diablo, el Príncipe de las Tinieblas, que hoy se llama Adonai, uno de los títulos hebreos para la Divinidad (El seudónimo es el mejor amigo del hombre y del mito). En el cerro de las Ánimas o del Puntiagudo, la desconfianza y las creencias previas engendran el clima de peticiones, rezos, curiosidad, sáname, sálvame, hazme rico, hazme fuerte, consígueme a esa muchacha, hazme deseada, dale a mis senos la opulencia que atraiga, entrega ese rancho en mis manos, acaba con mis enemigos, convence a mis padres de que mi opción sexual es legítima, proporcióname las tremendas experiencias que alivien el hastío de mis años televidentes. Los crédulos, los incrédulos y esa mezcla cabal de ambos, los reporteros, aguardan al Señor del Averno. La escenografía o, para decirlo extemporáneamente, el escenario natural, es impecable: oscuridad "de boca de lobo", olor húmedo, tiritan azules los astros allá lejos, cantos de grillos y demás sonidos indistinguibles para los oídos de banqueta.

En el Cerro de las Ánimas, el brujo Gonzalo Aguirre oficia. Él es responsable de esta peregrinación ceremonial usualmente reservada para veinte o treinta fieles, y que hoy atrajo a trescientos o cuatrocientos (previa compra de boletos). En el sitio elegido la escenografía se precisa y cada uno va inventando su rito. Después de todo, ver al Diablo es meta recomendable en épocas de saturación de las sensaciones comunes (ir al cine, hablar con Dios). Él acudirá, y en prenda de la llegada, su representante, don Gonzalo, va y viene, apenas distinguible.

Con siseos se responde a murmullos, inquietudes, conatos de histeria o de emoción guadalupana fuera de lugar.

—¿Tú crees, Martita?

—Te apuesto a que no lo vamos a ver.

—Cállense. Quietos. Esto no es cosa de burla, esto es serio.

Se prohíbe cruzar los brazos y las piernas o ceder a la costumbre y rezarle al Otro, al de Arriba.

—Nada de cruces aquí, señora, ni con las piernas.

—Silencio, por favor, de veras es cosa seria. Don Gonzalo está hablando con Él y lo pueden hacer salir de trance. Está en contacto con Él.

La tensión se fragmenta y continúa el frotamiento sigiloso de medallitas y cruces. Se escuchan cantos de zenzontle o de búho, cómo saberlo, y crece la sensación de irrealidad (no es para menos, si uno cree en el Diablo cree en Dios, y estar aquí pensando en los dos en el mismo segundo...) Le atribuyo mi incertidumbre a la falta de hábito, no a la mala formación teológica. Los aprendices de brujo prenden lámparas sordas y recogen los "documentos", cartas donde los recados monetarios solventan las peticiones al Demonio, y que se concentran en una valija de piel (gastada) que se entrega a don Gonzalo.

—Voy a hablar con Adonai, a llevarle sus mensajes y a recibir instrucciones. El Amigo está contento. Esta vez no los puede recibir de uno a uno porque aquí hay muchos, pero el Amigo está contento. A los que hayan entregado su sobre el Amigo les contestará. Ahora voy con él.

Regresa. Exhibe, vacía, la petaca. Prosigue:

—A ver, los periodistas adelante. [*Se dirige a los demás.*] Está satisfecho con ustedes y me dijo que a los que trajeron documentos los va a ayudar.

— ¿Qué no vamos a verlo?

— Sí vino... Claro que vino.

— ¡¡¡YO LO VI!!!

— Yo de plano no vi nada.

Está por concluir la ceremonia y el Demonio llegó (versión de sus fieles) o se ha ausentado miserablemente (versión de los descontentos). Se inicia el regreso, aliviado por la súbita multiplicación de lámparas.

— Me voy a caer.

— No, no se cae. Él la cuida en sus pasos.

En el descenso, un periodista interroga con debida seriedad a una joven:

— ¿Desde cuándo crees en Adonai? ¿Qué ha hecho por ti? ¿Lo has visto?

— En junio del año pasado le pedí que me diera dinero, todavía no lo tengo pero falta para el año, entonces me va a conceder lo que necesito. Él es muy cumplidor... Claro que ya lo he visto. ¿Que cómo iba vestido?... ¿Pues cómo quería que fuera? Normalmente, de hombre.

— ¿No se supone que debe ir de Diablo?

— No, pues iba así, de hombre...

— ¿Y te ha ayudado a tener novio?

— No, ahora que Él no me impide tener novio. No tengo porque no debo... Se lo prometí. A Él no le gustan mis pretendientes. Había uno llamado Pedro que me buscaba mucho y me molestaba. Y se murió de un día para otro.

— Entonces Él hace el mal.

— No, Él hace el bien o el mal según le pidan.

— ¿Y fuiste al entierro de tu pretendiente?

— No, no fui... ¿Para qué?

— ¿Qué edad tienes?

— Diecisiete años.

Otra vez la carretera. La luz revela las distintas procedencias de la masa de fieles. Los campesinos (los menos) se suben a camionetas y los demás aguardamos a los camiones, con la paciencia propia, se me informa, de las familias de Veracruz, Córdoba, Orizaba, Puebla, el Distrito Federal. La moda de la industria de Satán prosigue. Un sociólogo aficionado interviene.

— ¿Te das cuenta cómo se manipula rápidamente a los clasemedieros? Esto el año que viene va a ser un absoluto desmadre. Por lo visto todos quieren tener las dos velas encendidas.

El pueblo según se dice y lo que a mí me consta

—Mire, en un pueblo chico uno se entera de todo. No niego que don Gonzalo es un atractivo de la región, pero se oyen tantas cosas. El yerno, por ejemplo, tenía una cantina. Dicen que un día al calor de copas contó que él era el diablo, que con un bote de cerveza deformaba la voz y los chiflidos. Aquí ha habido gentes que van al día siguiente al lugar de la ceremonia y según ellos el rastro de la persona conduce de nuevo a la carretera. Quizás usted vio gente armada con fusil. Parece que una vez lo querían matar a don Gonzalo y contrató guardaespaldas. Ahora, sí que impacta. Vea esta toalla: "Hotel Catemaco. Tierra de Brujos", y la noticia de hoy en *El Diario de Los Tuxtlas:*

Catemaco, Ver. Cuarenta funcionarios y empleados de la Comisión del Papaloapan que vendrán acompañados del vocal ejecutivo ingeniero Jorge L. Tamayo, arribarán a esta ciudad para acompañar al brujo mayor Gonzalo Aguirre Pechi a la tradicional entrevista con el Diablo.

—Claro que no es cierto, pero es noticia. Ya oyó usted el carro con equipo de sonido del *Diario* que repite y repite: "Calculan que el brujo mayor se llevará este año medio millón de pesos". No es tanto, pero tienen razón en creer que si esto es negocio es muy bueno. No digo que tanto como medio millón de pesos, pero a los documentos se añaden muchos billetes. La fe es muy dadivosa, muy entregada. Aquí a don Gonzalo se le recela y se le admira. Dicen que es latifundista y acaparador de tierras, y que le paga a sus empleados mucho menos del salario mínimo. También dicen que es benefactor y gran curandero. Como sea, las casas del señor Aguirre y del obispo son las más lujosas del pueblo.

El informante se interrumpe y se convierte en guía de turistas.

—Ahora que como pueden ver ustedes, la Otra Parte también tiene sus partidarios y sus devociones. Aquí, al lado de la iglesia, hay ocho puestos de medallas, santos, rosarios, la última palabra en materia de cruces y vírgenes, perdones, enmiendas y composturas de almas pesarosas. Es muy querida y frecuentada la Virgen del Carmen de Catemaco. Se le ofrece de todo, como debe ser, desde trenzas y ex-votos hasta fotos dedicadas y la vocación sacerdotal de los hijos.

ATENCIÓN SEÑORES PEREGRINOS
No se confíen de mujeres que con apariencia de piedad se ofrecen a rezar o "levantarlos" de los pies de la VIRGEN. Son peligrosas. Recen ustedes.
LA SANTÍSIMA VIRGEN a todos nos entiende.

El Brinco del León

El Brinco del León, el consultorio de don Gonzalo Aguirre, está casi a las afueras de Catemaco. A la entrada, albergados en jaulas, un águila blanca, un tigrillo, un puercoespín, un oso hormiguero, que desmienten o ratifican el aspecto de casa típica de provincia. En la pared, una gran foto de don Gonzalo con el animador de televisión Raúl Velasco. Los asistentes, mujeres en su mayoría, hablan quedito, responden al movimiento de fotógrafos y reporteros con desplazamientos de conjunto, toman refrescos y antojitos en los puestos, también propiedad del Brujo Mayor. Una de las hijas advierte.

—No tomen fotos. Vienen luego a verlo personalidades. Gente muy importante... Y aunque no sea así, a las demás personas no les gusta verse fotografiadas, como que les roban algo. Ayer en la tarde estuvieron a punto de pegarle muy duro al reportero de *Alarma*. Estuvo muy agresivo con mi padre y todos le dijeron que se largara, lo corrieron. Así que mejor tomen de bulto a la gente. Eso sí es posible. Déjenme atender, luego vuelvo. (Se dirige a una señora recién salida de una novela decimonónica, muy probablemente de Ignacio Manuel Altamirano:)

— Ya les dije que mañana a las seis de la mañana.

— Vengo desde lejos, quiero verlo.

— Ya le dije que no. Hay mil trescientas personas que quieren lo mismo.

En una salita decorada con discos viejos de corridos, un yerno de don Gonzalo explica:

— La ceremonia que vieron ayer lleva ya muchos años efectuándose. Primero fue sólo para la gente que practicaba la brujería. La cofradía de brujos se reunía en el Cerro del Mono Blanco para determinar anualmente quién era el brujo más poderoso y hacerlo presidente de la cofradía. También establecían la repartición de trabajo. "Ustedes harán magia blanca y nosotros magia negra." En el cerro permanecían muchas horas enfrascados en ceremonias larguísimas. Luego se fue relajando la confederación de brujos y cada quien jaló por su lado. Ya no se va a los cerros tradicionales, el Mono Blanco y el San Martín. El último que iba era Manuel Utrera, a quien todos consideraban el mejor brujo de la región. Él se largaba al cerro acompañado por ocho o diez personas a sesiones de trabajo con el Diablo. Regresaba, metía en un corral a sus seguidores y continuaba. Ahora el rito se ha vuelto muy individual y los brujos tienen diferentes protectores... Deben ser efectivos porque yo creo que si los mismos vienen año con año es porque sienten que el Diablo les resuelve sus problemas y eso a quién no le funciona... Por eso regresan, porque para ellos ir al monte es una petición. El mismo don Gonzalo se metió a esto un día que andaba muy jodido y decidió ir al monte a venderle su alma al Diablo... Don Gonzalo escoge siempre el lugar. Al llegar, se adelanta seis u ocho metros y se mete a una cueva para hablar con Adonai. Según algunos, en ocasiones aparece el Diablo con figura de hombre y con capa. Se oyen los sonidos de un búho, a veces aleteos. Pero la gente no cree en el Demonio porque se aparezca o haga ruidos sino porque siente que le va bien: gana dinero, se alivia, se casa con la más bonita, deja de ser la quedada del pueblo... Ahora que el gran cambio vino cuando Raúl Velasco hizo un programa especial de Televisa sobre la región. Habló con mi suegro y se entusiasmó. Luego en Santiago Tuxtla entrevistó a otro brujo: "¿Qué opina usted de don Gonzalo? Un tipo curioso, interesante, muy singular, muy raro, ¿verdad?" El otro lo tomó como provocación y se lanzó atacando a mi suegro de especulador, exhibicionista, charlatán. Por eso fui a la televisión, al programa de Manolo Fábregas, a defender a la auténtica brujería. Pero el caso es que la publicidad de la tele ha traído multitudes. Don Gonzalo está muy desconcertado. Dice que ya atiende más a los periodistas que a los pacientes... ¿Se fijaron que trae la camiseta al revés? Es para la Contra.

El Olicornio

—Mi papá no entró en el Congreso, a esto que llaman Primera Exposición de Ritos, Ceremonias y Artesanías Mágicas y que para mí es pura cosa turística, al parecer idea del dueño de un hotel en Santiago Tuxtla, muy nuevo pero con muchos cuartos vacíos. Una gringa, miss Strauss, se encargó de organizar el tour. A mi papá ya lo convencieron el año pasado para ir a un Congreso de Investigación de Fenómenos Paranormales en México. Se comprometió y fue. Pero esto de que lo vengan a ver como show turístico sí no le gusta nada.

En el cuarto, Ernesto, el ayudante de don Gonzalo, prepara a los que serán recibidos. Con un grillete les raspa el antebrazo y les hace beber una pócima que contiene *olicornio* (polvo de cuerno de cabra) vino de consagrar y "contras". Con un colmillo de cascabel marca cruces en el brazo. En el cuarto, varias ancianas, un ciego, curiosos. Las clases sociales se mezclan. Una señora canturrea en una hamaca. Ernesto tiene veintisiete años y lleva nueve colaborando con don Gonzalo.

—A ver, 289. Pase por favor.

—Ya vi el altar donde trabaja con magia blanca. Tiene al Santo Niño de Atocha y a San Martín de Porres. Para la magia negra tiene un diablo todo rojo, que mide casi dos metros. La cola tiene cincuenta centímetros.

Informan de la llegada de dos camiones de turistas. Una de las hijas acude a su encuentro para detenerlos. Son los del tour del Congreso de Brujería, de nuevo mujeres en su mayoría.

—Queremos ver a don Gonzalo.

—Lo siento, pero mi papá no entró al Congreso. Ya les mandamos decir que el domingo los recibe un ratito.

—Pero muchos nos regresaremos antes y quisiéramos hablar con él.

—De mil amores los vería pero tengo mil trescientas fichas de gente que espera.

—Ayúdenos por favor. Aunque sea un momentito.

—No se puede, señora, compréndame.

—Pero no está enojada, ¿verdad?

Los turistas se retiran. Otra hija se acerca:

—Alma, los niños que venden dulces le dicen a la gente que los van a llevar con otro brujo aquí adelante. Córrelos.

La conversación es reiterativa. La eficacia de don Gonzalo. Los métodos de trabajo de don Gonzalo. Las curaciones milagrosas. Los testigos presenciales de cómo le pasó el huevo al enfermo y lo rompió y había un colmillo de puercoespín. Los enfermos que se creían incurables.

—¿Hay mucha gente en Santiago, en el Congreso?

—No, aquí hay muchos más, aquí somos los meros chingones —contesta una mujer desde la ventana.

La muerte es mi amiga

Nada de "¡Guerra, guerra contra Lucifer!" Los tiempos cambian, se acabó la Inquisición y, desprovisto de ceremonias sangrientas, el interés por el Demonio se impregna de respetabilidad de clase media (condescendencia, creencia entre sonrisas o a hurtadillas, bravata, quién quita, al cabo no es delito). El cuello de Linda Blair en *El exorcista* gira con lentitud desesperada o rapidez obviamente diabólica, y la voz del Maligno desafía al sacerdote: "Fuck you! Fuck you! Your mother suck cocks in Hell!" Y el aire desesperado del sacerdote (Max von Sydow) se suaviza por el deseo de estar al día. A la inercia de las convicciones heredadas llegan el Demonio, la Cábala, Astaroth, Belcebú y las Explicaciones Irracionales del universo que —ni modo, la fe es también una veleta— desplazan en algunos sectores y por el tiempo que sea a otras Explicaciones Irracionales del universo. Creo porque es absurdo. Dejo de creer porque es absurdo. Vuelvo a creer porque es absurdo.

A la conferencia de prensa llega don Gonzalo, un sexagenario robusto, de mirada errátil, ni intimidado ni cohibido.

—Soy el único que hace esto.

—¿La fe es importante?

—Contribuye mucho... El demonio no es malo, desde el momento en que nos ayuda no es malo. Adonai es errante, no está en ningún lugar.

—¿Por qué no vimos al demonio?

—Al demonio no lo pueden ver. Dios lo puso para que uno le tenga temor. Llegamos a ver al Demonio como animal, como buen caballero. Depende de usted si logra verlo, los compromisos que haga: entregar a su papá, a su mamá, a su hermano, a su hermana. Sin compromisos también puede verlo pero ya es cosa de suerte. Uno *firma* el compromiso... Yo sí tuve compromiso, entregarle algunos que me hacían estorbo [*risas*]. Ahora Adonai es mi amigo. Yo soy representante del Diablo en la tierra. Sigo siéndolo. Desde hace treinta y cuatro años. Por necesidad. Lo fui a buscar y lo encontré.

—¿Y la muerte, don Gonzalo?

— La muerte es mi amiga. Yo tengo sesenta y siete años.

—¿Cómo elige usted a sus ayudantes?

—Uno nace predestinado. Uno juzga a la gente y los elige por sus cualidades. Es que no van a hablar con Dios. Tienen que entender que servirán a otro Señor.

—Perdóneme, don Gonzalo, la pregunta. Se dice que usted es

un hombre rico, que tiene siete ranchos, que paga menos del salario mínimo. ¿Qué dice usted de esto?

—Mire, los hombres que trabajamos tenemos derecho a *tener* ¿o no? El que va siendo presidente de la República se mete en eso porque dice: ora sí de este trancazo ya. Y mire no es porque lo diga yo, que le cuenten lo que he hecho por el pueblo.

—Don Gonzalo ha hecho sacrificios, beneficios muy concretos. Hizo una escuela. Monumentos. Lo intrigan porque les viene grande. No es político. Nunca ha sido presidente de Catemaco.

Un hombre de unos cincuenta años, muy sudoroso, interviene:

—Soy periodista del *Diario de Tuxtla*. Conozco a don Gonzalo hace mucho y nunca he tenido convencimiento pleno. He acudido con la incógnita de dónde agarra él su poder para curar. Me ha costado oponerme a mi misma persona, observarlo. He estado en una operación, nomás él, el paciente y yo, y lo he visto curar.

Don Gonzalo asiente, casi sonríe.

—Ya estoy cansado. Ya perdí la cuenta de cuántos he atendido hoy.

—¿Y Adonai lo ayuda a usted?

—Dígame, si no, no estuviera aquí. Me ayuda y por eso me dediqué a curar. Por eso celebro misas negras, para darme poder. Cuando comencé íbamos unos tres.

Los periodistas oscilan entre la falsa ingenuidad y la falsa malicia. Las preguntas se arman y desarman. Una declaración envanecida: los hijos del Brujo Mayor han estudiado: una abogada, un médico, una contadora pública, un ingeniero químico.

—El día de hoy, el Diablo se dedica a hacer cosas buenas.

—Se dice que usted receta medicinas.

Interrumpe violento uno de los hijos.

—*Pero quien los cura es él.*

—Uso lo que puedo. Como no fui a estudiar, con qué machete me sostengo en la silla.

—¿Puede usted ayudar a políticos?

—Ya lo he hecho muchas veces. Una cosa que les recomiendo

es raparse año y medio antes de la elección que deseen. Y los dejo porque tengo que seguir trabajando.

A la salida, a un hijo de don Gonzalo lo entrevista la televisión oficial. Pide que se formen comités de investigación científica. Él es médico y atestigua que no se trata de supercherías. Hace poco, él vio a su padre curar una enfermedad rarísima, ahora no se acuerda cómo se llama...

"Religión y misterio son la misma cosa"

> Te lo juro por mi madre: lo que nos separa de lo que no entendemos es la ignorancia.
>
> Señora de sociedad de Puebla.

"No es posible descreer razonablemente de los milagros" y a este dogma suntuoso se atienen los organizadores de la Primera Exposición de Ritos, Ceremonias y Artesanías Mágicas en Santiago Tuxtla, Veracruz. ¿Cómo no se había pensado antes? Si la región de Los Tuxtlas stop es la zona de los curanderos stop y ya basta del monopolio de los antropólogos stop la clase media stop necesita diversificar su catálogo de creencias. Nadie tiene derecho al racionalismo mientras alguien carezca de amuletos: éste no sólo es el tiempo de crisis económica y luchas ideológicas; también es la hora propicia de las cucharitas dobladas y el poder del pensamiento positivo y la meditación trascendental y el vislumbramiento de Ovnis y el catálogo de mutantes y el descubrimiento del arribo inaugural de los extraterrestres a este planeta para agregarle atractivos turísticos a las simplonerías primitivas. (Gracias, Eric von Daniken por ver campos de aterrizaje intergaláctico donde nada más veíamos ruinas de centros ceremoniales indígenas.) Nunca desaparece el interés por los mensajes ocultos en las catedrales o las marejadas que acuificaron la sabiduría de la Atlántida; la novedad es la próspera y galana industria del asombro: revistas, libros, encuentros, conferencias, institutos, congresos, eruditos, detractores, fanáticos, pesquisantes.

La fe del carbonero. Quien lanzó la frase no sabía nada de mercadotecnia. ¿Cómo van a ser "del carbonero" creencias tan compartibles y ratificables en tantos magazines, con su alud de aureolas científicas (en pro y en contra)? La Industria de lo Desconocido se vigoriza porque no busca la fe sino la duda, la oscilante hermana gemela de la fe, proveedora de ritos ancestrales, percepciones extrasensoriales, energías biomagnéticas. En los comienzos de la Iglesia los heréticos servían para probar a lo canónico; hoy son —digamos— una sucursal de las creencias conocidas que, al diversificarlo, fortalecen el mercado.

— ¿Cómo va a ser cierto?

— ¿Cómo no va a ser cierto?

— A mí me consta. Para mí ha sido la experiencia que cambió mi vida.

— Pura superchería. Recursos de la desesperación clasemediera. Tu palabra contra la mía. Cuestión de opiniones. Pero las burlas o las rotundas negaciones ("Pueblo, te engañan") no disminuyen la corriente de adhesiones a los Fenómenos Parapsíquicos. El dinero fluye y la industria atiende a las variedades del Misterio, de aquello que "nuestra tozuda razón occidental insiste en llamar misterio". Claro, todo tiene una explicación y es susceptible de verterse en palabras comunes o voces inefables o franco rechazo y vilipendio de la tozuda y casi inédita Razón Occidental.

Paquete de transporte aéreo

Una ganga: el paquete con transporte aéreo a esta Primera Exposición sólo cuesta 2 200 pesos moneda nacional. Recorrido turístico, conferencias y curación colectiva. El paquete sin transporte aéreo: 1 426 pesos. Tema: El Hombre y la Magia. Entre los conferenciantes anunciados el reverendo Tao Raahn (Control Psíquico), el profesor Antonio Vázquez Alba (Desarrollo y manejo del fenómeno paranormal), el ingeniero J. M. Pontón (Predicciones climatológicas), el doctor Manuel Galindo (Demonología y exorcismo).

Y seguimos: los doctores Claudia y Reynaldo Contreras (Biorritmo), el doctor Emilio Hadad (Hipnosis), la profesora Ingrid Carlson (Sanación Espírita), el profesor Miguel Ángel Villavicencio (Herbolaria) y el Tec. Gaudencio Tepáncatl (Sanación Magnética). Además y en primera línea del réclame Psíquicos y Prácticos de la región de Los Tuxtlas.

El tercer oído (a la escucha del más allá)

A la pequeña plaza municipal de Santiago Tuxtla la han cambiado y copado, y se construyó un cerrado rectángulo de palapas para garantizar la privacidad. Boleto de entrada, 15 pesos. Un letrero anuncia los precios complementarios:

Limpias	100 pesos
Curaciones	100 pesos
Mancia	100 pesos
Sesión espiritual	200 pesos

Anhelosa y dinámica, la organizadora, Miss Martha Strauss, vigila el buen funcionamiento de la policía. En el centro, una cabeza olmeca preside las variantes de la experimentación y la credulidad.

El catálogo de libros en venta es previsible: *Profecías de Nostradamus y San Malaquías, Cuarta Dimensión, Humanoides en la Tierra, El Tercer Oído (A la escucha del más allá), El misterio de las catedrales de Fulcanelli, El Tercer Ojo* de Lobsang Rampa, *Las ciudades mágicas* de Daniel Ruso, *Poesías esotéricas, Diccionario de Ciencias Ocultas, Teosofía, La Ley del Karma, El Sexto Sentido, La doctrina secreta: Cosmogénesis, Magia en México, Magia Verde, Annie Besant, Arte de echar cartas, Magia Roja.* Y los demás temas imprescindibles: OVNIS, la Atlántida, la Era de Acuario, y la obra del best-seller mexicano Rodolfo Benavides, alguna vez huelguista minero y novelista proletario y, desde hace años, divulgador de las profecías de la Gran Pirámide. Ahora, Benavides reitera la promesa de acabar con el monopolio más inexpugnable y famoso: *Entonces seremos dioses.* Ya lo hemos visto: a las modas las instala y las volatiliza la tensión dinámica de las autopromociones, y Benavides le señala a sus lectores la placidez cosmogónica que les sobrevendrá durante el (imposible) viaje a Egipto o al aceptar cualquiera de sus conjeturas.

No, ya no tenemos "beatos milagreros", "confesores santos", "monjas iluminadas" o "Alumbrados" lascivos que guíen hasta la hoguera a sus seguidores. El Departamento de Turismo del estado de Veracruz se encarga del respeto a los esoterismos para que los grupos de turistas fotografíen el stand de Manuela Palacios o atiendan las pequeñas charlas de Miguel Ángel Villavicencio sobre plantas medicinales del México Antiguo. "El huevo tiene las sustancias que necesita el hígado para reconstruirse." Muy pronto, en materia de creencias nadie será descendiente de nadie, y la antigua pelea mexicana contra los demonios se disuelve en el auge sobrenaturalizado que, con criterio que se afinó en los grandes almacenes, adquiere ojos pintados, amuletos de piedra imán compuesta, legítima sal de baño Rey Salomón, sahumerio especial de San Lorenzo, polvos infalibles "Yo domino a mi hombre".

—Un muestrario mucho más rico y completo lo puedes encontrar todos los días en el mercado de Sonora en el Distrito Federal.

Prácticamente no hay mal que no cure

Una kermess de magia. La pequeña industria del metapsíquico Flannagan a la orden: Innergy Posters a 750 pesos, medallones a 550 pesos. Terapia de agua. Oferta de temporada: radioniks: regeneración de chakras, 500 pesos.

(Las chakras, se me informa, centros magnéticos del cuerpo humano que el yogui despierta por la meditación, son las partes del Cuerpo Sutil. El último chakra está fuera del cuerpo y posee una energía Kundalini en forma de serpiente.)

—La brujería —le afirma a un grupo de reporteros el arquitecto Ignacio Liceaga— no es más que la percepción de corrientes sutiles de los individuos. Todos tenemos y generamos energía pero no todos la podemos captar, por eso los brujos y

curanderos son seres altamente sensitivos y pueden captar perfectamente las energías que despide el ser humano y el ambien-
te... Y no esbocen sonrisitas porque esto es serio: este aparato,
el sistema Radionik, me convierte a mí mismo en brujo porque,
según los últimos informes ya computarizados, cura unas mil
quinientas enfermedades. Prácticamente no hay mal que no cure... Ríanse si quieren pero así es. El radionik será usado en el
futuro para curar a la humanidad.

El arquitecto interrumpe su disertación. Se aparta y da instrucciones en voz baja. Le complace visiblemente la presencia
de las grabadoras y en verdad sólo se dirige a ellas, a su astucia
mnemotécnica, a su retención cautiva de las profecías.

—No sé si ustedes sabrán que cada célula de nosotros vive
siete años, es decir, nuestro organismo se regenera cada siete
años, en forma cíclica. Eso ya también se ha estudiado y se sabe
que en 1981 se termina la vida del hombre.

Una pausa para leer en la mirada de sus oyentes el efecto
de sus palabras: imágenes de películas de science-fiction, el
destino nos alcanza, *help me, Obi-Wan Kenubi, you're the only one
who can help me,* encuentros cercanos del tercer tipo en el Tercer Mundo.

—No porque en 1981 vaya a haber una destrucción de la humanidad sino porque después de ese año, nuestro planeta será
habitado por superhombres. Seres superhombres, superdotados
y ya se empieza a manifestar con el nacimiento de niños cuya
inteligencia está altamente desarrollada. Es así como se termina-
rá el ciclo del hombre, el ciclo del homo sapiens. Nuestra edad
pasará para darle paso al superhombre.

El fin del mundo se acerca.
Aparte con anticipación sus boletos

El Diablo sí existe y es un espíritu del mal, pero a mi entender el Diablo como persona no tiene nada que ver con fenómenos paranormales como la telepatía, la clarividencia o la
fantasmagénesis, los cuales tienen una explicación lógica o
científica. El Diablo es un ser horroroso y dramatiquísimo y

no creo que exista una relación efectiva como la que pretenden tener los brujos o hechiceros. La existencia del demonio
se define por el mal. Toda acción del mal es una acción satá-
nica y todo hombre que hace el mal es el Diablo mismo.

Cura José Luis Guerrero,
profesor de parapsicología en el Instituto Superior
de Estudios Eclesiásticos, en entrevista
con Ángel Trejo en *El Sol de México*.

En el periódico *Afirmaciones Extraterrestres* dirigido por Gustavo Quezada Quezada una frase atribuida al presidente José López Portillo es la corona de una foto enorme: "Claro que soy
supersticioso". Entre los ofrecimientos naturistas: yoga, grano-
la, pan y galletas integrales. La sabiduría de doña Carmen H.
de Castillo se pone al servicio de la Cristalomancia: el futuro a
través de la bola de cristal. Dactipuntura o Curaciones magné-
ticas a cargo de Gaudencio Tepéncatl. Una enorme cola para
ver a la bruja María Luisa Bernal (cuarenta años de curandera). En la entrada una mujer testifica a su favor: "Yo era ciega.
Doña María Luisa me curó. Hoy vine a que me alivie de la
garganta".

En el puesto de doña María Luisa —o cubículo como también y sin ironía se les llama— la escenografía incluye a la Virgen de Guadalupe, Santa Marta de la Cruz, un vaso de agua,
una botella de loción verde, huevos y yerbas. Sin inmutarse por
los curiosos, ella cura, reza entre dientes, pasa sus manos por la
cabeza, las manos, los brazos y las sienes del cliente. Talla con
un huevo los ojos, repite la operación, rompe los huevos y los
deposita en un vaso con agua.

Cerca, el stand más solicitado: el del Cuate Chagala, el grupo
más famoso de Santiago Tuxtla, rival de Gonzalo Aguirre, el
hechicero de Catemaco. Repite su historia sin variantes y con
dulce monotonía:

—Tengo ochenta años de edad. Llevo más de cincuenta cu-
rando. Me metí en esto porque andaba muy enfermo y me había cansado de los doctores que nomás me traían vuelta y
vuelta. La fe en Dios me curó y le prometí que haría lo mismo

por mis hermanos. Sin Dios nada podemos hacer... Desde niño, tengo estos conocimientos, no los tomé de nadie. Veo las plantas en el monte y ya sé para qué sirven.

Un hombre alto se acerca y cuenta con precipitación, al borde del frenesí, el milagro reciente.

—El pajarito de color azul apareció de pronto en la caverna, ¿verdad Cuate? Y apagó la vela que el Cuate llevaba y se detuvo en el pecho del hijo del Cuate y... Se los digo a ustedes señores periodistas porque es importante que lo difundan.

—Yo casi siempre uso albahaca, ruda y romero —agrega dificultosamente el Cuate—. Cuando Dios no quiere, santos no pueden.

La señal que nos guía

Las historias de los brujos se asemejan, casi se funden: credulidades, miseria económica, enfrentamientos abiertos o disimulados con las autoridades eclesiásticas, clientela segura y agradecida... y, luego, su incorporación a las veleidades publicitarias y las providencias del "Tour". El honesto brujo don Gregorio Samsa, de la región de Los Tuxtlas, despertó un día y se halló en un museo instantáneo, entre invocaciones para lograr la muerte del enemigo y polvos mágicos. Uncidos al repertorio de las publicaciones amarillistas, los brujos son centro explicativo de las fotos para el recuerdo. *Más cerquita, por favor.*

—Nomás vaya a ver cómo vive el Cuate Chagala o el otro brujo de renombre, José Cholo. En cuartitos pequeños llenos de huevos y yerbas. La del Cuate es una choza cubierta de zacate, con veladoras, la Guadalupana y tres fotos con Raúl Velasco. Yo fui a verlo ayer en la tarde y lo único que saqué en claro es que a este amigo le van a dar una explotada.

El curandero Quino trabaja en su stand: hace limpias con palomas, yerbas y huevos fértiles de guajolote. El mal sale de la persona para depositarse en el ave.

—Yo dependo para mis curaciones de una ayuda que no es de aquí.

Nadie sabe nada, brillamos un momento

El Jehová de que habla la Biblia era un guerrillero extraterrestre que se encaprichó con el pueblo judío y le ayudó a descalabrar a los palestinos de entonces, amorreos y filisteos, que no habían cometido más pecado que el de llegar a Palestina antes que los judíos. Inclusive hoy aquel guerrillero sigue matando filisteos en forma de palestinos, para ayudar a los judíos. Sí que existió aquel Jehová, así también existió Júpiter, otro señor extraterrestre que se encaprichó con otro pueblo terrícola... En cuanto a mi incontinencia sexual, en ese terreno que es un problema mío y de mi testosterona, yo me entiendo directamente con Dios.

Exjesuita Salvador Freixedo,
Presidente del Instituto de Estudios del Fenómeno
Paranormal y organizador de la Primera Exposición de
Ritos, Ceremonias y Artesanías Mágicas. Entrevistado por
Dino Monterrojo en *Contenido*, abril de 1978.

En el museo "Erasmo Castellanos Quinto" de Santiago Tuxtla, una exposición de artesanías mágicas. Cien pesos la entrada a las conferencias. Inicia el ciclo Salvador Freixedo, español de cincuenta y cinco años, director de una agencia de viajes (terrestres), autor y conferenciante prolífico. Su voz es de predicador ciertamente pero de parroquia solvente con feligreses ansiosos de sermones de altura, nada de padrecitos Ripalda y el tamaño pecaminoso de las faldas, queremos teorías nuevas y atrevidas, lo posconciliar a ritmo de WHAMM!!! El sermón de Freixedo es de una modulación ejemplar, él informa y sugiere y súbitamente la voz se encrespa y amenaza con el fuego eterno de la ignorancia... y se devuelve a los mismos gozos elocuentes:

—Religión y magia son la misma cosa. La religión ha tratado de racionalizar el misterio. Antes le tenía yo miedo al más allá. Hoy ya no le tengo porque he descubierto que soy una torre de vida. Y esa torre de vida está hecha igual que un pedrusco, con neutrones, protones, agua... Nadie sabe nada. Brillamos un momento. Y ese momento nos exige que evolucionemos. En el nivel racional, moral y estático...

Lo escuchan cerca de trescientas personas, muy probablemente devotos de la energía consciente, gente enterada de lo que quiere decir *Noética* o *Psicokinesis*, lectores de noticias sobre sueños precognoscitivos y bilocación (personas que se ven en dos lugares al mismo tiempo, qué útil para las elecciones). Ya en noviembre de 1977, Freixedo coordinó el Primer Congreso Internacional del Fenómeno Paranormal en el hotel María Isabel del Distrito Federal ("Económicamente un fracaso", aunque hubo dos mil asistentes, setenta y cinco ponentes y más de veinte psíquicos. "Negocio, puro negocio", informaron Judyth de León y Alicia Gutiérrez en la revista *Duda*).

—Ya lo dijo Nostradamus: *Todo está escrito*. La ciencia se echa para atrás... Hace poco el locutor Juan López Moctezuma atacó a una niña psíquica en el programa de Guillermo Ochoa y dijo que todos los parapsicólogos son unos farsantes. Y yo le hubiera dicho que farsante rima con pedante... Nunca se puede convertir a nadie si no quiere ser convertido.

Freixedo habla con diligencia. No es un gran orador y sus dones improvisatorios son más bien discretos pero su táctica es convincente: "No soy un charlista fenomenal, pero ustedes tampoco son oyentes excepcionales; esta señora, por ejemplo, se distrajo hace un momento pensando en el diálogo con las inteligencias supralumínicas". Y prosigue:

—Se descubre ahora que el curanderismo tiene un origen puramente físico. Es el aura de la mano normal. Los chorros van para adentro y curan lo que tienen que curar, se dirigen a donde tienen que ir. Es el Dios Universo... (Mi Iglesia duerme. Todos estos estudios paranormales son una terrible amenaza para la religión tradicional. Pueden destruirla... El hombre actual no puede aceptar un Dios estático como el de los cristianos y judíos, que es limitado, exclusivo de este planeta, siendo que no tiene límite el número de las galaxias del Universo.)

Freixedo concluye y se invita a los presentes a contemplar el dormidero de las garzas. De los diálogos de los asistentes derivo, con la formalidad pertinente, un aforismo: hay que dejar de creer para volver a creer. En donde menos se espera se oye hablar con autoridad de íncubos y súcubos, telekinesis, telepatía, teleportación, clarividencia, levitación por correspondencia, materializaciones, desmaterializaciones. De Cagliostro a Uri Geller, de las tinajas hipnotizadoras a la exhibición de maestría en televisión. Se presenta a una niña psíquica. Su ayudante (y progenitor) declara con modestia: "No es una niña prodigio". Tiene once años de edad. Al fondo, un conjunto veracruzano canta:

Me agarra la bruja, me lleva a su casa
me vuelve maceta y una calabaza.
Y dígame y dígame y dígame usted
¿Cuántas criaturitas se ha chupado usted?

De algún modo, la canción no parece muy apropiada.
—Nuestro quijotismo nos hace seguir más adelante. No presentamos un show. La niña está en el nivel Alfa. Por lo tanto sólo la descontrola el ataque directo.

La aludida no se inmuta. Acepta complacida el algodón y el vendaje en los ojos. Las señoras entregan fotos, tarjetas, cartas para que ella demuestre su ESP. La niña se lleva el objeto a la frente y allí lo oprime unos instantes.

—Es un billete de lotería... 37495.
—Te falló un número, es 37496...

La niña psíquica continúa adivinando fotos, credenciales, libros.

—Es un libro de pasta amarilla... Se llama *El vendedor más grande del mundo*... Su autor es... Og Mandino.

El aplauso es convicto y confeso: la niña posee, sin lugar a duda alguna de los presentes, percepciones extrasensoriales.

—Yo creo que no es videncia, es telepatía —me comunica drásticamente un reportero.

La niña responde a un interrogatorio candoroso: "Mi mente reacciona natural". El público abandona la sala para regresar a los stands y las curaciones y limpias. A Freixedo lo rodea un coro de partidarias. Un erudito explica la técnica del pizarrón negro de Uri Geller. Una señora, elegantemente vestida, se interesa en las posibilidades de diagnóstico Áurico...

La tarde es —si el adjetivo todavía vale— mágica. Es preciso convencer al turismo de los atractivos de la región de Los Tuxtlas.

[1978]

La hora de la pluralidad
¡YA TENGO MI CREDO!

Esta vez Alicia sorprendió de veras a Luis. O él ya no era el mejor traductor instantáneo de miradas, o Alicia se aburría descaradamente a su lado. ¿Qué pasaba? Todavía hace un mes, Luis estaba convencido del amor y el deseo de Alicia. Sin faltar a la discreción, él podía jurar que Alicia tomó la iniciativa, ella lo invitó a cenar, lo llevó a su departamento, lo acarició con disciplina, lo desnudó, le elogió su técnica de seductor, seleccionó cuidadosamente los condones, y festejó sus dones amatorios.

Pero ahora Alicia bostezaba sin temor a herir sus sentimientos.

Angustiado, Luis se atrevió:

—Alicia, ¿te acuerdas de lo que me dijiste la segunda vez que estuvimos?

—Mmm.

—Según tú, te fascinaba mi normalidad. Alabaste hasta el cansancio mi equilibrio y mi ponderación, el que no fuese ni muy ansioso ni muy quieto, ni muy feliz ni muy desdichado. Lo tengo muy presente: "Estar contigo es saber de antemano el promedio de las encuestas sobre gustos sexuales". ¿No es cierto?

—Ajá.

—Dime algo por favor. Me duelen tus interjecciones.

—¡Qué cursi eres!... Bueno, si tú lo pides. ¿Sabes qué, Luis? Ya me convencí de lo evidente. Tú crees ser normal, pero no lo eres, qué va. Más bien, te vas volviendo el peor de los excéntricos.

—Óyeme Alicia, ¿qué te pasa? ¿Yo, un excéntrico? Soy igual a todos, y más igual que todos. ¿De dónde sacas esa calumnia?

—¿Quieres hacer lo que te digo? Llévate una grabadora escondida a la próxima reunión, grábalo todo y lo analizas luego.

¡Ya verás!... Y de paso, Luis, ésta es la última vez que nos vemos a solas. De hoy en adelante nada más como amigos, eh.

■

Luis siguió fielmente la indicación. Grabó sus propios diálogos (que antes eran monólogos) y los monólogos de dos amigos de la oficina (que antes eran diálogos). Ya en su departamento, examinó los resultados. Lo que él decía le parecía cuerdo y hasta convincente, pero era obvia la indiferencia causada por sus palabras. En cambio, los de la oficina obtenían de todo: exclamaciones de admiración, ayes, suspiros, infinidad de preguntas. Él hablaba de ascensos, de técnica publicitaria, de medios para impresionar a los jefes, de las cotizaciones en la Bolsa de Valores, de invertir en el afecto para ganar dividendos... ¿Y los otros? De locuras, de puras locuras, una tras otra. Y sin embargo era extraordinaria la respuesta a sus tonterías. ¿Qué pasaba en el mundo, Dios mío?

Al cabo de algunas reuniones, Luis hizo un catálogo de los temas exitosos:

• platillos voladores y dificultades lingüísticas del encuentro con otros mundos.

• manifestaciones del pensamiento trascendente.

• visitas de madrugada a las pirámides de Teotihuacán para captar señales del cosmos.

• revelaciones nuevas de la parapsicología.

• las relaciones vertebradas e invertebradas con el centro del Universo.

• maneras de venerar a Dios en otros idiomas corporales.

• la ubicación de los siete ombligos del mundo antiguo, en Azerbaiján o Tepoztlán.

• las variedades del aura.

• las pirámides de Teotihuacán como depósito cosmológico.

• el trazo del árbol genealógico de cada Karma.

• la transmisión de la sabiduría contemporánea a los antepasados usando telepatía retrospectiva.

• los misterios del Templo Mayor.

Luis suspiró profundamente.

■

En el café, su amiga lo veía con afecto impaciente.

—Levanta el ánimo. Así cómo vas a entender lo que te pasa.

—¿Pero qué me pasa? Que no digo estupideces como los demás, eso es lo que me pasa. Soy normal, quizás en exceso.

—Dices tantas estupideces como los demás, pero no eres normal. Acéptalo.

—¿A qué te refieres?

—A lo obvio: desde hace años, y ahora más aceleradamente, todos se han afiliado a otras creencias. Pregúntale a quien sea qué hace al salir de su trabajo y verás. Se van corriendo a reuniones de estudios de textos sagrados, son anónimos públicos, experimentan con el grito primordial de la raza, acatan las órdenes de la Naturaleza tal y como las apresa una maceta en un corredor, las expresa una pirámide o las retransmite una foto vieja de la familia. Hoy todo es experiencia profunda, menos lo que a ti todavía te importa.

■

El insomnio no es buen consejero. Lo único que permite ver con claridad son las consecuencias de la falta de sueño, y esa obviedad nulifica pensamientos y sentimientos. Luis, en sus insomnios, cada vez más frecuentes, alucinaba con hipótesis y teorías que en la mañana se desbarataban. Hasta que un día se atrevió al monólogo directo: "Soy la anomalía mayor. Un clasemediero que no se ha convertido absolutamente a nada, y que por tanto carece de lo distintivo de nuestro tiempo: las vivencias del salto de mentalidad. Ya me harté, me aburren mis visiones jerarquizadas, me fastidia no tener gurú, detesto mantener las mismas convicciones de hace treinta años. Debo convertirme a lo que sea, de inmediato".

Buscó en vano. Ninguna creencia se le antojaba, aunque él ya no tuviera creencia alguna. Todavía apegado a la modernidad quiso averiguar mediante encuestas empíricas cuál de los credos en circulación era el mayoritario, y resultó que en la práctica se estaba al borde del empate. (El chiste de la pluralidad es la dispersión.) Y a él se le invitaba a cenas y debates para que la gente viera al individuo más extraño, el que no se había convertido a nada en su vida.

Cuando nadie lo veía, Luis, haciendo gala de su resentimiento, irónico, pronunciaba durante horas una sílaba: OM, OM, OM... Y, por lo menos, allí en la oscuridad, se convertía a la religión del sonido sin más explicaciones.

Protagonista: el Niño Fidencio
TODOS LOS CAMINOS LLEVAN AL ÉXTASIS

> El milagro es la explicación inocente e ingenua del misterio
> real que habita en el hombre, del poder que en él se disimula.
>
> Pier Paolo Pasolini

¿Cuáles son los límites de la sacralidad en medios de intensa privación? Ni los siglos de cristianismo y de racionalismo, ni el guadalupanismo político y la religión que es instrumento del decoro y baluarte del capital, ni la secularización extensa, han evitado que millones de mexicanos sólo confíen en espíritus y curanderos, conciban la llegada del Nuevo Milenio en formas portentosas, se entreguen a convicciones remotas o insospechadas, se adhieran a grupos que son familias ampliadas, y adquieran fervores proselitistas en ambientes rurales o de marginación urbana (aunque también en otras clases hay adeptos del abanico de creencias religiosas). En México y en América Latina se reproduce densamente el universo de mitos, rituales, centros sagrados, emociones carentes de frenos sociales, peregrinaciones anuales a santuarios insospechados, prácticas especialísimas, relatos maravillosos, santorales al margen del santoral, personajes carismáticos. A esta nación del milenarismo y la religiosidad popular se le aísla bajo el título de "supersticiones", y no se le concede ninguna de las prerrogativas de la Nación por excelencia, laica o de "religiosidad ya habitual".

El iluminado de Dios

Un gran ejemplo del mesianismo enlodado y curandero: el taumaturgo a quien se llamó el Niño Fidencio. José Fidencio de Jesús

97

Constantino Síntora, uno de los veinticinco hijos de Socorro Constantino y doña Mari del Tránsito Síntora. Fidencio nace el 13 de noviembre de 1898 (de acuerdo al acta) en el rancho de Las Cuevas, municipio de Iránuco, Guanajuato, y muere en Espinazo, Nuevo León, en 1938. (Él festejaba su cumpleaños el 17 de octubre.) Desde la infancia, él se distingue por su apego al rito católico y por sus dones sorpresivos. El solitario y melancólico monaguillo de Acámbaro, que sólo tiene como amigo al cura, le adivina el pensamiento o el futuro inmediato a sus compañeros de juego, y recibe por ello sorna y golpes. (En nuestros días, Fidencio hubiese sido un "psíquico" altamente pagado.)

Huérfano desde muy niño, Fidencio estudia hasta tercer año de primaria y trabaja de mozo y cocinero con la familia del señor López de la Fuente, excoronel villista que administra ranchos. "Le gustaba hacer trabajo de cocina, pero sobre todo ayudar en los partos y lavar ropas sucias de parturientas". En 1921, la familia se traslada a Espinazo, población ferroviaria, y se lleva a Fidencio, cuya vida controla. De los López de la Fuente Fidencio obtiene un trato "familiar": golpes, azotes y, según algunos, explotación económica.

A los veintinueve años, en 1927, el Niño (sinónimo de "alma pura") es ya el curandero de la región, circundado de testimonios de gratitud: mineros sanados luego de un derrumbe, un enfermo de várices a quien "no habían podido atender en Nueva York", extracción de tumores, curación de parturientas, atención a leprosos. En poco tiempo el mocito de voz afeminada es el centro de la vida de Espinazo. "En los programas de la kermesse —cuenta don Marcelino Fraire Arreola, vecino de Hidalgo, N.L.— se había anunciado que asistiría el Niño Fidencio. ¡Llegó como si trajeran a Cristo! Cuando se acabó la función pública dijeron que si querían tocarlo a Fidencio y nos trasladamos a una sala del Palacio Municipal. Fidencio bebió y cantó cinco o seis canciones. Era bueno para cantar, cantaba con voz de soprano. Dos muchachas lo tenían abrazado y le daban la cerveza en la boca y le prendían el cigarro." (*El Niño Fidencio y el fidencismo.*)

Un mesianismo que se ignora. Es curioso advertir cómo en la leyenda fidencista se desdibuja el tema principal: el carácter de Cristo-de-nuestra-época de Fidencio. Él, ávido de ver reproducida su imagen, adopta diversas poses que sugieren ámbitos divinos, sea en el lugar de la Virgen de Guadalupe bendiciendo, o de Sagrado Corazón de Jesús, o vestido de lino cargando la cruz, o rezando junto al enfermo a la manera de un cuadro antiguo, o aplastando al demonio. Sin embargo, obtiene al morir las bendiciones eclesiásticas y no se le considera fundador de una nueva religión sino santo milagrosísimo de la católica.

A la contradicción aparente la vigoriza la humildad de Fidencio, que siempre admite su ignorancia y se confiesa "un instrumento en manos del Altísimo". Él corresponde a la religiosidad popular que funde innovaciones y heterodoxias, y amalgama dioses aztecas y santos de la cristiandad, espiritualismo y culto mariano, mesianismo revolucionario y Catecismo del Padre Ripalda, la Santa de Cabora y la leyenda de San Felipe de Jesús. Nada le es extraño a esta mezcla incesante, y la jerarquía católica, así deteste a curanderos y mesías campiranos, rara vez se les opone de modo abierto. Por eso, ni el carácter "blasfemo" de sus fotos, ni la notoria irregularidad de su proceder, le acarrean a Fidencio mayores problemas con la Jerarquía que se desentiende de este caudillo de peregrinaciones, con sus propias monjas ("Esclavas de Fidencio" o "Esclavas del Niño") y sus propios sacerdotes (los "cajitas").

El círculo y el corral

Casi de madrugada, Fidencio inicia el tratamiento de enfermos, luego de elegir la noche anterior los casos que lo ameritan. Hay días especializados para enfermos "de los ojos, de la piel, locos, para operar", y las curaciones se hacen en distintos lugares. En el patio (teatro y clínica), un letrero a la entrada:

NO SON POBRES LOS POBRES
NO SON RICOS LOS RICOS
SÓLO SON POBRES LOS QUE
SUFREN UN DOLOR.

A Fidencio lo rodea la devoción exasperada, y con frecuencia se le pasea en hombros o se le traslada como si fuera un palio. Cada semana llegan a Espinazo trenes colmados de lisiados y cancerosos y parturientas y leprosos y desahuciados de toda índole. Decenas de miles acuden al "círculo de las curaciones", al corral, al leprosario nombrado la "Colonia de la Dicha". Miles lo observan sanando en la azotea de la casa, en un vagón de ferrocarril, en el cerro, incluso en la tina de baño. El Niño es curandero de tiempo completo, y él sostiene que aun si duerme o dormita atiende enfermos. Es incansable, no come por periodos de 48 o 72 horas, "todo el mundo lo seguía, y el que estaba más cerca se curaba". Así trabaja doce años, poseído por el misticismo en donde no hallan cabida la reflexión o el goce verbal, concentrado en el cumplimiento del deber, en respuesta a gratitudes y admiraciones. Es casto ("soy virgen como Cristo") y desinteresado: perdería el "don de curar a la gente" si fornica o cobra por sus intervenciones. (Si alguien desea hacer un donativo, se aplica al sostenimiento de enfermos.)

Una colectividad enferma ante la promesa de salud. El sufrimiento es la clave del fidencismo, y para el caso, del mesianismo clásico. "Nací para sufrir", repite el Niño, y las decenas de miles de enfermos *no curados* y leales al fidencismo, relatan la otra parte: la transformación, merced a la fe, del sufrimiento *impuesto* en sufrimiento *gozoso*. Muchísimas curaciones fallidas no terminan en rabia contra el "estafador", porque en estos casos la felicidad anula o neutraliza la indiferencia ante los hechos materiales, y la "emoción cósmica" asume las formas del entusiasmo y la libertad (ver el estudio clásico de William James, *The Varieties of Religious Experience*, de 1907).

Los métodos del Santo Niño

Fidencio, curandero múltiple. Él ensaya muchos métodos. Algunos de ellos:

Hidroterapia: el Niño baña durante días a los enfermos de sífilis, ceguera o lepra. A los sarnosos los envía a bañarse en las aguas sulfurosas de "Puerto Blanco". A los dementes los levanta en la madrugada y los azota, luego los baña en el Charco. Los peregrinos aún hoy se bañan en "el Charco Sagrado". Se llama "Agua de Niño" a la usada por Fidencio para bañarse. Al líquido se le considera medicinal, por ser objeto de la contaminación santificante.

Telepatía: el Niño diagnostica a simple vista y jamás solicita para el diagnóstico análisis o radiografías.

Logoterapia: un "psicoanálisis primitivo". El paciente da cuenta de sus valores y metas.

Kineterapia: el Niño columpia a paralíticos, mudos y dementes.

Medicina psicosomática: los enfermos debían orar antes de la terapia. Para Fidencio la enfermedad y el pecado son contiguos. Al eliminarse lo segundo, la salud vendrá por añadidura.

Meloterapia: Fidencio canta mientras cura (y llora conmovido. Las canciones predilectas: *La hija del penal, Las cuatro milpas, La Norteña* y *La Rielera*).

Imposición de pies y manos: él suele poner en hilera a numerosas personas y camina sobre sus vientres.

Impactoterapia: el Niño arrojaba sobre la muchedumbre, desde una azotea o prominencia, las frutas y huevos que le obsequiaban. La muchedumbre se agolpa creyendo que si el proyectil toca al miembro enfermo, se curarán; el tomatazo, guayabazo o manzanazo lanzado por el Niño equivale a una bendición. "Durante horas teníamos que subirle cajas y más cajas de manzanas, naranjas, tomates y huevos..." También Fidencio provoca choques psicológicos en el paciente dejándolo en la jaula de un puma (sin dientes y garras). Según los testimonios, esta terapia resulta infalible con los sordomudos. A lo anterior, agréguense la cirugía y la exodoncia y el uso de yerbas y remedios de la tradición popular.

La llegada del Presidente Calles

Al conjunto de ritos y esperanzas lo solidifica la fe en un hombre siempre febril, ascético, manejado por "impulsos divinos", sin mayor sentido de la realidad, pero con la aguda necesidad de servir y obedecer, gobernado por un código de pureza de vida. El modelo se repetirá cuantiosamente, pero ninguno de los santones locales y regionales de los años siguientes, se aproxima al magnetismo de Fidencio; ni siquiera El Mago Leonardo Alcalá en la Ciudad de México de los años cuarentas, obtiene la perdurabilidad del Niño, a quien ayudan sus características personales (el aspecto, la voz, la generosidad), su capacidad de influir en las mujeres, su eficacia en buen número de casos. También los ámbitos desérticos de Espinazo y su característica de "ciudad tomada" por el hambre devocional consolidan estados de ánimo.

Al místico lo señalan los lazos muy comunes entre la exaltación religiosa y la marginación social. Afirma Fidencio: "Que porque el hombre para llegar a Dios necesita sentir el hambre y la sed y estar bajo el sol, bajo el cielo, entre la tierra, entre la propia miseria y pobreza, entre el cansancio y el sudor de sus demás hermanos; que Dios no asiste a lugares lujosos ni perfumados, que Dios no se acerca con gente que por su vanidad y arrogancia son meticulosos con sus ropas y sus carnes. (En *El Niño Fidencio*, de Manuel Terán Lira.)

Un punto culminante de la leyenda: Plutarco Elías Calles, presidente de la República, visita a Fidencio. El 8 de febrero de 1928, Calles, deseoso de librarse de padecimientos muy dolorosos, llega a Espinazo, acompañado entre otros por el general Juan Andrew Almazán, el gobernador de Nuevo León Aarón Sáenz y el alcalde de Mina, Dámaso Cárdenas. Se le recibe con el Himno Nacional y los fidencistas agregan acto seguido su propio himno, *La hija del penal*:

¡Ay, Virgen del Consuelo, ven!
Ayúdame a salvar mi bien,
porque mis penas son mis dolores.

¡Ay Virgencita, sálvalo!
que quiero su cariño ser,
y el preso eterno de sus amores.

Calles, el anticlerical furibundo, y Fidencio, el monaguillo, se encuentran. El Niño le da al presidente "tratamiento especial", un brebaje de rosas de Castilla en miel de abeja, le unta una pomada hecha con "jabón y tomate" y lo venda. Según testigos, Calles le declara a Fidencio: "Tú eres el único que me dice la verdad de lo que tengo". Luego, el presidente se pone una túnica del Niño y sale a la plaza.

La visita de Calles ratifica la cercanía entonces palpable entre las creencias "científicas" y las populares. En 1928 el general Calles, en guerra contra el fanatismo clerical y empeñado en el monopolio de la educación, confía en un curandero casi iletrado. No hay aquí mayores incongruencias y, como ahora, se puede ser espiritista y partidario de la reforma agraria. Hay gran confusión entre "lo sagrado" y "lo profano", y licenciados y generales, incrédulos ante el dogma eclesiástico, admiten sin reparos los "fluidos" de otras fuerzas extraterrestres. Todo un sector cree *de otra manera* y acepta curaciones divinas sin necesidad de compartir la fe.

Esto que hacemos Santo Señor

Si la figura del Niño Fidencio persiste, y no se extravía entre las leyendas locales, es por su carácter genuino y por lo que tanto irritó a la jerarquía católica: su "autosuficiencia curativa". En la cabal prescindencia de sí, el Niño halla su fuerza. Y el momento le ayuda: luego de la brutal acción secularizadora de la revolución, triunfa, por anticlimático, un santón desarmado, sin aparato doctrinario y únicamente dispuesto a ejercer la Sanidad Divina. Él se ve a sí mismo, típicamente como emisario de la bondad divina, o de algo más inasible, un transmisor de las fuerzas de la Naturaleza, que Dios ordena. Él, José de Jesús Fidencio Cíntora, no es nadie, salvo cuando lo habitan los poderes ultraterrenos. Entonces brota el don de sanidad y el derecho a exigir del prosélito las humillaciones que fructificarán en curaciones y alivios. Y es el poder que no distingue entre un leproso y el presidente Calles. Si, desde fuera y de acuerdo a las clasificaciones medievales, Fidencio un "tonto sagrado", un "tonto de Dios", el protagonista de la suprema inocencia sobre la tierra, él para sí mismo es llana y gloriosamente un instrumento del Altísimo. Él vive entre el dolor y el detritus porque identifica a estos elementos con las exigencias terrenas. Por eso se desconcierta tanto el doctor Francisco Vela González, egresado de Harvard, vicepresidente del Consejo de Salubridad de Nuevo León y delegado sanitario federal, que visita Espinazo en 1930 y escribe artículos condenatorios, en donde señala la insalubridad del campamento de enfermos, el alto número de muertos (más de mil cadáveres en dos años, los enfermos graves van allí a morir) y concluye:

> Total: Fidencio es un inocente, sufre sin saberlo un padecimiento mental consistente en creerse iluminado y encargado de quitar el dolor a los que sufren. Los que no son niños inocentes son los que lo rodean y que han sacado partido de la credulidad de las masas incultas y de algunas no incultas. Espinazo ha sido y sigue siendo una vergüenza para Nuevo León y para la república entera. ¿Cuándo terminará esto?

En 1930 el taumaturgo muere y durante tres días la multitud aguarda junto al féretro a que resucite. Desde entonces, el Niño simboliza con excelencia a un nivel de la religiosidad popular, abnegada, violenta en su autoflagelación, incapaz del desánimo y la desesperanza, renacida en cada culto o ritual.

La historia de Fidencio tiene que ver con esa visión extrema de los vencidos que es la enfermedad de la pobreza.

"Uno sufre para saber de algún modo que está vivo"

¿Quién documenta? De modo sistemático y lamentable sólo las

104

revistas escandalosas atienden a este proceso popular. Véase por ejemplo, *Alarma*, del 4 de julio de 1984. Dice el encabezado de la nota: "¡Estafador! Dice que es hijo de la Virgen María! ¡Tima, luego huye! ¡Asegura curar toda enfermedad!" Y el texto:

Desde Chiapas. Se dice que es un iluminado de Dios, hijo de María, protector de los cielos y el que tenga fe en él y sus animalitos podrá sanar solamente dándose unas rameadas que purifican el alma.

La gente lo sigue por todos lados que, con marcada ingenuidad, llegan con el "maestro" para que los sane de los males que padecen.

En algunos lugares las autoridades no lo soportan indicándole que con sus "ayudantes" abandone el municipio.

Se va a otro lado y al llegar se corre la voz para que de inmediato acudan a la limpia, el "maestro" bendice las hojas recién cortadas para que después se las pasen por el cuerpo de los burritos y luego al cuerpo del enfermo. Cuando la curación termina preguntan al secretario particular: "¿Cuánto es?" Éste dice: "no es nada, hermano, porque Dios envió al maestro para aliviar los males de la tierra, pero si quieres dejar algo para la misa de muertos, aquí lo puedes depositar". También da recetas con patente médico que él mismo vende.

Al acentuarse la secularización, la moda empareja a "lo sagrado" con "lo desconocido". Si el Niño Fidencio deriva sus poderes de Dios, la curandera Pachita, así sea muy católica, funda su credibilidad en sus dones parapsíquicos. Entre 1928 y el día de hoy intervienen la divulgación científica (que deja sentimientos diversos) y la omnipresencia de los medios masivos. Ahora, al Niño Fidencio lo acosarían de tal modo televisión y prensa que en unas cuantas semanas la condición espectacular haría trizas su causa.

No sucede así con sus seguidores y discípulos. Nada más desprovisto de glamour que el mundo registrado en la extraordinaria película de Nicolás Echevarría, *El Niño Fidencio*, sobre el fidencismo en los años ochentas. Aquí, la cámara da pormenores de la fe. Cuerpos lastrados, dolientes, lastimadísimos. Rostros en donde sólo queda pendiente una emoción. Expresiones recalcitrantes, tercas, endurecidas por la monomanía. Inmersiones en el lodo. Cánticos. Rezos. Mujeres prematuramente consumidas, inválidos, poliomelíticos, cancerosos, esclavas del Niño, sacerdotes "cajitas". Eso no es recuperable ni siquiera en revistas o programas de "lo insólito". Hágase a un lado a los que simplemente sufren, sin capacidad de atraer la protección de la alta tecnología.

Explotadores y creyentes sinceros, estafadores y verdaderos taumaturgos, distorsiones de la ignorancia y actos de videncia que reelaboran fragmentos del Nuevo Testamento. Y por doquier, la metamorfosis de la doctrina cristiana y de sus métodos de enseñanza en México. A la promesa de un "Reino de Dios" y de un Milenio para la salvación de la humanidad, heredada de la tradición mesiánica de los judíos, millones de personas la consideran el ámbito en que hallan simultáneamente paz anímica, sentido de pertenencia y sentimiento de singularidad.

A estos mesianismos no se les toma en cuenta culturalmente, y su imagen más frecuente es la desprendida del relato de Juan Rulfo, *Anacleto Morones*, con sus viejas hijas del demonio, "vestidas de negro, sudando como mulas bajo el mero rayo del sol", víctimas del abusivo brujo, del engañabobos Niño Anacleto. Esa imagen —perpetuada en dos películas, *El rincón de las vírgenes* de Alberto Isaac y *El Profeta Mimí* de José Estrada— describe parcialmente el fenómeno, caricaturizándolo. Hoy, perdido el fanatismo en la religión del Progreso, se amplía la posibilidad de comprender los fenómenos populares. Quizás tenga razón el aforista: la gente no creería en Dios en lo absoluto si no se le permitiera creer en Él erróneamente.

La mística de los márgenes

Una nueva tradición del sincretismo combina el catolicismo como práctica de masas, la peregrinación como meta en sí misma (el viaje al santuario es la parte más recompensante), el curanderismo, el espiritualismo trinitario mariano y la personalidad carismática que, intente o no fundar religiones, se usa a sí misma como filtro de la experiencia religiosa. Así, ¿qué se entiende por "mística de la marginalidad"? Véanse algunos de sus representantes excelsos: Teresa Urrea, la Santa de Cabora, el Niño Fidencio, Pachita la curandera nacida en la Zona del Silencio, el Mago Leonardo Alcalá en la Ciudad de México, de algún modo María Sabina, la chamana de Huautla, y en años recientes, el caso límite de la Nueva Jerusalem, la comunidad milenarista de Michoacán con su líder Papá Nabor. En todos estos fenómenos se cumplen determinadas características:

• Acatamiento verbal de la Jerarquía católica y la ortodoxia, aunque en la práctica todo sea heterodoxo. Ante esto, la Jerarquía opta por el enfrentamiento (Cabora) o por la indiferencia aparente (Fidencio).

• Fe en el vínculo inquebrantable entre la vida cotidiana y la representación litúrgica de lo ultraterreno. Todo (cielo, infierno, limbo, vírgenes, apariciones, milagros, posesiones satánicas, posesiones seráficas), es natural porque lo secular no existe y el Siglo (la Historia) transcurre en lontananza.

• Apropiación de aquellos valores de la fe que distancian del logro individualista. Se vive para cumplir metas esenciales, aquellas donde la voluntad de sacrificio es una forma de la transfiguración. En este caso, la mística es el abandono de sí, la renuncia a las posesiones, la batalla por los ideales primigenios (el modelo de Santa Juana de Arco para la Santa de Cabora, el modelo de Cristo para el Niño Fidencio, el modelo de San Pablo para Papá Nabor, el envío de profecías, la encarnación de la naturaleza (las operaciones y limpias de Pachita, los cantos portentosos de María Sabina), la presunción de vivir como Dios manda.

A la mística de la marginalidad o en la marginalidad no la afecta la falta de prestigio o de visibilidad social; en rigor la estimula en sus afanes: la vida íntima que florece en la pobreza o la miseria, la pasión comunitaria del ascetismo, la renuncia al sufrimiento a través de la expiación. En la entrega a lo abyecto se prueba la renuncia a lo terrenal.

La mística de la marginalidad es un enclave de la resistencia psíquica: quienes siguen a los iluminados no entienden conceptos clave en la cultura dominante: fanatismo, superstición, herejía, irracionalidad. Lo que se les diga no les incomoda, están más allá de las palabras condenatorias porque no habitan el lenguaje que los expulsa. Ésta es una ventaja de la marginalidad: no sabe cómo se le mira y se le califica, no sabe por ejemplo que de acuerdo a la tesis del filósofo norteamericano William James, los milagros pueden ser también manifestaciones supremas del autoconvencimiento. En ese ámbito, la historia de Fidencio y de sus seguidores pertenece a la condición extrema de los vencidos: la enfermedad en la pobreza, ese golpeteo de la mala suerte que ampara comportamientos abnegados, violentos en su autoflagelación, reacios a la desesperanza, ávidos de las resurrecciones del cuerpo y del alma.

Más allá de la desesperanza empiezan las letanías del Niño Fidencio.

Parábolas de las postrimerías
OCUPACIÓN DEMOGRÁFICA DEL SUEÑO

E*l primero que soñó distinto lo hizo con timidez, y apenas se atrevió, ya en la vigilia, a confesarse a sí mismo la novedad de una experiencia sin estrecheces físicas, ni símbolos descifrables e indescifrables, ni extrañeza ni sustos. Esto era algo inesperado, la hermosura de puertas y ventanas amplísimas, de aposentos y salones que empequeñecían el horizonte. En el sueño la inmensidad facilitaba el buen humor, la sensualidad y la valentía, porque lo que cabe muy cómodamente en sí mismo y aún le sobra territorio, puede darse el lujo de la expansión de los sentidos. ¿Quién, en el mundo de los arrejuntamientos, puede creer en las hazañas de los caudillos que ni siquiera consiguen sitio para alzar los brazos y agradecer la recepción delirante?*

Luego, muchos soñaron de modo semejante, y en la intuición conjunta que llamamos "empresa generacional", la gente se apresuró a dormir sin descanso, evadiendo así la opresión de su espacio físico y lanzándose al encuentro de llanuras y bosques y montañas y estepas y océanos. Antes, en los sueños, se revisaba la existencia, se expresaba oscuramente la sexualidad, se visitaba a los muertos, se vislumbraba lúbrica o temerosamente a los vivos, se padecía ante las combinaciones del horror que una vez recordadas dan placer. Ahora, el sueño perdió toda dimensión ajena al hecho de que el dormido se sentía a sus anchas, y en este sueño lo habitual no fue emprender las aventuras del inconsciente sino, por lo contrario, disfrutar como en la vigilia las acciones felices: estirar las piernas, habitar residencias que iban de un lado a otro del planeta, viajar a solas por el Metro.

Y el sueño pasó de obligación corporal a eliminación de las restricciones para el movimiento. En la era de los condenados al hacinamiento el sueño fue la gran delicia, la obtención de lo ilimitado y por eso, nada más por eso, sacerdotes, psicoanalistas, intérpretes de la oniromancia y videntes, abandonaron su obsesión por los símbolos y ana-

lizaron con respeto el cachondeo con las llanuras y los vestíbulos del infinito. Y los pocos que aún soñaban a la vieja usanza se sentían desvalidos y doblemente atrapados por carecer del nuevo sueño, el único y último territorio liberado de la multitud que contiene a una multitud que encierra a una multitud que...

La hora del transporte
EL METRO: VIAJE HACIA EL FIN DEL APRETUJÓN

A diario, cerca de cinco millones de capitalinos utilizan el sistema del Metro, en batalla álgida por el oxígeno y el milímetro. Quedaron muy atrás las secuencias del cine cómico donde un camarote minúsculo o un taxi se la arreglaban para contener poblaciones innumerables. Eso de cualquier modo era una metáfora surreal, lo de ahora es algo distinto, el caos en una cáscara de nuez por así decirlo. El Metro es la ciudad, y en el Metro se escenifica el sentido de la ciudad, con su menú de rasgos característicos: humor callado o estruendoso, fastidio docilizado, monólogos corales, silencio que es afán de comunicarse telepáticamente con uno mismo, tolerancia un tanto a fuerzas, contigüidad extrema que amortigua los pensamientos libidinosos, energía que cada quien necesita para retenerse ante la marejada, destreza para adelgazar súbitamente y recuperar luego el peso y la forma habituales. En el Metro, los usuarios y las legiones que los usuarios contienen (cada persona engendrará un vagón) reciben la herencia de corrupción institucionalizada, devastación ecológica y supresión de los derechos básicos y, sin desviar la inercia del legado, lo vivifican a su manera. El "humanismo del apretujón".

Si es falso que donde comen diez comen once, es verdad que donde se hallan mil se acomodarán diez mil, el espacio es más fértil que la comida, un pensamiento arrincona al vecino, y la mente en blanco le devuelve su crédito a la inocencia. Lo más flexible en el universo es el espacio, siempre hay sitio para otra persona y otra y otra, y en el Metro la densidad humana no es sinónimo de la lucha por la vida, sino más bien, de lo opuesto. El éxito no es sobrevivir, sino hallar espacio en el espacio. ¿Cómo que dos objetos no pueden ocupar el mismo lugar al mismo tiempo? En el Metro, la estructura molecular detiene su imperio universal, las anatomías se funden como si fuesen esencias espirituales, y las combinaciones transcorporales se imponen.

El pluralismo es también una conquista del ingreso al Metro en las horas pico (hazaña de la retirada bélica que ya exige a su Jenofonte), de multifamiliares o unidades habitacionales donde la intimidad es asunto de sorteos, de calles atestadas, de partenogénesis familiar ante el televisor. Somos tantos que el pensamiento más excéntrico es compartido por millones. Somos tantos que a quién le importa si otros piensan igual o distinto. Somos tantos que el verdadero milagro ocurre al cerrar la puerta de la casa o del apartamento, cuando resulta que allí el número disminuye.

¿Cómo no ser pluralista si el viaje en Metro es lección de unidad en la diversidad? ¿Cómo no ser pluralista cuando se mantiene la identidad a empujones y por obra y gracia de los misterios de la demasía? Los prejuicios pasan a ser comentarios privados y la demografía toma el lugar de las tradiciones, y del pasado esto recordamos: había menos gente, y las minorías antiguas (en relación a las mayorías del presente) con tal de compensar su deficiencia numérica solían entretenerse fuera de su domicilio. Fue entonces, en la vida en la calle, cuando tuvo su auge la claustrofobia, decretada por la necesidad del aire libre, de lo que no era ni podía ser subterráneo, ni admitir la comparación del descenso a los infiernos. Luego vino el Metro, y puso de moda la agorafobia.

¿Es posible el ligue en el Metro? Muchos dicen que sí, que es lo más fácil, que si el Metro reconstruye la ciudad y escenifica por su cuenta a la calle, incluye por fuerza al sexo en sus variadas manifestaciones. En el Metro la especie vuelve al desorden que niega el vacío, y eso permite las insinuaciones, el arrejunte que es lascivia frustrada por la indiferenciación, el faje discreto, el faje obvio, las audacias, las transgresiones. Todo da lo mismo. El Metro anula la singularidad, el anonimato, la castidad, la cachondería; todas ésas son reacciones personales en el horizonte donde los muchos son el único antecedente de los demasiados. Aquí entrar o salir da lo mismo.

En el Metro, la novedad perenne es la nación que cabe en un metro cuadrado. Acorde con tal prodigio hospitalario, cada vagón es metáfora bíblica que le halla un hueco a los solitarios, a las parejas, a las familias, a las tribus, a las generaciones. En el Metro, se disuelven las fronteras entre un cuerpo y otro, y allí sí que todos se acomodan.

La hora de los amanecidos
LO QUE SE HACE CUANDO NO SE VE TELE

I. Los tíbiris: Lo tropical y la tolerancia

A los tropicalosos, cosquilleantes y cascabeleros, el destino les reservó los tíbiris (de una canción de Daniel Santos: "El tíbiri tábara"), originados en la urgencia de sitios de baile, que en este caso se improvisan en las calles, patios de escuela, galpones, fábricas abandonadas. Los vecinos se ponen de acuerdo y contratan un equipo de sonido; las autoridades se incomodan, hay multas y avisos, acuden las patrullas a sitiar la fortaleza, los vecinos se entercan, y los dueños de los equipos de sonido se profesionalizan... y convierten en *sonideros*, los responsables de la satisfacción comunitaria.

Los tíbiris se hacen cargo de los ritmos que el rock no admite: la cumbia, el merengue, el vallenato, la rumba, lo que al movilizar las caderas a la antigüita evoca la sentencia de la publicidad: eres latino y tu sangre es liviana y ardiente; eres latino y te gusta entender lo que oyes (si te lo permite el equipo de sonido); eres latino y sabes que en la lista de los prestigios contemporáneos, lo tropical está por debajo del rock, pero al lado de la sensualidad directa y ventajosa. Aquí la repetición del estribillo anuncia las glorias de la pareja y el coito, no es a fin de cuentas sino la escenificación del estribillo.

Es tiempo de adentrarse en La Conchita, un hoyo tíbiri de la tropicalidad. La entrada es engañosa: el anuncio de una secundaria en la puerta, un patio como de colegio de huérfanos en película mexicana, un puesto de comida y refrescos, otro de venta de cassettes. Se atraviesa el patio y de pronto, sin previo aviso, se ingresa al salón que es discotheque, hoyo fonqui, tíbiri, salón para familias. Profusamente adolescente y algo

114

juvenil, la concurrencia se deja amenizar por el sonido Amistad Caracas.

No te fijes en lo que ves, sino en tus reacciones moralistas

En La Conchita un grupo atrae miradas burlonas que casi de inmediato se apaciguan. Aquí están los travestis o, como se les dice familiarmente, las Vestidas, institución de los tíbiris cuyo rito de aceptación se localiza en los días del Carnaval al filo de la madrugada, cuando todo sucede en los pueblos con el objeto de que al día siguiente nadie se acuerde de nada. O tal vez las Vestidas afloran a la superficie cuando la Gente (la mayoría en este caso) se ve obligada a la indiferencia ante los papalotes ajenos. En el fin de siglo las Vestidas, modosas, tímidas, agresivas, usan los atavíos, las pelucas y el maquillaje que les da la gana, por "un dictado de Natura", o porque así integran lo masculino y lo femenino, o porque quieren ir a fondo en su admirativo choteo de la femineidad. Las Vestidas conjuntan la curiosidad, la parodia, la ironía, el deseo, el morbo, y la valentía relajienta que afronta las consecuencias. (Eso, una parte del tiempo. Quedan fuera de esta crónica los atropellos, las golpizas, las detenciones, las torturas, los asesinatos, la impunidad criminal que se acrecienta al ejercerse sobre "pervertidos".)

En La Conchita las Vestidas son la gran diferencia entre el dancing de antes y el de ahora. En los cuarentas o en los cincuentas, los trámites eran inflexibles: las jóvenes aguardaban al galán, los jóvenes se convertían en galanes durante el baile, el know-how dancístico generaba círculos de aplauso, el ligue era moderado y las reacciones del cuerpo ajeno determinaban la fe en el cuerpo propio. Ahora, el refinamiento y las habilidades populares son muy similares a los de hace cincuenta años, pero lo nuevo es la tolerancia. Hace todavía treinta años, una Vestida hubiese arriesgado literalmente la vida en un dancing. Hoy es lo habitual en los tíbiris. ¿Por qué? ¿Disminuye el machismo? ¿Ya desdeñamos nuestra condición bravía? Quizás lo que sucede es sencillo: en una realidad colmada de ocupaciones, las fobias de tiempo completo son un lujo insostenible. ¡Qué tedio ejercer la intolerancia el día entero! El dejar hacer y dejar pasar es también miedo a quedarse nada más con los pensamientos propios. "Soy prejuicioso pero a mis horas."

El chavo y la Vestida combinan sus acrobacias y no les importa la murmuración, que por otro lado, no se da. El chavo elige a quien se le antoja y eso no es confesión de preferencias sexuales, ni señal de amplio criterio, sino el pasarla bien en compañía de personas diestras. No hay oficio tan animoso como hacer del cuerpo un instrumento de la geometría del aliviane, y en esto las Vestidas son muy eficaces: bailan como si en ello les fuera la vida, no le dejan resquicio a la fatiga, no pretenden engañar, su feminidad de tan delirante ya es insólita, y en sus movimientos a la Eva eterna la acompaña el sarcasmo de Adán.

¿Qué respetan los asistentes? Bueno, por ejemplo, la autoridad (del cielo y de la tierra), la riqueza, la fama, la destreza... Pero en La Conchita nada más se puede admirar a esto último, y por eso aquí se aprueban los giros del chavo y de la Vestida, que ratifican el apotegma: la rapidez es la madre de la perfección. Y se repite "Esperma y ron", cumbia probablemente inmortal, y si la velocidad es el criterio de lo visible, aquí se intuyen los cuerpos.

La consigna de los dancings: quien baila porque sí, sin público, tira los movimientos a la basura. El baile, a fin de cuentas, no es tanto el trazo de signos corporales en el espacio, sino el registro de las miradas de aprobación. El éxtasis: girar a mil velocidades por minuto, al ritmo de las persecuciones en los dibujos animados, rápido se va el baile que es la vida, y la vida es el concurso de resistencia a donde nunca acuden los jueces. ¡*Síguele, síguele, síguele*! Otra vuelta, las manos se buscan con ansiedad de trapecistas, se despegan y unos segundos después se reencuentran, en la coordinación milimétrica de quienes a ras de tierra se agitan sin red de protección. ¿Y qué importa la combinación del chavo y la Vestida, si a la mínima distancia ambos son remolinos clásicos, imitaciones minuciosas del vértigo?

116

El cuerpo a lo que da, el baile es el vórtice en donde todos se extravían con tal de salir por otra puerta, la de la felicidad que es el desahogo, en el hoyo tíbiri La Conchita, en la muy aburrida y leal Ciudad de México.

II. Los sonideros: El asalto al oído (1991)

Hoy, domingo 26 de mayo, se inaugura o reinaugura el salón Century, en la Calle 4 de Pantitlán, en la afamada Ciudad Neza, y la atracción es el puertorriqueño Willy Colón, a quien dio a conocer Fania All Stars, que ha grabado discos magníficos con Celia Cruz y es uno de los Grandes de la Salsa, al lado de Johnny Pacheco, Tito Puente, Eddie Palmieri, Óscar de León, Celia Cruz, La Lupe... Al Century acuden miles de chavos y cientos de chavas que desafían la falta de señalización y de transporte público y los misterios de la Avenida Zaragoza, y el desafío de hallar un lugar al que sólo llegan con facilidad los que viven en la misma cuadra.

Dispense las molestias: el registro en busca de armas es preparación psicológica para el sitio que fue una fábrica enorme. Si es verdad que oyen, estas paredes aún retienen las frases del desgano obrero, con todo y esperanzas lánguidas y relatos de la fornicación como la amenaza de irla pasando. Pero los muros no delatan, porque el Sonido La Changa, responsable de la sesión, no admite nada, ni la conversación, ni el gemido, ni la voz tronante, ni el asentimiento, ni el estruendo bélico. El Sonido La Changa, el más antiguo o el más notorio en su género, es el gran taladro auricular o, mejor, es la ofensiva que disipa el tono crepuscular del Valle de México gracias a lo que resiento como santa alianza de sirenas de ambulancia, alaridos de manifestación exasperada, descarga de locutor deportivo (empecinado en que la palabra "¡GOOOOOOL!" sea su ariete contra toda muralla de Jericó), sinfonías del claxon en embotellamiento de seis horas, porras en presencia del Candidato, concierto de mil grupos de heavy metal en un solo cuarto de hospital...

Se me dirá que exagero, y si todavía algo puedo oír así es.

117

Pero a un sistema de bocinas lo califica no la sordera que provoca, sino la resignación que impone. "No es posible hablar/ Aquí no se viene a hablar"... "No es posible oír/ Aquí no se viene a oír". Los chavos se calman en el aturdimiento, y la estridencia —promesa de continuidad— los acerca al sosiego. ¡Ah, la majestuosidad de los ochenta decibeles!

(¿Quién los entiende? ¿Por qué les apasiona ensordecerse? ¿Por qué todo fragor que no los ahogue en el volumen, les parece el frotar de murmullos que se extingue entre los labios sin que el de junto se entere? Al profesar las doctrinas del acabose sonoro, critican implícita y explícitamente a padres y abuelos, sometidos a lo que se les daba, el ronroneo de los violines, el falso bullicio del mariachi, la levedad de las bandas de guerra, el recato de los cohetes. ¿Qué nomás eso aguantaba su oído? ¿Por qué se dejaron someter por la voz baja?

En el Century, un anuncio luminoso notifica lo que, en otras condiciones receptivas, se podría escuchar: los éxitos de Bello Amanecer, el gran grupo de Neza. Esto asegura el disc-jockey, a quien podría calificarse de maestro de ceremonias del clamor del fin de la especie. El Sonido La Changa (por lo menos en esta ocasión) borra la distinción entre voz humana y orquesta, entre disc-jockey y grabación, entre vocalización y terremoto. Todo es lo mismo, aunque sean tan débiles los equivalentes verbales del oleaje que borra ese rincón donde habitaba el oído, donde las cacofonías eran la sal de la tierra, y los ecos de lo aún no dicho retumbaban con impulso catedralicio.

Los chavos se acomodan en los intersticios del ruido. A ellos nada los aflige, están en su elemento, el ruido es su vientre materno, su proceso de gestación. El disc-jockey extravía sus palabras en el camino de las reverberaciones (él dice La Changa y se oye LAAAA CHAAAAANGA), y las reverberaciones no alteran la estolidez o el éxtasis...

¿A qué se dedican los presentes? Una encuesta rápida me da respuestas previsibles como de película de vacacionistas en un parque público: "Trabajo en un taller/ me la rifo en el comercio ambulante/ estudio en el CCH/ le ayudo a mi papá en su negocio/ echo la güeva..." Por ahora, les vale su oficio y les vale

118

su beneficio. A causa de Willy Colón esperan tres o cuatro horas, y contemplan sin impaciencia los forcejeos en torno a los micrófonos, los técnicos que prueban y ensayan y se satisfacen con su mal humor. Estos chavos ya no proclamarían como Jim Morrison: "We want the world, and we want it... NOW!!" Para ellos, con palabras menos tiesas, en la vida todo es gradual, en el gradualismo todo es involución, y la eterna espera es otra actividad frenética de su edad y de su tiempo.

¡¡Aquí está Willy Colón!! El gran Willy se embarca en su primer número... y el Century se vuelve campo de batalla, las detonaciones sustituyen a los magnavoces, la calidad perece bajo la distorsión, qué caso tuvo venir, me digo. Miro a mi alrededor y no entiendo. A los chavos les fascina lo que oyen, no Willy Colón, por supuesto, sino los truenos y las fulminaciones que arrastran al grupo de Willy Colón, y hacen de los micrófonos instrumentos de la difamación. Nadie disculpa a las molestias que no se ocasionan, porque Willy toca, y es más útil adivinar a qué estarán sonando sus números de salsa, y recordar los discos y poner el cassette mental dándole a lo que se ve la fuerza de lo que se evoca. La distorsión alcanza un clímax y nadie se va porque por eso pagaron su buen dinero, para asirse a la experiencia única que en verdad sí se produce aunque el sonido afirme lo contrario.

La hora del consumo alternativo
EL TIANGUIS DEL CHOPO

Y en aquellos días, el canje lo era todo

Los dos llevan una hora inmersos en el Trueque. Armado cada uno con su pila de discos, revisan con finura de anticuario cada elepé, examinan los compact-discs, toman notas mentales, estudian con celo portadas y contraportadas, se ven de reojo para calcular quién tomará ventaja. "Llévate estos dos discos, y yo me quedo con éste y..." Un coleccionista es un aventurero existencial, que mide su vida por hallazgos y decepciones: "Hoy me rentaron el nirvana. Conseguí el segundo disco de Jefferson Airplane... Hoy me hundí en el abismo. Estaba rayadísimo el disco de Uriah Heep..." Un coleccionista odia y respeta a los aquejados por el mismo mal, y no descansa hasta cerciorarse de su infelicidad. Su verdadera recompensa es la tortura de precisar lo que aún no consigue.

"¿Qué es para mí el infierno? Un disco de Ray Coniff, de Julio Iglesias, de Timbiriche"

El Tianguis del Chopo es un templo de la contracultura mexicana. Apareció allá por 1979 o 1980 a las afueras del Museo del Chopo, como resultado de una convocatoria y de la tendencia natural al intercambio, el famoso *potlach* de la antropología. Unos chavos aceptan la convocatoria y la siguiente semana algunos los secundan, y otros nomás acuden al canje y pronto, con la celeridad de la economía subterránea, se establece el mercado y, como en el siglo XVIII, florece el capitalismo, se determinan más o menos los precios módicos, abundan los cassettes, los discos piratas, las artesanías post-hippies, los posters, los libros usados, los distintivos, las camisetas, los stickers, los souvenirs de groupies, los videocassettes, los souvenirs de la Era de Acuario.

Afligidos por el aspecto de los concurrentes ("¡Son bombas molotov humanas!"), los vecinos se quejan con las autoridades, y los del Tianguis se ven forzados al nomadismo. Ganan otra calle, tienen éxito... y con ustedes, como siempre y como nunca, la represión. Otra calle... y nuevos agravios, atracos de la policía, redadas, incursiones vandálicas, y al cabo de huidas y negociaciones el Tianguis del Chopo se instala (relativamente a salvo, tal vez dos agresiones policiacas al año), en la calle Camelia, en la colonia Guerrero. Allí cada sábado se esparcen la monomanía, la acechanza de oportunidades, el aprendizaje de las discografías que justifica la existencia. En el inmenso tianguis que es la ciudad, el Chopo es un territorio donde la solemnidad toma la forma de lo que, fuera, aún se considera provocación.

"¿Sabes qué, cabrón? Si no fuera por la pinche música, ni salgo del puto vientre materno"

En buena medida, la crisis económica *es* la cultura urbana, porque todo lo adapta (estilos de vida, formas de trato, deseos, usos de tiempo libre) a la lógica de la sobrevivencia, que hace del consumo la zona de elecciones riesgosas. Así por ejemplo, lleva horas y agudas reflexiones existenciales optar por un libro, un disco, un periódico. Y los asistentes al Tianguis del Chopo valoran los discos sobre cualquier otro objeto sobre la tierra, y el mito del reventón (la orgía de los sentidos) sobre las ventajas (inalcanzables) del éxito en el mundo corporativo.

En la marginalidad elegida, todo y nada es objeto de comercio, y todo y nada es objeto de transgresión. Ya pasó la época en que se quería asustar a los burgueses, la sociedad permisiva asimiló varios de los desafíos contraculturales, y la pobreza igualó las apariencias disidentes (el rostro, la vestimenta, la índole del peinado, el modo de caminar, la prosapia de los jeans tan desgarrados, la ferocidad de las camisetas, el retorno a las identidades tribales). Y las preguntas flotan sin mayor convicción: ¿es el vestuario un juramento social o antisocial? ¿Resulta esa cabellera a lo Luis XIII una andanada semiótica contra el sexismo, o el enfado ante los trámites de la seducción? En especial, las camisetas son la señal infinita: aquí está, oh paseantes, un admirador, un propietario de ironías, un desafío, un chavo seguro de sus aficiones. Las camisetas son posters, convocatorias, vitrinas del museo inexistente, reclamaciones, desfile de fotos chamánicas...

Estos chavos son tantos y están tan desempleados que en ellos no prosperan esas exhortaciones-a-la-decencia que son las razzias. A su lado se acumulan las negativas: no se les puede expulsar de la ciudad, no obtendrán empleos formales. No habrá salidas aceptables a sus demandas. Pues entonces, y mientras las patrullas sigan en acecho, que hagan lo que quieran con su horrible aspecto.

"Desde que uso arete, me doy cuenta del mal gusto de las chavas"

En el Tianguis, la contracultura de los setentas se las arregla para persistir, vibrante y capaz de reproducirse sin el apoyo de la televisión. Desaparecieron los jipitecas, las comunas liberadas son ceniza sin sentido, el esoterismo anida en las clases medias más conservadoras y, con todo, algo de la contracultura clásica permanece, la de quienes no se enteran del sueño de la modernidad, no pretenden estar al día con sus correspondientes en Norteamérica, les valen madre el Sistema y los símbolos del status, y no se jactan de abandonar una sociedad a la que nunca han pertenecido. Estos punks o rockeros o ácratas mexicanos hallan el suministro de energía en las obsesiones que tantos otros han jubilado.

En el Tianguis del Chopo, todo es sujeto de comercio, y nada, a fin de cuentas, es muy remunerativo, ni la música, ni el placer de espantar a las generaciones que ya no nos acompañan, ni el oír rock a *ese* volumen en los departamentos de paredes frágiles. La música, la escena que recrea y enamora, conspira a cielo abierto y se ve representada por la historia del rock, las grabaciones de grupos que aún no acceden al disco, las penas y las furias del Heavy Metal, el punk, el post-punk, el thrash, el hard core, el anarco-punk, el trasvanguardia, el rock progresivo... Los nombres de los grupos remiten a estéticas que el extraño, irremediablemente, sólo percibe si hay quien se tome la molestia de ilustrarlo. ¿A qué estética, por ejemplo, corresponde U-2, The Cure, Bauhaus, Yellow, Dead Kennedys, Exploited, AC-DC, Iron Maiden, Sex Pistols, Talking Heads, Génesis, Pink Floyd, Dead Can Dance, Souxie and the Banshees, la portentosa Sinead O'Connor, los grupos que se oyen y se desoyen con erotismo, que inspiran lealtades religiosas o desafecciones laicas?

Oír música el día entero: la fiesta y la profesión que ni terminan ni comienzan, la situación recompensante, la serie de revelaciones que ahuyentan a los estragamientos del gusto como, digamos, Los Hombres G, los Enanitos Verdes, Miguel Bosé, Miguel Mateos, Mijares, Soda Estéreo, Emmanuel, Garibaldi, Fandango. En el Tianguis del Chopo cada rola no es parte de una atmósfera, sino la atmósfera misma, la vibración en estado puro. Según los enloquecidos del rock, la belleza convulsa se concentra en un minuto único en el disco imposible de hallar.

"Digo chingada tantas veces al día que más que una palabra me parece mi familia"

Los del Chopo leen escrupulosamente los magazines especializados, y le sacan provecho a la infinita red de contactos del vagabundeo. Sus problemas son básicamente informativos. ¿Cómo estar en onda sin dinero, sin viajes, sin dejarse envolver por los *environments* del high tech? A modo de respuesta, algunos chavos viajan y compran CDS y videocassettes que reproducen, intercambian, estudian con deliberación académica y se estudia, más que se lee, *Cream* y *Rolling Stone*. Y si la economía subterránea no redime sí justifica a la piratería (la deuda externa, argumentación general; la pobreza, explicación moral).

¿Cómo le hacen para que no se les vaya una sola de las novedades, y orientarse en la galaxia de grupos, tendencias, solistas, encuentros y recomposiciones de las bandas? ¿Cómo se dan tiempo para apilar esa información, asistir a las tocadas que les importan, y además de todo abastecerse con su propio impulso? Sábado a sábado, los asiduos al Tianguis del Chopo se unifican y se diversifican según los grados de resistencia a la industria cultural, o a la televisión comercial. Ellos depositan la barbarie del neomedioevo en su *look*, y la civilización del porvenir en sus predilecciones. (O al revés.) Ya pertrechados con el síndrome de la cultura posindustrial (la infatigable observación sociológica de sí mismos), clasifican a las subculturas a primera vista, prefieren del cine los efectos especiales y de la televisión los comerciales de refrescos y detergentes, son guadalupanos porque se dejan adoptar por los símbolos y esotéricos porque quién quita.

¿Qué discos obtener, y cuáles llevarse al nirvana de la medianoche? Los asistentes escudriñan revistas, se informan de las tocadas culminantes en sitios inconcebibles, extraen de los elepés los sonidos del paleolítico, esparcen anécdotas del rock mexicano. Como en la Bolsa, absortos ante la especulación de portadas y hallazgos, los chavos siguen las carreras de los compact-discs y —tribu perdida y hallada en la contracultura— viven la ley del exceso, se hartan del fetichismo del arete que en algo protege del convencionalismo del pelo hasta la cintura, abrazan sus adquisiciones (humanas y discográficas), se jactan de las ironías que son romanticismo desatado. Aquí no hay grupo de rock lo bastante viejo, ni disco suficientemente nuevo, y la cultura en algo se democratiza en la marginalidad que nunca lo es tanto.

[1992]

124

La hora de la máscara protagónica
EL SANTO CONTRA LOS ESCÉPTICOS EN MATERIA DE MITOS

Rodolfo Guzmán Huerta, El Santo, nace el 23 de septiembre de 1915 en Tulancingo, Hidalgo, y muere en 1984 en la Ciudad de México. En 1920 su familia se traslada a la capital, por el rumbo de El Carmen, y allí Rodolfo opta por el gran recurso de los niños sin recursos: el triunfo deportivo. Juega futbol y beisbol, aprende lucha olímpica y, finalmente (el argumento económico es la vocación más personal), Rudy y sus hermanos se dedican a la lucha libre en las arenas chicas: la Roma Mérida, la Escandón, la Libertad... ¡Qué tedio tan activo! Por una paga inferior a lo simbólico, y un crédito que se extravía en carteles rotos y pintarrajeados, se combate tres veces al día en locales ruinosos, donde la iluminación lo único que permite es intuir al adversario, y los estímulos corren por cuenta de las transas de los promotores y los insultos y objetos lanzados con ganas exterminadoras. "¡Échenles cascarazos, más dolorosos que las mentadas!"

Rudy Guzmán es un nombre sin "garra" y no pregona méritos o estilo. Con prosa adoratriz, el biógrafo de El Santo, Eduardo Canto, refiere el cambio de *appeal*. Un buen día, el árbitro y *matchmaker* Jesús Lomelín, observa al talentoso Rudy y a su falta de imagen. Para triunfar, le dice, un luchador necesita una personalidad vistosa. Persuadido, Rodolfo se enmascara y aparece Murciélago II (en honor de Jesús el Murciélago Velázquez que, en el entarimado, abría su bolsa llena de murciélagos, que hacían las delicias de los espectadores en las alturas). Sin influencia de la filosofía existencial, Lomelín persuade de nuevo a Rodolfo: "Tienes que ser tú mismo, y para eso tienes que ser otro", y le recuerda a Simón Templar, alias El Santo, héroe justiciero de las novelas policiales de Leslie Charteris y de una serie cinematográfica. Rodolfo acepta y surge El Santo en el universo del *Wrestling* o del *Catch-as-catch-can*, en la Arena Nacional, la Arena México, la Arena Coliseo en la capital, la Arena Anáhuac de Acapulco, la Arena Canada Dry de Guadalajara, la Arena Monterrey, el Palacio de los Deportes en Torreón.

La lucha libre en México hace cuarenta o cincuenta años: un reducto popular donde se encienden y tienen cobijo pasiones inocultables; ídolos que lo son porque muchos pagan por verlos; broncas en el ring donde los temperamentos superan a los vestuarios; pasión gutural y visceral por los "rudos" y admiración dubitativa por los "científicos"; espectadores levantiscos que gritan "¡Queremos sangre!" tal vez para imaginarse los sacrificios en el Templo Mayor; nombres que representan gruñidos de la rabia escénica y el estruendo sinfónico de la caída de los cuerpos. Recuerden, recuérdenlos: Tarzán López, la Tonina Jackson, Sugi Sito, Black Shadow, Blue Demon, el Cavernario Galindo, el Médico Asesino, Enrique Llanes, Gori Guerrero, Jack O'Brien, Bobby Canales, Firpo Segura, el Lobo Humano, el Lobo Negro... Durante dos o tres horas y varias veces a la semana, estas celebridades locales obtienen seguidores combativos, imitadores, adversarios falsos y verdaderos dentro y fuera del ring.

¡Soberbia inauguración! No falte a la Arena Coliseo en la calle de Perú, con el encuentro cumbre: Tarzán López, campeón del mundo versus El Santo, retador, campeón nacional de peso medio y wélter. En una entrevista larga (*Proceso* n. 380), El Santo relata el acontecimiento:

Fue el 2 de abril de 1943, también lo recuerdo perfectamente. Por primera vez en la historia del deporte del rey box y de la lucha libre, un coloso de concreto y acero con cabida para varios miles de aficionados se iba a ofrecer al servicio del público. Las luces del monstruo brillaban con intensidad y como miradas de insectos que giran vertiginosamente alrededor de una llama, millares de personas pugnaban por asistir al programa de lucha que inauguraba el Coliseo. Yo había sido escogido junto con *Tarzán* López para cubrir el evento

126

estelar. La responsabilidad era enorme, pero se consideraba que tenía méritos suficientes para ocupar ese lugar privilegiado porque en aquella época yo ostentaba los campeonatos wélter y medio de la República Mexicana. Era el primer luchador que ostentaba dos coronas, y mi ambición me llevaba a tratar de alcanzar la tercera, pero ésta mundial. En esa noche la iba a disputar al que orgullosamente la ceñía. Sonó el silbato que anunciaba la primera caída y me arrojé sobre mi contrincante con el ciego afán de eliminarlo en una forma rápida, pero todos mis esfuerzos se estrellaron ante un muro inconmovible: era *Tarzán* López. En ese tiempo, dudo que hubiera algún hombre de su peso que pudiera vencerlo.

Tarzán fue un verdadero campeón y por eso yo no he tenido empacho en afirmar, en mi opinión particular, que ha sido el mejor luchador que hemos tenido. Bregué duramente y por largos minutos, que se me hicieron interminables siglos. El encuentro tuvo duras alternativas, pero al fin, la serenidad de mi adversario, su mayor consistencia, su mejor preparación, su más larga experiencia, en fin: su mayor capacidad, tuvo que imponerse pues bajo la presión de una durísima llave me rendía y mastiqué en mi esquina el despecho de mi derrota. Con la misma furia salí para la segunda caída: la historia volvió a repetirse. Mis mejores armas fueron empleadas. Aun cuando sabía bien que le lastimaban, no decrecía su orgullo de campeón y éste lo hacía superarse. Por si todo ello fuera poco, la multitud, que en forma insospechada llenaba la arena hasta sus más recónditos rincones, estaba en contra mía. Mi estilo rudo de luchar me había granjeado grandes antipatías y no obstante que en aquellos momentos, de acuerdo con las reglas respectivas, luchaba limpio, los gritos de burla y de desdén me perseguían. Por el contrario, mi oponente siempre fue mimado en todos sus momentos. Esto naturalmente influye en una forma directa en el ánimo de cualquier persona y le resta valor para seguir en la brega. No quiero recordarlo, pero perdí también la segunda caída y la tercera tuvo que suspenderse, y aunque después he sufrido también derrotas graves, nunca como aquella vez sufrí tanto en mi amor propio, por lo que considero que esa noche ha sido la más ruda que he tenido sobre el ring.

En ese tiempo, El Santo es todavía un villano, el Malvado que se ufana de su encanallamiento, y le pica los ojos o le da de puntapiés al Héroe Caído, mientras el réferi suplica moderación, y aúllan su complacencia indignada los asistentes al circo de la Roma azteca. Su perversidad provoca récords de entrada, furias sobre el ring, poemas instantáneos: "Cada lucha de El Santo es una página plena de dramatismo. Una tragedia de Esquilo o un poema de Homero". (J. Luis Valero Mere en *100 años de lucha libre en México*.)

Debut: 26 de julio de 1942. El Santo vence a Ciclón Veloz, sin piedad alguna para con su sitial en la historia de la lucha libre. *Beneficio*: docenas de títulos y plétora de cinturones desde 1946; más de quince máscaras y de veinte cabelleras en su haber. *Datos para la leyenda*: El Santo forma la Pareja Atómica con Gori Guerrero, y es también compañero del Cavernario Galindo, Blue Demon, Black Shadow, el Mil Máscaras, el Rayo de Jalisco. *Despedida*: de hecho nunca la habrá, todavía en 1984 El Santo sigue en el ring, así éste sea el del teatro Blanquita. (De allí saldrá, luego de una rutina extenuante, al hospital a morir.)

En la perdurabilidad del Santo, intervienen sus méritos y de manera notable, las aportaciones de la máscara (no ocultadora sino creadora de su identidad), y del "seudónimo" que implica religiosidad y misterio, fuerzas ultraterrenas y técnicas de defensa personal que, de paso, protegen a la Humanidad. Hay luchadores de su calidad o tal vez mejores, pero El Santo es un rito de la pobreza, de los consuelos peleoneros dentro del Gran Desconsuelo-que-es-la-Vida, la mezcla exacta de tragedia clásica, circo, deporte olímpico, comedia, teatro de variedad y catarsis laboral.

Coreografías y patadas voladoras

El público enloquece de momento. En seguida, enmudece. No atina de qué lado estar, a quién irle, pero de pronto surge el grito de ¡Santo... Santo!, que se prolonga hasta el delirio cuando El Santo se lleva la segunda caída para empatar el encuentro. Llave a los tobillos y a un brazo, ante cuyo dolor Black Shadow se rinde. Los dos colosos se retiran a sus esquinas, empujados por el árbitro, en tanto ambas máscaras se inundan de sudor, de un sudor tan intenso que resbala hasta los musculosos pechos.

Eduardo Canto, *El Santo. El enmascarado de plata.*

¿Qué odio inmisericorde no anhelaría el desahogo de unas patadas voladoras? ¿Qué necesidad punitiva no desea estrechar al enemigo con un "abrazo del oso"? En la arena, los cabellos recién cortados del rival son trofeo de guerra y son la guerra misma, el desenmascaramiento es la pérdida del rostro, y los cetros mundiales y nacionales son ilusiones de gloria que la Raza de Bronce reconoce. Sin suspender su envío de latas de cerveza y de aullidos casi líquidos, el público envejece, rejuvenece y se estaciona en cualquiera de las fechas de su entrañable anacronismo. Y El Santo, Anteo fuera de la meseta helénica, metáfora en busca de mitología, recupera su ímpetu si el público le implora a las fuerzas primordiales (sus gargantas, el efecto de la violencia sobre la teatralidad) el desencadenamiento de la madriza. El Mal se jacta. El Bien se desespera. El Mal envía al Bien fuera de la realidad encordada. El Bien regresa con serenidad exenta de compasión. El hombre corto de días y harto de sinsabores se exaspera: "¡Mátalo! ¡Acábalo! ¡Chíngatelo! ¡Destrózalo! ¡Pícale los ojos al cabrón!"

De tanto oír consignas filantrópicas El Santo acepta la beatitud de su nombre, y se traspasa a la defensa de las causas nobles, ya como "técnico", el 22 de junio de 1962.

El Santo a favor de las cosmogonías

En 1948, El Santo le alquila su efigie al productor y argumentista de historietas José G. Cruz, para sus mezclas inverosímiles de fotonovela y comic. Allí El Santo vence y combate (en ese orden), a zombies diabólicos, vampiras del siglo III a. C., científicos dementes, tribus perdidas... El éxito obliga al paso siguiente: el cine. Si en la primera película de luchadores (*El enmascarado de plata*, de René Cardona, 1952), la figura estelar —sorpresivamente— es el Médico Asesino, El Santo pronto domina el subgénero ("de Neanderthal") ayudado —señala Jorge Ayala Blanco en *La búsqueda del cine mexicano*— por el impacto del comic y las transmisiones en la televisión de la lucha libre. En la arena fílmica El Santo preside, rodeado de Neutrón, Blue Demon, Mil Máscaras, el Doctor Satán, la Sombra Vengadora, las Tigresas...

¡Qué envidiable el repertorio de este "cine de Neanderthal"! Criminales ansiosos de prodigar viudas y huérfanos (o en su defecto, ávidos de genocidio), maquetas que se jactan de su humilde origen carpintero, peligros tanto más diabólicos cuanto que el guión jamás aclara su naturaleza, castillos sombríos reducidos por el presupuesto a cubículos de universidades pobres, combates espeluznantes por la salvación de la joven bella, del científico bueno, del género humano, de la galaxia.

En la serie de El Santo los títulos son fundamentales. Seducen al espectador y condensan la trama, para ir suprimiendo la distracción causada por las complicaciones argumentales. Así por ejemplo, en la década de los sesentas, El Santo lucha (a película por adversario) contra Capulina, el Cerebro del Mal, el Espectro, el Estrangulador, el Rey del Crimen, la Invasión de los Marcianos, los Hombres Infernales, los Villanos del Ring y los Zombies, y se instala en el Hotel de la Muerte, en el Museo de Cera y en el Tesoro de Drácula (sic). Él es vencedor perenne en el laberinto de "candados" y "ochos" y palancas y tijeras cortas a las piernas y látigos irlandeses y patadas a la Filomena y "tapatías" y quebradoras y cruceros y medias Nelson. Gracias a las secuencias de lucha libre, la sana irrealidad se filtra y absuelve a maquetas delirantes, maquillajes hilarantes, actuaciones nonatas... "¡Jódetelo Santo!", y en los cines de la barriada el público protege a El Santo con un cerco de injurias y chiflidos que inmovilizan a la ciencia tenebrosa y a sus aliados ineficaces, los tristes poderes de ultratumba. ¿Qué Más Allá soporta que lo saquen del ring de un solo golpe?

En 1962, Alfonso Corona Blake dirige *El Santo contra las mujeres vampiro*. La película, un clásico del kitsch universal, afirma la "rentabilidad" del subgénero, y explica a su manera la riqueza de las pugnas éticas sobre el entarimado. En medio del bailoteo de las "llaves", los valores primordiales del Universo se dejan traducir por máscaras, miradas torvas, piquetes de ojos, quebradoras, puñetazos que retumban en el alma, paseos desafiantes, vuelos mínimos. De nada se priva el argumentista y a nada se rehúsan el director, el escenógrafo y los actores, que masifican los vislumbramientos de José G. Cruz: zombies, cadáveres vivientes, sacerdotisas de la antigüedad, pozos de serpientes, sarcófagos humeantes. Y, por si a alguien le interesa, si la censura nacional elimina de *El Santo contra las mujeres vampiro* toda "audacia", en las copias que circulan fuera de México los productores restituyen las escenas de lesbianismo esotérico y cósmico.

¿Cuál es el argumento (digo es un decir) de *El Santo contra las mujeres vampiro*? En el cementerio que le infunde vida a un castillo de utilería, un rayo lunar resucita a las mujeres vampiro, cuya gran sacerdotisa, Tundra, envía al contingente demoniaco en pos de la sangre. Sólo este divino líquido servirá a Zorina, la déspota del reino sin geografía adjunta, a quien debe remplazar su descendiente, la joven heroína Nora. El padre de Nora, el profesor Orlak, egiptólogo de tremenda valía, solicita la ayuda de El Santo. Las mujeres vampiro inauguran un alud de crímenes y envían a un esclavo a que destruya a El Santo en el ring. Éste vence, rescata a Tundra, y ve a las llamas devolver al infierno a las amazonas.

En cada película, El Santo expone su vida y, lo que es más importante, su máscara. Él salva y protege, es el Cid Campeador en su laboratorio, es el Torso del Bien en los trances de sombra de muerte, es el héroe irreal y convincente de los cientos de miles que aceptan solidariamente los escenarios y las situaciones que se les proponen. Los fans de El Santo, habituados a reírse de los chistes que todavía no les cuentan, agregan el humorismo involuntario a sus reflejos condicionados. "¡Dale en su madre a la vampira, Santo!"

La sobriedad de los excesos

Roland Barthes dedicó una de sus mitologías a la lucha libre, "el espectáculo del exceso, la grandilocuencia que debió ser la del teatro antiguo". Y en las luchas, que suceden al aire libre de la marginación, se asiste a una genuina Comedia Humana, donde los matices de la pasión (disimulo, crueldad refinada, fariseísmo, la sensación de "no deber nada a nadie") hallan el signo que los aloja, los expresa y los conduce en triunfo. En esta tesitura, según Barthes, no importa lo genuino de la pasión sino sus imágenes, y en la lucha libre o en el teatro la representación inteligible de la moral disminuye a la verdad. La interioridad se vacía en beneficio de los signos exteriores, y la extenuación del contenido por la forma es el principio mismo del arte clásico triunfante. La lucha libre es pantomima más eficiente que la pantomima dramática, porque, para mostrarse auténticos, los gestos del luchador no necesitan anécdotas, decorados ni transferencia alguna.

A lo dicho por Barthes cabe añadir lo que ocurre en países latinoamericanos, donde la vitalidad redime el desvencijamiento escénico (arenas miserables, olores que no pueden ser obra de una sola generación, sillerío que informa de los bajos ingresos de la concurrencia, fatiga de los actores e intérpretes). Los ídolos suelen ser sexagenarios (o incluso septuagenarios): El Santo, Blue Demon, el Huracán Ramírez, porque la leyenda trasciende a la agilidad. En la consigna voluptuosa ("¡Queremos sangre!") lo de menos es la edad y el físico de los luchadores y los mil remiendos de la arena. Lo que cuenta es la eterna juventud de la credulidad. Un luchador no envejece mientras su público en él se reconozca.

El Santo contra los exégetas de la cultura popular

El Santo: una fábula realista de nuestra cultura urbana; una vida profesional cuya primera razón de ser fue la carencia de rostro; una fama sin rasgos faciales a los cuales adherirse. El pregón de los fanáticos persiste: "*¡Santoooo! ¡Santoooo!*" En las calles se venden muñecos de plástico.

Parábolas de las postrimerías
DONDE, POR FALTA DE SEÑALIZACIÓN, SE CONFUNDEN EL ALFA Y EL OMEGA

Esto era en el *Principio, cuando el desorden y el vacío se combinaban para sugerir la unidad. Entonces el Relajo, único lenguaje a mano, fomentaba el estruendo y las formas imprevisibles para oponerlos a la perfección de la Nada. Al Relajo no se le valoraba en demasía pero a el Principio (el Génesis) el Relajo le hacía falta, porque tendía puentes entre las fuerzas primordiales y las insignificantes, y daba el tono de ligereza y perturbación que, al ignorarlos, creaba los límites. Esto era en el Principio: el Relajo dirige y extravía a lo que va surgiendo, convoca al orden a horas falsas en lugares inexistentes, precipita diluvios, genera y elimina especies, esteriliza y fecunda a la primera pareja, todo en el mismo segundo. El relajo: el alfabeto de los orígenes.*

En el Último Instante de los seres vivientes, cuando el rigor y la demasía se combinen, el Relajo será el lenguaje a mano que auspicie la dictadura de lo uniforme, allí precisamente, donde existía la pretensión de las formas infinitas. Cuando todo se acabe, darán lo mismo el estrépito y el eterno minuto de silencio, y el Relajo (y sus bocinas, pregones, orquestas, claxons, detonaciones en cadena) será la nostalgia posible, el método eficaz que le otorgue calor de hogar a la masificación de la agonía.

La hora cívica
DE MONUMENTOS CÍVICOS Y SUS ESPECTADORES

Va mi estatua en prendas

La estatua ecuestre no es buena si el caballo no le da una
coz al que lee el discurso.

Ramón Gómez de la Serna, *Flor de greguerías.*

El cortejo, los claros clarines, la espada que anuncia la algarabía
de camarógrafos y fotógrafos. En cada plaza, al final o al principio
de las grandes avenidas, acechando en las carreteras y en los
parques, los próceres se yerguen, broncíneos, pétreos, en sus
mares de cemento. La figura de Juárez se multiplica aleccionando
a los archiduques insensatos que aún queden en Austria y todavía
ambicionen reinos pintorescos. El venerable anciano Miguel Hidalgo y Costilla porta el estandarte guadalupano que anticipa las
zonas de encuentro entre religión y cultura popular. El generalísi-
mo José María Morelos y Pavón se coloca a las puertas de la
eternidad. Venustiano Carranza, Varón de Cuatro Ciénagas, abra-
za la Constitución de la República. Emiliano Zapata nos recuerda
a la vez las utopías agrarias y las transfiguraciones de Hollywood.
Los paladines locales sólo de cuando en cuando atraen la curiosidad de los turistas, que los lugareños satisfacen vagamente: "Ese
señor fue un general que resistió al invasor/ Ese humilde ferroca-
rrilero dio su vida para salvar a los pasajeros/ Esa señora le
entregó a todos sus hijos a la causa de la Reforma liberal/ Es nada
menos que un sabio que quemó sus pestañas aclarando la fecha
exacta de la fundación de la ciudad".

Bustos, estatuas, hemiciclos, conjuntos escultóricos, caudillos
al galope, presidentes de la República aislados en el nirvana de
sus años de gobierno, héroes cuyo público anterior fue un pelo-

135

tón de fusilamiento, estadistas alojados en la meditación, fundadores de las instituciones, titanes de la burocracia, defensores de la pacificación en tiempos de paz. *La Patria Agradecida a...* Con el tiempo, las estatuas y las "creaciones alegóricas" reciben de sus frecuentadores un trato igualitario, sirven lo mismo a sesiones conmemorativas que a citas de amor, y hacen pasar por alto sus desproporciones, que le restan armonía a lo que de ninguna manera lo hubiese tenido.

A la decoración obligatoria de plazas y avenidas la complementa —aportación a dúo del Estado y la sociedad— la ronda del otro heroísmo, el de los Símbolos de lo Cotidiano. Se celebra también a los Hijos Predilectos que destacaron en el arte (verbigracia: las estatuas de la cantante Esperanza Iris en Villahermosa, y del actor de cine Pedro Infante en Guamúchil); se admite sin tapujos que el criterio popular trasciende las convenciones legales (la ermita, con todo y busto policromado, que Culiacán dedica a Jesús Malverde, bandolero social que oficia de "santo de los mariguaneros"); se perpetúan las exhortaciones cívicas (la portada de Jorge González Camarena para el Libro de Texto Gratuito de los años sesentas, con la Patria frondosa y deseable, que en Tijuana se vuelve conjunto escultórico); se ensalza el modus vivendi de los lugareños (el monumento a la Gran Jaiba en Tampico); se reconocen los servicios publicitarios de alcance internacional (con estatuas, Puerto Vallarta agradece a Liz Taylor, Richard Burton y John Huston, haber vivido o filmado allí).

El busto es el cuerpo del héroe

El mar esculpe, terco, en cada ola,
el monumento en que se desmorona.
Octavio Paz

En la escultura cívica intervienen simultáneamente la revancha contra el enemigo vencido, la evocación suntuosa, el desafío político, la intimidación, el catálogo de logros históricos, la alaban-

136

za al poder que —de manera implícita— proclama la sensibilidad del patrocinador de esta obra y, a ojos vistas, admite su inocencia cultural.

No hay pueblo sin estatuas, no hay estatua sin mensaje adjunto, y no hay pueblo que tenga presente el mensaje más de un día al año (cuando mucho). Sin embargo, la estatuaria cívica es para unos, los irónicos, catástrofe entrañable, y para otros, los escépticos, terrorismo visual. Y, sin aceptarlo, escépticos e irónicos afianzan una estética de la necesidad: vamos a sacarle provecho a esto que vemos, porque, en el mejor de los casos, nos sobrevivirá. Imposible quitarse de encima a los adefesios y las agresiones colosales a la intimidad de los paisajes y, por eso, es más sensato averiguar si, en efecto, desencadenan un gusto opuesto a las intenciones de sus creadores, cualquiera que éstas hayan sido, o si es posible salir indemne de la contaminación óptica.

Las esculturas denuncian los cortes históricos, subrayan la estabilidad que es cortesía de quienes murieron trágicamente por dejar a otros gobernar sin sobresaltos, y afirman el imperio de las veladas conmemorativas. En los generosos o estrictos metros a su disposición, las estatuas son dictámenes de gobierno/ invocaciones contra la amnesia de los perdedores/ certificados de afecto filial a quienes han facilitado la salud y la continuidad de la República. *Confusión y claridad*: a la escultura cívica los héroes llegan ya sin dar explicaciones, su aire clásico convertido en típico y "folclórico". Ellos son "nuestros contemporáneos" porque no los afectó el desempleo creciente de caudillos y disidentes, y se yerguen sobre multitudes no forzosamente enteradas de sus hazañas o incluso de su nombre completo. Los héroes, signos del poder y sus deliberaciones, aislados en plazas o rincones como divinidades de la Isla de Pascua, reafirman la unidad profunda: gracias a ellos todas las épocas son una sola, y la epopeya por excelencia es el acatamiento a la autoridad. Y a los demás nos toca complementar la información, vocear el sitio de los convidados de piedra y bronce en la formación escolar, ratificar el desempeño estético y social de los monumentos. *Lo oficial* se invisibiliza, *lo horrendo* termina por naturalizarse a la vista de todos.

137

Claridad y confusión: ¿a quién le interesan las estatuas al margen de su significado, y quiénes sólo derivan placer de la prédica de bulto? La urbanización destruye la pedagogía directa, y nos deja librados a lo obvio, la estética de la consolación en la desolación, que combina mártires subyugados ante el progreso que engendraron, y mitos de la cultura grecolatina, y que delata la vanagloria (o la desinformación) del gobernante que contrató al escultor o compró las piezas en un saldo del almacén afrancesado.

No hay arte más noble, ni realidad más viva

El México del siglo XIX admite un axioma: "A pesar de ser altamente republicanos debemos confesar que no hay arte más noble que el de la escultura..." La *nobleza* de la escultura no viene de juicios artísticos, sino de su presencia inescapable, de su carácter de ingerencia de la nación en espacios antes sólo patrimonio de la iglesia católica. Las excepciones —estatuas de monarcas y virreyes— reafirman los vínculos de los gobiernos con la divinidad, y benefician a los señores de esta tierra con los atributos de la escultura religiosa, el primero de ellos el candor reverente de sus contempladores. Si la pintura se emancipa difícilmente de lo eclesiástico (y le da a temas civiles las características de relatos piadosos), la escultura consigue su autonomía casi de inmediato, es un hecho político que reclama su parcela de adoración popular y que en México, como en cualquier otro lugar, extrae de las imágenes históricas las actas de legitimación de los gobiernos. Por eso, resulta muy precisa la función de cada busto o monumento: la Historia es el desfile de actos y personas que ocurrieron de modo ardiente con tal de eliminarse como alternativas. La escultura cívica es el homenaje de lo que perdura a lo que no se volverá a repetir.

Una estatua es las luchas que asume y las que cancela, el régimen que le lleva guardias florales y la facción que intentó oponérsele. Por eso, de la destrucción del ídolo de Baal al día de hoy, casi el primer acto de liberación de un pueblo es el arrasamiento de monumentos a "héroes y caudillos" que, de un segundo a otro, adquieren una connotación antiestatuaria: son, y por eso se erigieron, emblemas de la dictadura, y su calificación queda a cargo de la piqueta, la dinamita, las cuerdas. La eliminación de estatuas es fenómeno que precede a las nuevas Constituciones; antes que nada, que caigan por tierra los oprobios que irritan y laceran, derrúmbense con estrépito las efigies funestas, déjese al ánimo iconoclasta que emita sus golpes y se disuelva acto seguido.

Desde el principio del México independiente cuenta en demasía el proceso de las representaciones y la confianza en las alegorías. En 1822 se proclaman *días patrios* el 15 de septiembre y el 28 de agosto (día del santo de Iturbide, que inicia el ritual del autofestejo que le permitirá a Porfirio Díaz añadirle al santoral cívico el 16 de septiembre, fecha de su cumpleaños). Injuriosas y rotundas, continúan en la Plaza Mayor, sede de lo temporal y de lo eterno, la estatua ecuestre y la balaustrada elíptica que alaban las inexistentes proezas del rey Carlos IV, y que proyecta y ejecuta el gran artista Manuel Tolsá. En un México de soberanía tan reciente la condición de los símbolos es todo menos simbólica. En vísperas de ocupar el trono, Agustín de Iturbide manda cubrir con un globo azul la estatua de Carlos IV ("El Caballito"), para que no presencie la ceremonia. Dispensado de los sobresaltos del poder, El Caballito continúa enceguecido hasta 1824, cuando el primer Presidente de la República, Guadalupe Victoria, juzga demasiado afrentosa su cercanía al Palacio Nacional y lo manda fundir. Momentos antes de que la estatua se convierta en un barandal, Lucas Alamán salva al insulto broncíneo y, alegando su condición de obra artística, obtiene su traslado al Colegio de Minería, donde permanece algún tiempo en virtual prisión. Un español, Antonio José de Irrisarri, apostrofa:

Quisieron los mexicanos dar con este hecho una prueba de patriotismo y la dieron muy clásica de su falta de buen sentido... ¿Qué signo de servidumbre era ése? Era un recuerdo de que los reyes de España habían reinado sobre México, pero si todos los recuerdos debieran borrarse, hubiera sido mejor arrojar al mar todas las monedas de oro y plata que estaban probando que los Fernandos, los Carlos y los Felipes que mandaron en España los tres últimos siglos, fueron reyes en México; y después de arrojar estas monedas al mar, a los infiernos, se debió quemar todo libro en que hubiese algo de la conquista de aquel país; y se debieron demoler el palacio del virrey, la catedral, la universidad, el Colegio de Minería y todos los demás edificios que los reyes hicieron construir.

Irrisarri es elocuente pero no persuasivo. El asombro primitivo ante las estatuas no es por fuerza el motivo del repudio. En espera de las realidades que los solidifiquen, los símbolos gozan de abrumadora prestancia en la sociedad antes consagrada a la obediencia o —en el más insurgente de los casos— al rezongo. Superado el animismo que ve amenazas monárquicas donde sólo hay bronce, se vigoriza el aprendizaje visual de la nación nueva, y halla apoyos y desmentidos la tesis que a la letra dice: "No es el hombre quien hace lo simbólico, sino lo simbólico lo que constituye al hombre". En el México del XIX, las multitudes se forman en las alegorías de una nación que es, a primera vista, poemas, himnos, marchas, proclamas, leyes, esculturas y fiestas donde la representación es el sentido de la historia y de la sociedad. Dejar en la Plaza Mayor a Carlos IV es incitar al acatamiento retrospectivo o, mejor aún, admitir que la república —por lasitud o incompetencia— no consigue hacerse de símbolos propios. La idea se propaga: hagamos un país de golpe y poco a poco, sustentándonos en tradiciones implantadas con celeridad. (La conmemoración de lo inminente.) Si los símbolos son estímulos y metas, las estatuas serán signos históricos que devienen programa de gobierno.

Los monumentos que eternicen

En 1843 —informa Francisco de Antuñano— la Academia de Bellas Artes, probablemente ansiosa de reparar en algo la ingratitud de los años precedentes, convoca al concurso para un monumento a la Independencia que gana el arquitecto Lorenzo de la Hidalga. Se elige el sitio: la Plaza Mayor, pero pronunciamientos y luchas de facciones postergan la ejecución, y sólo queda su fase inicial, el zócalo o basamento (por el recuerdo del proyecto inconcluso la Plaza de la Constitución será para todos el Zócalo).

Al pensador y político liberal Ignacio Manuel Altamirano lo indignan las promesas incumplidas. En su prólogo a *El romancero nacional* de Guillermo Prieto (1888), él se queja: disponemos de un número muy corto de monumentos cívicos, sea por las guerras intestinas o por el carácter prioritario de los mejores materiales o "porque la prensa o los artistas mismos no promovían con empeño la erección de monumentos públicos a los héroes, y por último, quizás a causa de la apatía, que es como el fondo de nuestro carácter..." Altamirano hace el catálogo de lo disponible en 1885:

• La estatua de Hidalgo en Toluca (donada por particulares).
• La estatua de Morelos que hizo erigir Maximiliano, y Juárez mandó trasladar a la plazuela de San Juan de Dios.
• La estatua de Guerrero en la plaza de San Fernando.
• La estatua de Hidalgo en San Luis Potosí.
• Los cenotafios humildes en memoria de Hidalgo en Chihuahua y de Morelos en Ecatepec.
• La (inminente) estatua de Cuauhtémoc en el Paseo de la Reforma.

Altamirano es tajante: no se busque más. No hay estatuas en provincia, no cunde el ejemplo del gobierno de Morelos que en los sellos públicos "reprodujo la imagen del excelso caudillo cuyo nombre lleva", y no se atendió a la exhortación para erigir un panteón monumental "donde reposasen las cenizas de los héroes de la patria". Y Altamirano concluye:

Así pues, en un pueblo en que no hay monumentos que eternicen la memoria de los héroes y en que hasta escasean las noticias acerca de ellos, no es de extrañar que no haya florecido la poesía épica nacional. Al contrario, lo sorpren-

141

dente es que aún quede historia o tradición de lo que fueron, entre las clases más cultas. En cuanto al pueblo ignorante, haced la experiencia, preguntad a un hombre cualquiera, sea de los indígenas analfabetos, o bien de los mestizos que hablan español y que saben leer, quién es la Virgen de Guadalupe o el santo de tal o cual pueblo y os dirá al instante la historia o la leyenda de los milagros. Preguntadle en seguida quién fue Morelos y quiénes fueron los Galeana, Mina, Guerrero, los Bravo, los Rayones, Valerio Trujano, Pedro Asencio, y se encogerá de hombros, no sabiendo qué responder. ¡Apenas se conserva un vago recuerdo de ellos en los lugares mismos que ilustraron con sus hazañas!

Esta diferencia consiste en que la Iglesia ha cuidado de tener siempre presente en la imaginación popular el objeto del culto, y de excitar día por día el sentimiento religioso por la enseñanza de las tradiciones.

Cuando esto no se hace valiéndose de la objetividad y de la narración, los pueblos pierden irremisiblemente su historia, sus tradiciones, su religión misma.

Altamirano explica lo que por un tiempo será criterio de Estado: en materia de ejemplaridad conviene imitar a ese modelo sabio, la iglesia católica. A los héroes, literalmente, debe sacralizárseles, concediéndoles el aura de lo infalible y asegurando su pertenencia al Más Allá de la Patria. Si estos santos laicos le regalan a la Nación el milagro de su existencia, que la imaginación popular no halle modo de quitárselos de encima. Para afirmarse, el Estado rivaliza con la omnipresencia del catolicismo, que incluso ha utilizado para sí "el gusto clásico", tal y como da noticia la escultura del XIX, que entrevera santos y diosas paganos y, en obediencia a las tácticas eclesiásticas, "convierte" el pasado a la Verdadera Religión. Por eso abundan las copias en yeso de obras y temas clásicos, los ganimedes y las venus de milo, las victorias y los bustos de emperadores. A las ninfas, el campo estético; a las vírgenes, el didáctico.

El tema religioso es ubicuo, porque de la escultura se demanda ejemplaridad. El muy influyente maestro de arte y pintor Pelegrín Clavé le recomienda a sus discípulos: "Dad a vuestras obras el carácter conveniente a cada una, pero siempre cristiano, ya que habéis tenido la felicidad de ejercer vuestro arte bajo las aspiraciones celestiales de la religión augusta que engrandece al hombre, destinándole a la contemplación eterna de aquella verdad infinita que es al mismo tiempo la belleza infinita". Lo devocional se une a lo clásico y le prepara el camino a lo heroico. Cupidos y canonizados. Mercurio y La Piedad. Cristos en la cruz y gladiadores. Y el apego al ideal helénico y romano crea atmósferas alucinadas, donde, digamos, a los escritores José Bernardo Couto o José Joaquín Pesado se les dedican bustos aptos para senadores de la Roma antigua, togados y a punto de entrar al Capitolio. En coexistencia pacífica, dioses grecolatinos y emblemas de la cristiandad definen el criterio: la estatuaria será *clásica* o no será. En 1873, Manuel Islas entrega su grupo en mármol *La Patria y Juárez* donde don Benito, en el sudario, puede ser perfectamente Julio César. Amigos, mexicanos, compatriotas, préstenme sus oídos. He venido a alabar a Juárez, no a enterrarlo... *So let it be with Juárez.*

Para la sociedad, las esculturas tienen signo político y coloración moral. Las protestas contra una estatua en la Alameda indignan a los redactores de *El Partido Liberal* (17 de enero de 1890, reproducido en *La crítica de arte en México en el siglo XIX*, de Ida Rodríguez Prampolini):

Se necesita toda la dosis de malicia que guardan *inpetto*, los llamados católicos, al estilo de la gente que nos ocupamos, para lanzar el grito de escándalo, y creer que peligren la inocencia y castidad de los niños porque vean en la Alameda una estatua de Venus.

¿Por qué no han dicho nada esos santos al ver los llamados niños dioses de cera que se exhiben desnudos en los nacimientos y se conservan en algunas casas en lo que llaman misterios? Debe ser sin duda, porque se trata de muñecos las más veces deformes, que no pueden inspirarle los mismos pensamientos pecaminosos que una estatua de mujer de tamaño natural, sobre todo si tiene mérito artístico. ¿Ignoran

143

acaso los santos, que el velo con que acostumbran algunas
gentes timoratas cubrir aún al niño Dios, o algunas estatuas
de mayor tamaño, sirve sólo para mayor tentación, o les basta cubrir a la desnudez con un velo como el que moralmente
cubren su hipocresía?

La columna de la Independencia

Como si él condujese al misticismo / la rueda en flor del
analfabetismo
                                Gerardo Diego, *Fábula de Equis y Zeda*

Piedra, mármoles y estabilidad. De la emoción liberal por extraer del pasado lecciones inamovibles, Porfirio Díaz rescata en
primer término la ejemplaridad: que la inundación de estatuas
prologue la madurez nacional. A cada gran monumento se le
asignan tareas de reconciliación, de exterminio de facciones,
de apoyo al régimen. Verbigracia: en 1877 se inicia en el Paseo de la Reforma esquina con Avenida de los Insurgentes la
estatua de Cuauhtémoc, que se inaugurará en 1883 en los primeros días de gobierno del presidente Manuel González. Por
fin, un héroe indígena, no el orgullo étnico (impensable para
los porfirianos), sino el indulto otorgado a *ese* pasado... El "nacionalismo ornamental" no prodiga figuras prehispánicas, pero
incita a valorar civilizaciones entonces no muy prestigiadas, por
así decirlo. "Era indígena pero fue emperador." Fueron otros
indios —es el mensaje— arrogantes y fuertes, por entero distintos a las razas tristes que hoy por aquí vegetan.

De tan selectiva estilización derivan lo mismo el fallido monumento a Porfirio Díaz del arquitecto Adamo Boari (autor
del proyecto del Palacio de Bellas Artes), y las ensoñaciones
del pintor Saturnino Herrán. En el Monumento a Cuauhtémoc
la "toma de motivos" prehispánicos va de la copia al potpou-
rrí: reconversiones de la cultura tolteca, de la maya, de la
teotihuacana, de los jeroglíficos aztecas. Magníficamente pro-
porcionados, *body builders* del gimnasio de la idealización, bellí-

144

simas muestras del equilibrio entre dieta y ejercicio, cuerpos perfectos de la remembranza laica, los paladines de las razas vencidas se ven reivindicados aunque no sin contratiempos. En 1891 —refiere De Antuñano— se instalan en el Paseo de la Reforma dos estatuas monumentales del escultor y dibujante Alejandro Casarín llamadas los Indios Verdes, desterradas en 1902 al Canal de la Viga, y en 1960 a las postrimerías de la Avenida de los Insurgentes. No todos los símbolos étnicos son inamovibles.

El espacio didáctico por excelencia es el Paseo de la Reforma. En 1887 el escritor Francisco Sosa propone que cada estado de la República coloque allí estatuas de dos de sus personajes notables, en tamaño natural y fundidas en bronce. En su reverencia a la Memoria que es parte del Progreso, el general Díaz bendice todo lo llamado a permanecer, se hace cargo de la entrega de pedestales y recomienda un análisis severísimo de los merecimientos de los homenajeados. Los primeros en pasar la prueba: don Leandro Valle y don Ignacio Ramírez. Que cundan las estatuas, los bustos, los monumentos funerarios, las Primeras Piedras que anticipan los mausoleos. En 1897 se inaugura el Monumento a Colón y en 1910, en las Fiestas del Primer Centenario de la Independencia, se llega a la apoteosis, con una orgía develatoria de pautas muy estrictas: el dictador junto a la Gran Figura o Situación recordada, el poema a cargo de un notable, el enjambre de cortesanos, la nueva marca hagiográfica de la ciudad. Revísese la agenda del mes de septiembre de 1910. El día 9, inauguración del monumento a la reina Isabel la Católica. El día 11, la primera piedra del monumento al general Washington y presentación en sociedad de la estatua de Louis Pasteur (cortesía de la colonia francesa). El día 13, júbilo severamente controlado ante la nueva efigie del Barón de Humboldt (obsequio del emperador de Alemania, Guillermo II). El 16, la obra magna, el acto largamente esperado, la inauguración de la Columna de la Independencia, obra del arquitecto Antonio Rivas Mercado, según algunos joya del neoclásico y según Antonio M. Bonet, obra maestra del tradicionalismo formal puramente mexicano. En la inauguración y sin aumento significativo de su prestigio, el poeta Salvador Díaz Mirón lee una oda "Al Buen Cura":

¡Hidalgo! no por ducho
excito el estro; que a tu noble hazaña
adeudo un himno, y en el habla lucho
por hacerlo con maña,
y concierto mi voz que ni con mucho
parece digna de ocasión tamaña.

La catedral del Simbolismo: en el Monumento a la Independencia hallan sitio las configuraciones de la Ley, la Justicia, la Guerra, la Paz, el grupo escultórico conducido por el padre Hidalgo, las estatuas en mármol de los insurgentes Morelos, Guerrero, Mina y Bravo, las águilas del escudo mexicano y, coronándolo todo, el emblema del independentismo, el Ángel que es ángela, con las cadenas rotas de la esclavitud y el laurel del triunfo en las sienes de la Patria. En el bosque de los símbolos no hay cazadores furtivos y todo queda claro: el país oscuramente nacido con Miguel Hidalgo, hoy esplende con Porfirio Díaz. El día 18, se inaugura el Hemiciclo a Juárez. Puntual, el ministro Luis León de la Barra informa del costo del monumento: fueron 390 685 pesos con 96 centavos. El 20, la colonia italiana ve expuesto al sol su obsequio: el monumento a Giuseppe Garibaldi.

En el *ánimo de la época* (eufemismo para hablar del gusto y las necesidades políticas de los poderosos) las estatuas son medios de comunicación masiva, lo que explica el hieratismo (la "vocación escultórica") de los políticos al retratarse. Ellos no sólo le regalan su imagen a la posteridad: también —estatuas inminentes— le dan recomendaciones precisas al escultor, y aquí la norma es Porfirio Díaz, muy al tanto del desbordamiento monumental en Francia, y de las imitaciones en Iberoamérica donde túmulos, mausoleos y esfinges republicanas informan de esa gloria obligatoria de las ciudades. En la dictadura de Díaz, los monumentos aspiran a la condición de paradigmas, versiones literalmente aplastantes de la síntesis entre un pasado cubierto de hazañas y un presente cuya mejor proeza es no admitir ninguna. La Columna de la Independencia (el Ángel) y el Hemiciclo a Juárez se conmemoran a sí mismos, y anticipan los fastos mussolinianos y el programa que, de una u otra forma, seguirán los regímenes de la Revolución Mexicana: mientras inauguremos estatuas la lista del panteón de héroes estará definitivamente cerrada, y nadie —salvo para posar ante el artista— se pondrá las botas de campaña.

Y tú, caudillo inmarcesible, vuelve tranquilo a tu sitial de bronce o de cemento

Al culto a las estatuas, requerimiento internacional, sociedades como la mexicana le aportan el espectáculo de un gusto decimonónico que nunca acaba de morir. *Ah, qué bonito le quedó, maestro, parece como si el mismísimo Zapata hubiese posado para usted*, le dice al envanecido artista el alcalde (el gobernador) (el Presidente de la República), fascinado ante el garbo, el brío, la semejanza física. Y la escultura así festejada pierde de inmediato heroicidad, y pronto, de tan vista, se vuelve hogareña, de tan hogareña se vuelve invisible, y de tan invisible da lugar al siguiente requerimiento de otra estatua que haga las veces de exvoto de la nación.

El Estado de la Revolución Mexicana enriquece el catálogo de seres y situaciones esculpibles. Una vez más, los homenajes desembocan en el aplastamiento visual o, en la minoría de los casos, en el patrocinio de un genuino arte público. Las Lecciones Cívicas devastan ciudades y pueblos, y le confieren a la monstruosidad atributos pedagógicos, en acatamiento de las tesis de Carlyle sobre el culto a los héroes. Allí están, cabalgando o esperando a la comitiva que entregará ofrendas florales, Hidalgo, Morelos, Juárez, Ignacio Zaragoza... y a la lista se agregan Madero, Villa, Zapata, Carranza, Obregón, Calles, Cárdenas... Los artistas a cargo de estas empresas —Ignacio Asúnsolo, Fernández Urbina, Guillermo Ruiz, Mardonio Magaña y otros— provienen de la cultura de la Revolución Mexicana, y desean

147

acercarse a la grandeza del arte indígena reproduciendo en algo los portentos faraónicos. (Teotihuacán y Luxor, ciudades hermanas.) A la distancia, las estatuas y los conjuntos escultóricos parecen dimanar de un proyecto meditadísimo: transmitirle a los paseantes, por si lo necesitasen, el sentido de insignificancia. *¡Mide tu pequeñez frente al Estado!* Y, de manera aparatosa el proyecto culmina en 1938 con el Monumento a la Revolución, de Carlos Obregón Santacilia, destinado a elogiar la solidez y la permanencia de la Revolución Mexicana. El símbolo se levanta sobre las ruinas del símbolo: Obregón Santacilia aprovecha el armazón y la cúpula de una obra inconclusa del porfiriato, el Palacio Legislativo Federal, y la rodea de representaciones: de la Reforma, de la Independencia, de la causa obrera, de la causa agraria. Y el Monumento, por razones de volumen, se convierte en la urna funeraria que, en forma ciclópea, y mediante los oficios escultóricos de Oliverio Martínez, guarda los restos de Venustiano Carranza, Álvaro Obregón, Plutarco Elías Calles y, desde 1970, Lázaro Cárdenas.

¿Alguna síntesis a la disposición? Tal vez la siguiente: en materia de escultura cívica, apenas se premeditó el culto al Estado y su tejido intrépido, y, más bien, en la consideración gubernamental intervinieron el deslumbramiento ante "el Arte", y el ritmo de los agradecimientos esenciales y, a partir de 1940, sexenales.

Poner en su sitio a los héroes

Recado a los Dignos de Conmemoración: sin tributos colosales de piedra y cemento, sin la complicidad de placas conmemorativas y de bustos, ustedes habrán vivido en vano. Ante el monopolio, los sectores vencidos —que también tienen su carga de próceres— se resienten y llevan su fastidio a extremos, como lo exhibe el delirio fetichista de los sinarquistas. El domingo 19 de diciembre de 1948 —refiere Alfonso Taracena en *La vida en México bajo Miguel Alemán*— dos mil sinarquistas se concentran en el Hemiciclo a Juárez y agreden al allí ensalzado. Perora el jefe sinarquista en el Distrito Federal, doctor Rubén Mangas Alfaro: "La etapa llamada de la Reforma y la Revolución es la etapa de la desvergüenza y de la ignominia, y este gran ladrón, Juárez, fue el responsable de todo lo sucio que hay en este tiempo, porque se dedicó a robar templos, como ese de Corpus Christi que tenemos en frente."

En el repaso hay para todos: "Hidalgo, cura traidor, borrachín oportunista"/ "Morelos, turbio agitador al servicio de las corrientes herejes..." Y llega el momento de la "desacralización". Un joven sinarquista se trepa a la estatua a Juárez, le escupe tres veces a la cabeza de don Benito y la cubre con un velo negro. El maestro de ceremonias, Carlos González Obregón, justifica: "La juventud sinarquista ha cubierto la cara de Juárez, porque no queremos mirar a ese bandido ni queremos que él nos mire a nosotros".

Nunca ha resultado tan convincente la escultura cívica. Los sinarquistas creen insultar a don Benito *en persona*, y las autoridades, en consecuencia, condenan la agresión *física* a la Patria, le quitan el registro electoral a los sinarquistas y, al final, los proscriben. ¿Juego alegórico con moraleja autoritaria? Más bien, una certidumbre oficial: las estatuas son, inobjetablemente, educación política, y si allí el arte se cuela no es responsabilidad de las autoridades. El Estado de la Revolución Mexicana maneja la buena fama de sus precursores y fundadores (o de quienes así califica) y afirma que las estatuas *son* y *representan*. Los gobernantes, preocupados por la continuidad, defienden el ayer para que el mañana los defienda: si hoy difaman a Juárez, el siguiente podría ser yo.

Implántense monumentos para que nadie dude del sentido de la Historia. Por eso, el presidente Miguel Alemán, en 1951, autoriza (y seguramente exige) la estatua colosal que, al entrar en funciones la Ciudad Universitaria, perpetuará su calidad de abogado, su condición de civil y su calidad de constructor del México Nuevo. Junto a la Torre de la Rectoría, togado, de birrete, empuñando el conocimiento, con el campus literalmente a sus pies, *el licenciado* Miguel Alemán —desde su sequedad iconológica y su parecido con José Stalin— aguarda confiado las

149

voces de loor de las generaciones venideras. Y es tal la fe en sí mismo del licenciado Alemán que no considera su estatua una provocación, sino un regalo. No prevee —porque no la concibe— la ingratitud que, desde fines de los cincuentas, enderezará contra la estatua una variedad de marchas, protestas, repudios, peticiones, atentados dinamiteros, y que, en 1968, se volverá muralismo efímero: sobre los resguardos que cubren las ruinas del homenaje pétreo, un grupo de pintores pinta en apoyo al Movimiento Estudiantil.

"¡Cómo se parece el licenciado a su estatua!"

En los años recientes, la escultura cívica se aleja un tanto de la educación política y auspicia vanidades un tanto cuanto individuales, y demandas de "pluralismo estético". Mientras, los museos de arte moderno se concentran en la capital, es deficiente o inexistente la educación artística en las escuelas, el "monstruosismo" exhibe el estupor burocrático, y el crecimiento urbano minimiza en el acto cualquier proposición monumental, de la calidad que sea. Y con plena impunidad se esparce el feroz complemento de la cultura cívica, la "escultura social" (los cangrejos gigantescos que anuncian marisquerías, la zoología disneylánica de las promociones comerciales). Sea cual sea su relación con la estética, si alguna, estas promociones resultan imprescindibles en el panorama nacional. A la sociedad no le disgustan: de tanto verlas las considera autorretratos.

Por fortuna o por desdicha (depende de la concepción urbanística que se posea), la escultura pública es todavía un gran vínculo entre las colectividades y su apreciación de la estética gigantesca o "fuera-del-hogar". En el siglo XIX, la escultura es instrumento de secularización (donde había un santo, hay un héroe; donde hay un héroe, habrá un santo); en el siglo XX, la escultura cívica es técnica de adaptación de la conducta: donde hay un héroe, hay un ideario; donde hay un ideario, habrá un catálogo de actitudes santificadas por la muerte.

Da igual el afán de los artistas. La familiaridad despoja de cualquier contenido artístico a estatuas, bustos, conjuntos escultóricos. Queda, al final, sólo una encomienda: el criterio de perdurabilidad, que se aplica lo mismo a un ídolo del espectáculo, un Presidente de la República en funciones, o un político cuya moda es no pasar de moda. En Monterrey, contémplese la estatua en bronce de diez toneladas y cuatro metros y medio, de Fidel Velázquez, el secretario general de la CTM ("La estatua está pensada así: muy monolítica, dice el escultor Cuauhtémoc Zamudio. Es eso lo que me sugiere la figura y el carácter de don Fidel: una piedra"). En Tianquistenango, Estado de México, la estatua de Carlos Hank González, exgobernador, exregente del Distrito Federal, Secretario de Agricultura, mide 2.60 metros y pesa ocho toneladas. Y por distintos lados, inauguradas cuando sus sexenios aún latían, hay estatuas de los presidentes Díaz Ordaz, Echeverría, López Portillo (en una de ellas, don José va a caballo y con sombrero de charro), Miguel de la Madrid.

"Mire —le dice al reportero de *Proceso* el alcalde de Tianquistenango— el profesor [Hank] está muy contento [...] sabe que es una modesta forma de recompensarle lo mucho que ha hecho por nosotros." Modesta o no, la estatua asume para los políticos la calidad de lo irrefutable, y luego de casi dos siglos de no mantener distancias entre las estatuas y la realidad, entre las estatuas y la inmortalidad, se esparce la convicción: sin la escultura, Coatlicue sería uno más de los personajes desvanecidos de la era precortesiana. También los dioses vencidos son protagónicos.

Juárez, el guillotinado por excelencia

Muy probablemente, la moda de las cabezas de Juárez se inicia al darse el cambio del gusto público, lo que en algo afecta a los encargados de distribuir y patrocinar estatuas. Incluso ellos se percatan: "lo clásico" agota sus admoniciones, se disipa el sueño de entornos greco-latinos, y el gobierno debe regresar a sus grandes experimentos, que serán mensajes para enemigos y escépticos. Y el héroe siempre disponible, por su papel en la

151

construcción de la nacionalidad y su personificación del genio nativo, es Benito Juárez, indígena, antimperialista, anticlerical, la cumbre de los Self-Made Men de la República. Juárez, el Impasible, preside las plazas, las carreteras, las extensiones baldías, los nichos laicos. Otras cabezas entrarán en competencia —la de Pancho Villa, la de Miguel Hidalgo, la del presidente Adolfo López Mateos— pero la alucinación "olmeca" de don Benito es insustituible porque lo incluido en sus retratos (el semblante admonitorio, la mirada en el horizonte patrio, los rasgos negados a la sonrisa) ya anticipa a las estatuas y su gigantomaquia. Juárez, el presagio que abre y cierra el pasado...

Esto, con su habitual energía, lo comprende David Alfaro Siqueiros, cultivador profesional de símbolos, al concebir en 1972 el "acueducto totémico" cuyo remate es la cabeza de Juárez. El muy colorido arco triunfal que Siqueiros proyecta y que a su muerte termina su cuñado Luis Arenal, rige las obsesiones visuales de la Calzada Zaragoza, y deleita a fotógrafos y sociólogos instantáneos. Este Juárez responde ya a los condicionamientos de la sociedad de masas: es horrible y terrible, se vuelve adicción óptica, es vulnerable y es invulnerable, deshace los criterios canónicos y abre un espacio donde las reacciones van del estremecimiento a la complacencia soterrada.

Desde los años sesentas en materia de escultura monumental todo se vale, literalmente todo. Los ancestros indígenas adquieren la musculatura de los ninjas de Aztlán, y los adalides del empresariado reaparecen como figuras prometeicas (Manuel Clouthier, que fue candidato a la presidencia del Partido Acción Nacional, se rodea de la niñez que hará que triunfen sus empeños). Se desdibuja cualquier realidad de obreros y campesinos y los seres míticos aceptan las revaluaciones del cemento. Como señalan los sombreros gigantescos y los charros dorados, en los escultores también influyen los cómics y el cine de horror y el cine fantástico. Un bendito de la Patria cabalga en plena emulación de Tom Mix o John Wayne, y otro se yergue en claro presentimiento de The Hulk o Godzilla.

¡Un diluvio de estatuas! Lo que en algo contribuyó a la nacionalidad debe verterse al idioma figurado y real de la escultura. Sin esto —he aquí la premisa y la conclusión— no hay garantía de nobles sentimientos, y se borrarán —por acción de esa injusticia que es la mera consignación en libros— los hechos que demandan gratitud. Y cada uno de los poderosos se considera acreedor a su estatua, y si puede a su jardín escultórico. El jefe de policía capitalino (1970-1982) Arturo Durazo Moreno le encarga a don Octavio Ponzanelli un busto que dé fe de su carácter indomeñable y las "estatuas griegas" para su residencia que será llamada "el Partenón". Y así sucesivamente.

En México, todavía, el valor de caudillos, mártires, artistas notables y valores del hogar sólido se determina por el número de estatuas que consiguen, y por la mezcla de terquedad y docilidad con que monumentos y bustos aceptan el avance omnívoro de lo urbano.

Y que se cuiden los iconoclastas. Ya lo advirtió Jean Cocteau: "El riesgo de un destructor de estatuas es convertirse en una".

153

La hora del paso tan chévere
NO SE ME REPEGUE, QUE ESO NO ES COREOGRAFÍA

Salón Colonia: De mi ondulante espíritu disperso

La escena posee una cualidad soberbia y su relajamiento admite y solicita el uso de la voz "melancolía". ¿Tristeza, sensaciones de pérdida, conminaciones de la nostalgia? En el Salón Colonia, en la calle Manuel M. Flores de la colonia Obrera, los músicos tocan imperturbables, el danzón se distribuye entre las parejas, y los nativos de ese otro país que es el pasado, o más bien, de ese otro país que es la incapacidad de sentirse habitando el presente, no ceden a la moda ni abandonan sus primeros atavíos, sólo se apretujan mientras la luz difusa de la remembranza se adueña de la sala, y se baila el danzón como si se acometiera un vals en un museo, lo que propiamente ocurre. (El danzón —todos los historiadores afirman— es el vals de los pobres, y en las provincias cubanas ése fue su origen, extraer de la contradanza los elementos que reprodujesen la elegancia en la desposesión.)

En esta sesión calcúlanse —en promedio— la edad de las parejas en treinta o treinta y cinco años. El Salón Colonia, fundado en 1923, es leal a sus públicos sucesivos. ¿O en qué otro lugar se acomodarían los anchísimos pantalones blancos o los zapatos de dos colores que en 1949 o 50 deleitaban a sus propietarios, felices porque la brillantez de la vestimenta acrecentaba la calidad del mambo? Aquí, las edades se fusionan armónicamente y —la maestría disuelve canas y arrugas— los señores cincuentones y las compañeras cuarentonas ejecutan los pasos heroicamente retenidos y pulidos desde la adolescencia. Como en las reuniones familiares, aquí también la madurez es víctima de la condescendencia de los jóvenes, sarcástica y afec-

154

tuosa. *Ven, sobrina, te voy a enseñar cómo se baila. Te juro que una vez, en Los Ángeles, California, fui a oír a la orquesta del mismo Glenn Miller y allí estaba Glenn con sus anteojitos, yo lo vi muy de cerca, y tocaron "Collar de perlas" y "Jarrito pardo" y "Chatanuga", yo era un jovenazo y estuve toda la noche con una pochita que estuvo a punto de ser tu tía/ Sí tío, pero ya no me pises, la otra vez que bailé contigo tuve que regalar los zapatos y, además, con tantas chavas que me has contado que pudieron ser mi tía, no me explico por qué eligiste a mi tía.*

Conversación clasista, racial, desesperada, fuera de lugar

—A estos cuates los pierde la fisonomía, te lo juro. ¿Adónde van con esos rostros, y esas facciones tan delatoras? Contémplales la facha. ¿Tú no crees que hay un fatalismo fisonómico en la pinche sociedad clasista? Eso es cierto por más anécdotas de pastorcitos que cuenten y por más largo viaje de San Pablo Guelatao, en el estado de Oaxaca, a la fototeca de la grandeza histórica. En el capitalismo, y más desde que la publicidad lo decide todo, rostro es destino, y conste que no me refiero al rostro de quienes triunfan desde antes de nacer. Si se carece del aura del poder, que te modifica los rasgos a cada segundo, se lleva casi siempre el fracaso inscrito en los pómulos y en los labios y en la mirada perdida. La división de clases tiene que ver —no completamente ni como axioma, pero tiene que ver— con la división de apariencias. Aunque también hay algo orgulloso y digno en la manera que estas mujeres portan sus expresiones maltratadas y fuera del alcance del maquillaje o la cirugía plástica; algo que desdeña los comentarios despiadados y no admite la autocompasión... pero ya me estoy excediendo, no vine al Salón Colonia a practicar la sociología de salón circa 1960.

—Híjole, lo que pasa es que nos negamos a aceptar lo esencial, lo que de veras somos. En esa tarea de ocultamiento se le ha ido el impulso y la fibra, y todo al país. Otros países han sabido hacer de esa aceptación incluso una fuente de divisas.

—Lo que tampoco impide su bancarrota.

Hay cosas que sabe el cine que las ignora la vida

Lo felliniano, una categoría del entendimiento visual. *La Dolce Vita, Ocho y medio, El Satiricón, Roma Fellini, Amarcord.* El personaje de *Ocho y medio*, la *Sarraghina* o la *Sarracena,* enorme como predestinación, emblema de la iniciación sexual a como dé lugar, baila y encandila a los niños, y de allí en adelante todo es ganancia en el universo felliniano: carnes fláccidas, cuerpos semicubistas, deterioros perfeccionados por la indiferencia, territorio ganado al universo a fuerza de los kilos, semblantes donde el colorido abrumador delata la urgencia de un rostro alternativo, sodomitas expertos en el levantamiento astral de la ceja depilada, y en la mano que sostiene el cigarrillo como si empuñara la languidez del universo.

En el lenguaje de la clase media aculturada, lo "felliniano" califica prestigiosamente a las imágenes grotescas: los castigos de la vejez, las deformidades, la monstruosidad física, la impotencia social. Lo "felliniano": la teratología de provincia, las gordas que —para regocijo de los paseantes— hacen las veces de estatuas en el balcón, las solteronas que aceptan su bigote con cariño de artista, las prostitutas sexagenarias (vendettas de la carne) que le conceden asilo a los prófugos de la castidad. En cabarets y salones de baile lo felliniano, adjetivo universal a caza de adeptos, no le da a los aludidos oportunidad de enterarse. Nomás eso faltaba, que viviendo como vivimos nos identificáramos con lo ridículo, siendo como somos no cometemos atentado contra el buen gusto y, para el caso, contra gusto alguno. ¿Y qué es lo "felliniano" fuera de los ámbitos cinematográficos? Lo de siempre, la aceptación de que a partir de cierta edad se es invisible socialmente, no que antes se haya sido muy conspicuo, pero "la desaparición de la figura" ocurre a los treinta o a los cuarenta años, nace el primer hijo, muere el único pretendiente, y dejan de tener sentido la coquetería femenina y el alarde masculino, útiles para el noviazgo y suprimidos oficialmente desde la noche de bodas. *¿Para qué te arreglas tanto si vas a salir conmigo?*

156

Las urnas diáfanas

No moriré del todo, amiga mía... Ni el boogie-woogie ni el mambo ni el cha-cha-chá ni el danzón ni la rumba han perdido discípulos y adeptos, pero la vida moderna disminuye el tiempo concedido a la práctica, la mayor ventaja del rock ha sido su facilidad, cada quien se mueve como se le antoja, sin obligaciones con método alguno y, por si hiciera falta, el rock excluye la sapiencia coreográfica al congestionar la pista. Y pasando a otro tema, aquí no hay amateurs, sólo profesionales que actúan gratis, y en el Salón Colonia el virtuosismo —ifíjense en mí, concentren sus miradas!— es el nicho ecológico de quienes gastaron felices y memorables días ensayando las vueltas y domesticando contorsiones y piruetas... El virtuoso de salón: un torbellino desplegado en un centímetro, él se levanta del suelo según lo ordene o lo suplique el ritmo, ella improvisa módicamente con tal de no aceptar la repetición, ambos recrean sus pasos con decoro, y calculan geométricamente sus arrebatos. El virtuoso y la virtuosa lo arriesgan todo por ese momento en que —segura de sí, de sus movimientos, de la elasticidad a dúo— la pareja se mueve como Dios manda para que Dios se sienta orgulloso de su obra. El primer centauro fue un dueto danzonero y el baile es la sociedad que rodea a la destreza con círculos admirativos.

El director de la orquesta actúa de lado, como intimando con desconocidos, o exhumando frases en la índole de "menear el bote", "darle vuelo a la hilacha", "sabroso y guapachoso", "raspando suela". ¿Qué se dice con eso? Que nomás naranjas mi cuate, y lo chicho es lo contrario de lo gacho, y este lenguaje vencido y fechado sólo accederá a la resurrección en la compañía de relatos eróticos y ostiones, de relajo bien suavena y borracheras tan desesperadas que le ponen sitio a la pasión más profunda.

Danzad y multiplicaos. Calor y humedad, turbonadas de cuerpos pegajosos, luces y sombras, risas congeladas. La materia prima de los fotógrafos realistas de los años cuarentas. *Préstame tu caballo*: del danzón a la conga a la rumba al cha-cha-cha a la cumbia a la salsa... *Pa ponerle mi montura*: de la salsa a la prime-

157

ra pareja que se emancipó de la danza tribal. La flauta Don
Juan prosigue su enardecida y cachondísima serenata y las parejas se agitan levemente en esa zona intermedia entre el deseo y
la diversión, zona donde la gente adulta de un país eminente-
mente joven extrae de la monotonía y la dureza y la ruina económica que los rodea algo parecido al estrépito de los sentidos,
el ruiderío íntimo medido por la música quebrada (diluida) (te-
nue a su pesar) de una danzonera cuyo líder, esclavizado a su
instrumento, seguirá sin énfasis, con ademán de amor mecanizado, golpeando la batería de aquí al fin de los siglos. Una iluminación conmemorativa se apodera del Salón Colonia y le da
a esta ordalía popular la dimensión en donde se recuperan las
pérdidas, los hallazgos, los quebrantos...

II. La Sonora Santanera.
Vivir a tiempo el destiempo

En el aniversario de la orquesta, los de las Bodas de Plata se
divierten. Está cariñosa la entrada, pero no le hace. Es el aniversario del grupo predilecto, la Sonora Santanera, y hay que
acompañarlos festejando su habilidad para guardar y acrecentar
las vibraciones que devuelven al seno del antiguo Tótem, la Pa-
changa.

Al oyente lo apresa la circunstancia, y a las complicidades
de la música que presagia o describe a centenares sobre la pista
ideal, se añaden las gracias del falso recuerdo: "¿Te acuerdas?
Teníamos dieciocho años y la pasábamos a todo dar", y los señores y las señoras se arrejuntan con prontitud monomaniaca,
deseándose o fingiendo socialmente el deseo.

La melodía es pegajosa como una adulación, tan recordable
que se la memorizó antes de brotar en numen alguno...

La letra narra un amor suplicante (fallido), o exigente (nó-
mada): "Fue en un cabaret donde te encontré..."

La trompeta desliza comentarios burlones que solemnizan
las maracas y el piano desmiente.

El oyente no se siente inferior al cantante, pero admite la

división de labores, él canta y yo me le arrimo a esta chava, él sonríe y yo me apretujo, él dice el chiste y yo exploro el territorio por delante y por detrás. La seducción amorosa, relámpago de la poesía de la vida. El acto de ligar, poesía del acoso. El faje, creación escultórica... y a la retórica añádanse la argucia conspirativa (los lentes de sol a medianoche), la seducción subliminal ("ioh diente de oro, brilla por mi insignificancia!"), la fatuidad orgánica (la ropa no insinúa sino oculta, el que enseña no vende), y el transformismo a bajo costo. "¿Te gusta, mi vida?/ Me fascina, porque con esas fachas nadie te hará caso y yo soy muy celoso." La compañera se sonríe, y ojalá se hubiese teñido el pelo. No que así a medias.

Se congrega el Respetable

¿Cómo se forma el público de la Santanera? Nomás imagínese, dice la pareja que ayer cumplió sus Bodas de Plata, cuando andábamos noviando oímos en el taxi "La Boa", o fuimos al dancing y nos cayeron bien esos cuates, o compramos el disco casi sin enterarnos, y comprobamos que esa música no sólo se bailaba y se cantaba, también era decorativa, se adaptaba al mobiliario de las vecindades, no desentonaba en los cuartitos de azotea, no causaba transculturación, no ahondaba abismos generacionales, no discriminaba por razones de peso y apariencia, no inhibía a los palos pintados a la hora del brincoteo en la pista, no prohibía la entrada a los cincuentones, no segregaba a las chavas, no fomentaba las sensaciones de culpa que engendra el gusto por lo de ayer, y quien los oía desdeñaba por un rato las jerarquías sociales, estoy rezagado y qué, si apenas puedo irla pasando no me aflige distanciarme de la moda por tres meses o por una década. A mí, dice el galán, lo que me ilusiona es vivir a tiempo el destiempo. Según creo, argumenta la vampiresa de antaño, lo peor de envejecer es contemplar el alejamiento de las manos inquietas. Quienes huyen de los espejos son la especie que no conocerá la extinción.

Si yo estuviera a disgusto con mi edad, me dejaría la barba

Ya es hora del show, y vestidos a la usanza de Nunca Jamás o de Qué Valor Civil para Ponerse esa Ropa, con sacos derrochadores en años de escasez de tela, van entrando los músicos y cantantes de la Santanera. Vienen —mediadores entre lo afrocubano y lo afrodisiaco— de un baile en Chalco y mañana estarán en San Luis Potosí, los solicitan en Peralvillo nomás regresen de Toluca. Son —en ese fondo que es la superficie— los mismos de siempre, los de la "palomilla brava" que andaban juntos por Santa Julia, la Merced, la colonia Morelos o la Guerrero, y ensayaban días y noches, convencidos de que si a ellos les satisfacía el número, a su público también, porque ellos eran, en sentido real y figurado, el público.

Ante esos confesionarios de hoy (los micrófonos), se ubican los cantantes: Andrés Terrones, Silvestre Mercado, Juan y José Bustos, y lo primero que se les aplaude es la sinceridad de sus voces, donde se despliegan la clase social y el lugar de origen, voces resueltamente divertidas o lánguidas, con la energía de quien vive en el trópico sin aire acondicionado en casa, o con la austeridad propia de quien se hizo a sí mismo en la vida, y su valentía lo lleva a no lamentarlo.

Los de las Bodas de Plata creen en la Santanera, son años de seguirlos y las canciones cada vez son mejores porque ya no se asocian a nada, ni a noviazgos, ni a rupturas, ni a cambios de domicilio. En el laberinto —salón de baile, regido por minotauros uniformados—, los del Matrimonio Perdurable escuchan las voces (puentes entre la solemnidad del baile y la frivolidad del orgasmo), y siguen sin resolver la duda: ¿nos divertimos de manera individual o colectiva? *Y si acaso ya inconsciente, agobiado por los humos del alcohol/ No se burle si le grito/ si entre lágrimas le llamo./ Todo tiene su razón.*

En La Habana quién ya no conoce... ¿Cómo vamos a dejar solo al cantante en su predicamento? Hay que hacerle segunda, y agradecerle que no nos intimide. Son tantos los que lo imitan que él termina siendo inimitable, y su estilo vocal (su *estilacho*) viene desde abajo, desde la Universidad de la Vida y el hallazgo de la singularidad por pura intuición. El estilo es declamatorio y encimoso (querendón y aprovechado), anticipa la petición de mano o el asedio corporal, va con la personalidad y con la falta de personalidad, y lo nutren recuerdos que de tan frecuentados son instituciones del puro acordarse: la visión borrosa de las primeras fiestas, la práctica de los fines de semana como "túneles de la felicidad", la tiranía del control de los sentidos que inicia la estrategia de besos en el cuello y besos en la nuca y dedos diestros y dedos exigentes y dedos suplicantes. Al estilacho lo depuran los años y lúgubres días de las incursiones cabareteras, de las pendencias y los llantos abundantes por quién sabe qué, del elogio de las putas y del rencor contra aquella novia en el terruño de donde uno nunca debió salir, y menos con esa novia a cuestas. Al estilo lo afinan la mala idea de uno mismo que nadie desmiente, el relajo que desemboca al pie del altar o en el bautizo del tercer hijo, las confusiones entre tragedia y tedio, el olor a santidad amarga que se desprende del arraigo en el nivel salarial. "Me gustaría morirme ganando algo."

Los de las Bodas de Plata se observan con ternura. "Cómo no la voy a querer si está hecha una ruina./ Si yo no lo amo, nadie se fija en este adefesio". Con los años viene la más ácida de las costumbres: la rabia de la mutua compasión, y con los años el arrepentimiento es la reflexión más solicitada: "¿Para qué me fui a casar?, si cuando soltero lo más bonito era fracasar con otras tipas. Yo deseaba una chava diferente por noche, y no la pasaba tan mal con los rechazos. Pero nomás alguien me dijo que sí, y a los tres meses me casaron". Y ella, como siempre, enumera las oportunidades de adulterio que desaprovechó por traer a cuestas la mirada reprobatoria de sus padres. ¿Y a ellos qué carajos les importaba? Ora ya se murieron, y no están para felicitarla por su absoluto descalabro.

La voz del cantante se extiende como otro golpe instrumental, donde lo "sabrosón" es anuncio de la resurrección de la carne, gracias orquesta, eres mi aliada, rasgas las inhibiciones de las chavas, nos pones al mero punto, nos obligas a repegarnos, véngase mi negra, que la seduzca el antiguo humor grueso y el apogeo (acurrucadito así) de la vulgaridad. ¿Y para qué seguir hablando, si ya la música hizo prescindible el formalismo de la invitación al hotel?

Hace un tiempo, en un accidente de carretera la Santanera perdió a su líder, Carlos Colorado, y hoy lo recuerdan una canción en su honor, y la abundancia de índices que señalan hacia arriba, desde donde nos contempla quien nos antecedió en el Viaje Irremediable... Y los de las Bodas de Plata terminan bailando sin moverse. Un grupo ameritado no siempre incita al bailongo, a veces anima a la solemnidad prestigiosa, a beneficiar a la raza con el tremendo caché de los conciertos.

"A la cálida vida que transcurre canora"

¡Mírenlos, al final de una función! Simetría, amigos, simetría. Quizás lo que más atrae de la Sonora Santanera es su accesibilidad, el parecido con los presentes, su cercanía irremediable con vecinos, parientes, compadres y amigos, su índole de experiencia comprada a plazos. ¿Quién, de pronto, no se reconoce tocando "Perfume de gardenias", vestido con trajes rojo flamígero y untándose al aire con suavidad rumbera, todavía asombrado por el bonito equilibrio entre lo que se quiere (muy poco, en el fondo), y lo que se tiene (casi nada)?

Todo está bien, aquí el mayor mérito es la reiteración y si alguien faltó, de la familia o de la palomilla, desde allá arriba nos contempla.

Ruega por nosotros, que en esta velada y las que siguen nosotros rogaremos porque lo bailado jamás se te quite.

La hora del lobo

(Edades de los protagonistas: entre los dieciséis y los veintitrés años de edad.)

1. María Elena no se anima a perder su virginidad: "Eso es lo que me distingue en la escuela. Es, como dice el maestro de inglés, mi *claim to fame*. Si no me hicieran tanta burla por ser virgen, nadie me tomaría en cuenta".

2. En la farmacia, Arturo analiza con detenimiento las marcas de condones. Apunta para consultar, observa con ojo crítico la presentación. "Esto ya es tan importante como las marcas de vino o de automóviles. Además de las razones de seguridad, hay condones que tienen que ver con uno, y hay condones que se sienten ajenos."

3. Juan y Amparo repiten el video-clip de La Tour "People Are Still Having Sex". ¡Qué buena onda! Ellos también creen en eso: pase lo que pase al año 2 000 no lo va a saludar una infinita legión de castos.

4. Los estudios universitarios han vuelto a Ernesto teórico instantáneo de lo que sea. "Es triste comprobar que poco a poco se han perdido los sitios del faje colectivo, en donde unos a otros se estimulaban. A los cines no se va por lo anticuados y pequeñitos. En los parques, la policía ahuyenta y persigue a los enamorados. Los hoteles de paso, si lo tuvieron, han perdido su encanto porque los administradores ven entrar a las parejas como si presenciaran un desfile de condenados a muerte. Los autocinemas se acabaron. Las catástrofes ecológicas liquidaron el gusto por las excursiones. Nomás quedan, y no muchos, las discotheques, los dancings y los tíbiris, y la gente, cada vez más, los aprovecha *para bailar*. Hemos pasado del faje y la copula-

ción de multitudes al encierro tiránico de dos personas en su cuarto, obviamente desconfiadas".

Emitida la disertación, Ernesto se acuerda de las reuniones de chavos en casa del afortunado que tiene a sus padres de vacaciones. Pero ni siquiera ese último reducto de las "orgías precavidas" lo convence. Hace poco le contaron de una sesión en donde los jóvenes, ya desnudos, invirtieron *todo* el tiempo en determinar a qué Secretaría de Estado conviene entrar de asesor.

5. Según Memo la masturbación es un arte. "Si no fuera por ella nunca habría descubierto, proyectándolas a futuro, las cualidades sexuales de mis amigas."

6. Cada que Óscar habla con su padre, se apantalla más. ¡Qué épocas! "Seguro que fue padrísimo ser joven entonces, jefe. Como nada de lo sexual era explícito, ustedes tenían un vocabulario mucho más amplio."

7. Francisco está furioso. Quiso hacer un trabajo original para su clase de sociología, y se le ocurrió entrevistar a veinte compañeros preguntándoles sobre las circunstancias de su iniciación sexual. Todos coincidieron en lo mismo: "La verdad, honestamente, en mi caso nunca hubo Primera Vez. Para mí que sólo hay Primera Vez cuando te detienes a pensarlo". Quien se acuerda de la Primera Vez todavía es virgen mentalmente, fue la conclusión.

8. Alicia impresiona mucho a su profesora de literatura, la hace sentirse vieja. "Yo me consideraba liberada", le cuenta a unos amigos. "Pero esta muchachita el otro día en clase, y sin que pudiera interrumpirla, catalogó treinta y dos variantes de traseros masculinos. Y si no se lo prohíbo con las fuerzas que me quedaban, organiza allí mismo entre los chavos un concurso de las Mejores Nalgas."

9. Pedro es enemigo jurado de ir con prostitutas. "Ya no se usa, corres muchos riesgos, y lo principal: no te enteras de la intimidad de las familias de tus compañeras."

10. A Perla le sorprendió cuánta violencia esconden las mujeres devotas. El otro día, por hacer un chiste, le dijo a su abuela que el 4 de octubre era día del Condonazo de San Francisco, el

primer santo precavido de que se tiene noticia. La abuela le pegó en la cara, y le gritó: "Delante de mí no se dicen estas cosas. En mis tiempos te hubiéramos lavado la cara con lejía". Perla prefirió no enojarse, y para tranquilizar a su abuela le preguntó por su noche de bodas. Y entonces ella fue la que se sonrojó.

11. Ricardo se considera un estratega sexual, un científico de las sábanas, un Clausewitz del arte erótico. Ya en secundaria, dibujó un mapa donde se localizaban con precisión, y en colores distintos, las zonas erógenas de las mujeres. Y no cesa de preciar: "En materia de acoplamientos, no hay que dejarle nada a la casualidad. El cuerpo ajeno es un campo de batalla. Es una falacia confiar en la inspiración del momento, y en los recursos de la improvisación. Todo coito necesita deliberarse, proyectarse con años de anticipación. Concíbase al cuerpo ajeno como una fortaleza..."

Por lo demás, Ricardo todavía va con el psicólogo para que le resuelva sus graves problemas de timidez. Pero eso no le preocupa. "En cuanto logre mirar a las chavas de frente, toda la estrategia se me acumulará en la punta de los dedos".

12. José Luis es fan de los videocasettes porno. Los ve una vez por semana en casa de un amigo, memoriza las combinaciones, jadea al unísono con los protagonistas. Terminada la sesión, José Luis se regresa al seminario, no sin reconvenir al amigo por sus malos hábitos, y no sin reflexionar: "Al pecado hay que dominarlo desde el deseo".

Protagonista: Gloria Trevi
LAS PROVOCACIONES DE LA VIRTUD, LAS VIRTUDES
DE LA PROVOCACIÓN

En el escenario el chavo hace pública su timidez, no sin ademanes de ligero pánico. Él es alivianado, como hubiesen dicho sus padres, y le fascinan los reventones como hubiesen dicho sus tíos, pero... pero ya le entró el miedo escénico y luego de bailar con Gloria Trevi le toca hacer strip-tease y ella riéndose le exige la primera prenda, la camisa, y antes de quitársela el chavo se acuerda del larguísimo año sin ir al gimnasio, él de por sí nunca aguantó mucho y está muy consciente de la curva de la felicidad... Pero le cede la camisa porque todavía no se penalizan los kilos de más, y ya entrado en gastos se quita el pantalón o se lo deja arrebatar, está muy nervioso, se ruboriza, presumiblemente porque vino con su novia y qué oso, qué saque de onda, ya vio una escena parecida en un burlesque pero él no estaba en el escenario, ahora la sensación de vergüenza lo cubre, él quiere salir rapidito y sigue en el centro del escenario y las risotadas como que lo visten y lo desvisten, y esta chava Gloria lo hostiga verbalmente, en buen plan a lo mejor, pero qué desfiguro, bueno, al fin y al cabo quién lo va a conocer aquí en este auditorio tan grande y su novia sí es muy alivianada como todavía dicen sus padres... ¡Qué bárbara la Gloria Trevi!

I

En la escena más bien melancólica de los cantantes juveniles de la televisión (aquellos que cantan tan a la buena de Dios que uno jamás se explica sus resignaciones al oírlos), Gloria Trevi irrumpe en 1989 con el signo del escándalo. *No me dejan que yo*

166

ande con el chico que yo quiero... A los quince años de su edad participa en Boquitas Pintadas, un grupo cuyo título y solamente el título, proviene de la maravillosa novela de Manuel Puig, y Boquitas entona canciones lindas o tal vez ni eso, favorecidos por un público infantil y adolescente, hecho únicamente de capacidad admirativa o tal vez ni eso. El grupo se disuelve y Gloria inicia el-arduo-camino-hacia-la-cumbre, entre anécdotas que describen su esfuerzo heroico, o según los incrédulos, que dan fe de la imaginación de sus promotores.

II

El primer éxito de Gloria es "Doctor Psiquiatra", del disco ...*Qué hago aquí?*

Creo que ya es tiempo
de ir con el psiquiatra.
Lo dijeron en casa
y me trajeron casi a rastras.
Pues cuando llego de noche
y me quieren hacer un reproche
no oigo nada, no oigo nada,
y corro a la ventana,
pero del quinto piso
el que salta se mata.
Me pongo violenta
viendo adornos de casa.
No estoy loca, no estoy loca,
sólo estoy desesperada.

Estribillo

Doctor Psiquiatra
ya no me diga tonterías.
Doctor Psiquiatra
quiero vivir mi propia vida.

167

Doctor Psiquiatra
yo no le pagaré la cuenta.
Doctor Psiquiatra
ya no me mi, ya no me mi
no me mire más las piernas.
NO, NO, NO, NO, NO, NO
NO ESTOY LOCA.

Creo que ya es tiempo
de ir con el psiquiatra,
eso dijo el profesor
y me corrió del salón
y cuando no llego a clases
manda buscarme por todas partes,
yo me escondo.
No entiendo lo que pasa
primero que me vaya
y después que no salga,
cuatro paredes tristes
prisión de enamorada.

El llamado de atención es irresistible. Una "chava aceleradísi-
ma" canta lo que le pasa a ella y a las de su edad: no tiene
ropa que ponerse, sus padres siempre se están peleando, ella
nunca queda satisfecha y quiere más, ella señala los sitios en
que quiere ser besada, los profesores la fastidian, la vida no es
para las vírgenes, una joven es una niña en todo menos en la
sensualidad post-infantil, si él quiere volver que se arrastre. Gloria, y las chavas por ella representadas, pertenecen a lo de hoy,
y no corresponderían a ninguna otra época. Lo suyo es la era
del deseo proclamado y el sexo seguro, del "¡Quiero!" unisex, del fiestón alegórico en torno a lo orgásmico (porque ya
no se cree en las orgías confiables). He aquí a la vocera de una
generación (de quienes desean pertenecer a *esta* generación), y
se identifiquen o no las chavas libres o liberales con Trevi, los
demás lo creen así, y los articulistas teorizadores acuden al panal de rica miel: Gloria, la Trevi, símbolo reconocible y con su

cuota de durabilidad en ese campo donde los presuntos ídolos en un par de años se vuelven exhalaciones. Y en la popularidad de Gloria intervienen la audacia y la franqueza y el juego erótico y la apariencia frágil y cachonda y la energía y la voz gruesa, *gruexa*, que anima un repertorio donde las ganas y su realización instantánea son una y la misma cosa.

III

¿Cómo le hizo? *¿Cómo la hizo?* El ascenso de la Trevi es una de las nuevas fábulas urbanas. A mediados del primer acto, Gloria triste pero animosa se niega a devolverse a Monterrey, de donde vino a triunfar hace muy poco tiempo. Para ello hace uso de su insólita capacidad de supervivencia. La leyenda se amolda a las dotes de cada reportero. Gloria, sucesiva o simultáneamente, sola en la gran ciudad, se ve obligada a pedir limosna, a vender chicles, a cantar en el Metro, a dar clases de aerobics hasta doce horas seguidas, a vivir de milagro, a rechazar a lobos ansiosos de Caperucita que le ofrecen lo que sea: "Por aquel entonces cien mil pesos eran un chorro de dinero, pero me dio coraje, ¡chihuahuas! Yo sí me entrego, pero cuando amo". Caperucita sabe ya demasiado, y ante el acoso de la falta de habilidades o del escaso reconocimiento a su destreza, opta por la retirada. A Pilar Jiménez Trejo le precisa: "Volví a Monterrey y me enteré de que mis bisabuelos eran millonarios y nadie lo sabía; mi bisabuelo había muerto y mi bisabuela quiso repartir la herencia en vida. La posición de mi familia era ya muy diferente, y les pedí prestado para hacer un disco a nivel solista".

Tanta experiencia en tan poco espacio cronológico. La leyenda prosigue. Gloria, que lo considera un genio, busca a Sergio Andrade, que dirigió Boquitas Pintadas, lo espera días y días sentada (literalmente) bajo el quicio de la puerta de la XEW, le pide que le produzca el disco, él accede a oír las canciones. Ella canta, se tira al piso, se arrastra... Y Andrade se ríe y accede.

169

IV

En las canciones que Gloria compone (la mayor parte de su repertorio) se advierten ecos del Tri de Alex Lora, y grandes semejanzas con el grupo de Guadalajara El Personal, y su inolvidable letrista Julio Haro. Pero fundamentalmente, como se advierte en sus grandes éxitos "Pelo suelto" y "Los borregos" ("Brincan, brincan los borregos en el mismo lugar"), asumidos como himnos anticonformistas, lo que ella quiere es dar una versión extrema, dentro de lo posible, de la rebeldía juvenil, o lo que haga sus veces. Y lo que le da a las canciones su impulso es la creación del personaje Gloria Trevi, vitalísimo, de ropa audaz y descarada, de coreografías extenuantes en donde el personaje, a gotas de sudor, se sacude la lujuria acumulada por su generación entera.

Algo más: a Gloria Trevi, como a la mayoría de sus coetáneas, la caracteriza el tono unisex, algo quizás tipificable como *el habla del ñero*, que en la televisión inauguró Verónica Castro. Es un estilo contagioso, que le permite a las mujeres utilizar el mismo vocabulario de los hombres, donde "pendejo" y "cabrón" son los remates usuales, el "hijo mano" abunda, y en donde sobre todo campea la risa autocelebratoria, remate de cada una de las frases, y señal de que ya las distancias entre los géneros se acortan. ¡Qué buena onda! Y la chava se ríe, no tanto de lo que dijo sino del estado de ánimo que le permite extraer de la conversación la gracia que allí nadie había depositado.

V

El 6 de julio de 1990, en el diario *El Norte* de Monterrey, la abuela de Gloria, del mismo nombre, le envía una carta, un clásico instantáneo, que clásicamente empieza:

A Gloria:
Niña buena, niña triste que apaga su llanto con gestos y con gritos ajenos a su ser.

Doña Gloria es implacable: "Por una fama que no paga, que no dura... ¿Por cuánto tiempo vas a mantener ese *look* de mujerzuela rebelde, exigente, experimentada y sin sentimientos que NO VA, que no dice con tu cuna ni con tu casta?" Luego doña Gloria divaga filosóficamente, le pide a la nieta que ya no explote las pasiones bajas del ser humano, que levante lo duradero para que su fama sea eterna (ni un minuto menos), que modifique su repertorio: "Gloria, por amor de Dios y a ti misma, dales buenas canciones, llénalas de satisfacción, pero de satisfacción verdadera... que dejen buen saber... llénalas de vida buena".

Aunque el texto de doña Gloria es sobradamente elogioso, la nieta le responde con ímpetu generacional:

Abuela:
Me dolió mucho lo que escribiste, no tanto por lo que dice sino por venir de quien viene... ¿Por qué esperaste hasta que salió un pedazo del show en televisión? Linda, ¡no temas el qué dirán!, y no quieras lavar tus manos como Pilatos agarrándome de jerga. Tú eres tú y te amo, pero yo soy yo y al parecer no me conoces.

En su Credo, Gloria se exalta, reconoce humildemente sus grandes virtudes ("No tengo un solo vicio que dañe mi cuerpo"), se alaba a sí misma un tanto ("¿Quién me aplaude? La gente, los niños, los adultos. Todos a Dios gracias"), incursiona en la vía de la superación y el autoesfuerzo, rechaza dolidísima la acusación más cargada de ira fundamentalista (ella no "mueve el mal"), reivindica el sexo, elogia a la bisabuela, y alcanza el clímax con un juramento de inocencia:

¿Cómo voy a decir que no conozco los mandamientos si me los sé desde que aprendí a hablar y sé que en mis actuaciones no piso ninguno de ellos? Mi *look* no es de mujerzuela, es más bien como nos vestimos las jóvenes para ir a la disco. Pero qué te digo si nunca has ido a una: y eso de que no va con mi cuna, mi casta, mi alcurnia, ¡gracias al cielo! Hace tiempo que eso pasó de moda, o por lo menos para mí sí.

Y a Gloria le favorece el pleito con su familia, los Treviño de Monterrey, decentes y reacios a entender el carácter, el repertorio y las actitudes de *La Trevi*, que no puede evitar el meneíto de caderas, sin pena, con algo de violencia, *pero que no se detengan*.

VI

La bendición propagandística (en lo ideológico y en lo comercial) es la ofensiva de Pro-Vida, y su dirigente Jorge Serrano Limón que, por una temporada, entretienen a la prensa con sus fulminaciones y su cacería de condones (supongo que de uno en uno y a la luz embriagadora de las farmacias). Tanto empeño clausurador es insuficiente, ellos también le apuestan a la cultura popular y localizan a Gloria Trevi, la serpiente del Edén en tanga, el clamor del sexo en las reconditeces de la sobremesa. En 1992, Pro-Vida critica, veta y quiere desaparecer a Gloria con motivo de su calendario (o "Calentario"), proclama del cuerpo y desde el cuerpo, escaparate de su "verdad desnuda", fruto del exhibicionismo que reta a la censura: A ver, demuestren que Gloria no se exhibe en vano, ni ofrenda al vacío lo que Natura y el ejercicio aportan a su voluntad de strip-tease. Ella declara: "La idea de hacer este calendario nació de algo muy sencillo: mi deseo de darte más y más y más de mí... cada día... Son también todas estas imágenes una muestra de mi alegría de vivir, de mis ganas de estar en tu vida y de mi creencia absoluta en la libertad de comportamiento, en la espontaneidad y en la falta de inhibiciones".

Nada que no se haya dicho antes, pero nunca desde la industria del espectáculo televisivo, tan convencional y medrosa. Gloria se anima: "A estos hipócritas les rompo el esquema". Y se pone sentenciosa: "Yo me los paso por abajo". Por lo demás, sus Calendarios, con las excelentes fotografías de Maritza López, son pudibundos hasta cierto punto, desafiantes hasta cierto punto, lujuriosos para quien así lo disponga. Un rostro poblado de incitaciones, un cuerpo todavía adolescente, símbolos libidinosos ya casi intraducibles de tan usados. Y momentos extraordinarios como la foto del tendedero de condones y Gloria con dos preservativos-globitos a manera de orejas de bunny de *Play Boy*.

Pro-Vida, por así decirlo, excomulga a la Trevi, impide en numerosas estaciones la transmisión de sus números, la circunda de admoniciones. "Gloria Trevi es un mal ejemplo para la juventud. Debería arrepentirse y las autoridades deberían prohibir sus actuaciones". ¡Qué buenos publicistas involuntarios! Recuerdo un programa de Radio Fórmula con Eduardo Ruiz Healy de conductor, dedicado a la personalidad de Gloria, y con dos jóvenes de Pro-Vida en la parte acusadora. En mis intervenciones, me limité a lo obvio: a] al que no le guste Gloria Trevi que ni la vea ni la escuche, b] la Constitución de la República otorga la libre expresión. Al enunciar lo anterior me sentí capturado en una mala obra del Teatro del Absurdo: ¿para qué defender a una cantante juvenil *con programas especiales en Televisa*, ante jovencitos reducidos al balbuceo: "Es que yo no dejaría que mi hermana se retratase en paños menores" / "Es que yo creo que los jóvenes tenemos obligaciones para con la sociedad"/ "Es que nosotros pensamos que la decencia comienza desde la apariencia". Pronto mi dilema se vio sobrepasado. El programa era de teléfono abierto y debí solicitarle al auditorio, a nombre de la libertad de expresión, que no insultasen con tal violencia a los de Pro-Vida.

Los Calendarios, los ataques, las prohibiciones, los videoclips, las giras exitosísimas, las respuestas valerosas, la apoteosis de la greña, el vestirse como todas las que la imitan, difunden con celeridad a la Trevi. Y ella acude al programa de *Y Vero América va*, con Verónica Castro, y discute con la Veros, que le reprocha su defensa de las prostitutas, y la amonesta o casi, y Gloria se siente desprotegida ante el súbito moralismo de Televisa. Y reproche tras reproche, y recital tras recital, a la Trevi se le incorpora al debate moral del país, lo que no la perjudica en lo más mínimo.

173

VII

En los conciertos de Gloria Trevi llama la atención el número de niños, y de mamás que orgullosamente los acompañan. Al lado, las interpretaciones florecen y se agostan:

—Se trata, claro, del "quemar etapas". Si algo distingue a la fase terminal del siglo XX es la exigencia de precocidad. Ahora los niños quieren ser adolescentes, entre ellos la niñez pasó de moda, es ¿cómo decirlo? muy infantil. De veras, no nada más los adultos quieren parecer jóvenes, los niños también.

—Perdón, si se me permite la opinión. Lo que veo es el asomo furibundo de la sexualidad al amparo de la moda. Esto les sucede a todos los cantantes, si son *sex symbols* su público mayoritario será de niños. No que las criaturas piensen en hacer sexo, por favor. Es algo distinto: creen que si no piensan en el sexo no están viviendo su niñez con plenitud.

—No colega, no, el fenómeno de la Trevi es de otra índole, seamos serios y post-freudianos y recordemos el suceso internacional de Madonna. Ahora la moral es una elección diaria, sin que eso signifique relativizarla, y los niños aprenden a emparejar sus gustos con sus juicios morales.

—La verdad, compañeros, los noto fuera de base. Las pasiones de hoy no tienen que ver con el sexo o las vivencias generacionales, sino con la televisión misma. Estos niños van a los conciertos en busca del espíritu de síntesis de nuestra época, el video-clip. Gloria Trevi les fascina porque creen que habita en el interior de un video-clip, lo máximo en la calificación de quienes han hecho de la televisión su casa-hogar, su matriz, su nicho ecológico.

—No quiero rebatir, me propongo afinar conceptos: a los niños esa cantante les fascina no porque la sexualidad se les aparezca más pronto, sino por intuición: cuando tengan la edad suficiente serán como ella o tratarán de ligarse a una como ella.

—A fin de siglo, y lo digo por mi experiencia de psicóloga infantil, la pregunta no debería ser: "¿Qué tan sexuales son los niños?", sino, más bien: "¿Qué tan sexuales son los adultos?" En mi experiencia, son los adultos, sobrefreudianos, quienes se la pasan acechando las muestras de sexualidad. "¡Mira, se tocó los pechitos!/ ¡A Pepe ya lo desbordan las inclinaciones y apenas tiene seis años!" Eso pasa: los adultos no se resignan a su infancia bobalicona y tratan de desquitarse inventándose el despertar embravecido de sus hijos.

—No se embarquen en esas conjeturas. Para mí que los padres (en su mayoría) detestan que los identifiquen con el modelo antiguo de "¡Callad y obedeced!", y además, ¿quién será suficientemente todopoderoso para prohibir imágenes y sonidos en la era de las antenas parabólicas?

VIII

Ya se rifan los calzones de Gloria, los de estampados de gatitos, los célebres chones. ¡Oh Dios mío! El fetichismo sale del closet y ya no se ajusta al célebre esquema donde ancianos idénticos a Fernando Rey olfatean detenidamente la ropa de su sobrina. ¿Debe el fetichismo conservar alguna "mística", puede continuar el éxtasis después de las fotos? ¿Es cualquier tendedero un museo del fetichismo que se ignora? ¿Conserva la ropa la esencia del cuerpo amado? Demasiadas preguntas para que las contesten estas prendas, demasiada carga sobre el antiguo fetichismo, el de los adoradores en silencio, si conservo esta silla es porque alguna vez se sentó allí Greta Garbo, el dueño no me la quería vender. En el tiempo del fetichismo de masas, pronto todo adolescente exhibirá su "rizo de Gloria Trevi", autentificado.

El ganador es... y el afortunado se precipita al escenario y recibe su minúsculo y enorme trofeo, y lo exhibe, y lo simbólico no son los calzones sino la idea de un aladino que frote con denuedo un objeto para que el Genio del erotismo le conceda tres deseos de castidad.

Si no está acobardado el policía, tiene miedo de que crean que tiene miedo. Está al borde del escenario, para evitar que suban los fans, y Gloria Trevi amenaza con empujarlo y él hace como que la idea le hace gracia, pero está más bien intimidado, y las risas no le ayudan. Él es un representante del orden, caramba. ¿Debió decir "caramba" o "carajo"? Pero es que estos jovencitos...

Gloria Trevi aprovecha con sagacidad la construcción del habla unisex: los derrumbes sucesivos y simultáneos de las zonas del tabú idiomático, el considerar derecho natural del habla lo que todavía hace treinta años fue escenario de supresiones y disculpas. Ella se expresa como todos y todas en su generación y en algunas anteriores, y dice lo que se le antoja porque ahora las únicas "palabras prohibidas" son las que obligan a ir a los diccionarios. Gloria canta sin ambages:

> Esto que tú ves
> que escondo aquí dentro
> es parte de una estupidez
> por no usar el cerebro;
> me olvidé de las pastillas,
> los condones me valían,
> todo por la calentura
> de querer coger!
> [De "Chica embarazada"]

Con fruición, Gloria trasciende los límites de las industrias del disco y de la radio. Ella apoya la despenalización del aborto y en su Calendario 94 le hace propaganda ostensible al condón. Sin ese compromiso, ciertamente inesperado en una figura de la industria del espectáculo, todo quedaría en el usufructo de la moda. Pero en Gloria Trevi la provocación es el método en donde participan por igual las efusiones sincerísimas y la estrategia de consolidación de imagen. Eso la vuelve única: nunca es por completo industria, jamás es por entero provocación. Ella canta:

Ma a a a adre, a a a ah!
A la Madre!...
Vales
todo el oro del mundo
todo el oro del mundo
vales Madre...!
Madre, eres
pura como el agua,
como el agua
eres pura Madre!
      [De "A la Madre"]

No exageremos las cualidades de la provocación. Ahora son cada vez menos los que se dejan provocar, por razones comprensibles. Saben que no evitarán nada, y que, muy por el contrario, acrecentarán las ventas o la fama de lo prohibible. La provocación agota sus recursos y, sin embargo, en 1994 el disco *Más turbada que nunca* y el Calendario merecen los honores de la censura. Algunas radioemisoras no transmiten las canciones, y en Guadalajara las autoridades municipales confiscan el Calendario. Demasiado tarde. A Gloria Trevi, en este movidísimo fin de siglo, la censura sólo le incrementa las ventas, una forma como otras de hacerle los mandados.

[1994]

La hora de codearse con lo más granado
LA PAREJA QUE LEÍA *¡HOLA!*

Un inconveniente de las oficinas de gobierno, y lo digo con gran conocimiento de causa, es la obligación de frecuentar desconocidos. Nada cansa tanto como saludar a diario a personas finalmente incomprensibles, las típicas sombras frente a las computadoras. Sí, se pueden memorizar los nombres y algunos detalles de la vida familiar, pero un desconocido, en el universo de las oficinas, es aquel que uno jamás quisiera llegar a conocer. Así de reiterativo. Y es que cada vez se dificulta más estar a gusto con quien sea.

La verdad, jamás supuse que Teresa y José Ignacio se quisiesen tratar. En seis años de ocupar escritorios contiguos, jamás les escuché un diálogo de más de cinco minutos, ni siquiera el de las famosas conversaciones entre autómatas, donde la inercia del lenguaje hace las veces de la voluntad de las personas. Por eso me sorprendieron en aquella comida hoy tan legendaria para ellos. Les tocó sentarse juntos y la primera media hora mantuvieron ese silencio tan perfecto que no mancillan ni las frases de ocasión. Los vi de reojo, observé la indiferencia de siempre, emití alguna reflexión interna sobre las simplonerías del ser humano, y me despreocupé. Pero al terminar la reunión hablaban apasionadamente a dúo, tanto que llamaban la atención. Días más tarde supe lo ocurrido por uno de los dos, no sé cuál, ya son indistinguibles. En un arranque que comentarían durante meses, José Ignacio le dijo a Teresa: "¿Te has fijado cómo se parece el hijo del director a Carlos de Habsburgo?" Los demás fingieron no oír o no oyeron, porque era el turno de la secretaria que cada año les imponía sus versiones de José Alfredo Jiménez, la especialista en despedir a cada uno de los directores salientes con aquello de "Porque sé que de este golpe ya no voy a levantarme..." El ruido era mortífero, pero Teresa oyó la frase y la repitió con asombro. ¿Qué tal? Un compañero de oficina, un burócrata cualquiera, *sabía* de Carlos de Habsburgo. El que me contó el episodio, cualquiera de los dos, todavía temblaba: "¡Fíjate! Aquí, en esta mugre Secretaría, hallé un alma gemela. ¡Un mellizo espiritual! ¡Un lector de *¡Hola!*!"

A mí, según creo, me tenían confianza por dos rasgos de mi carácter: la admiración que les profeso a Joan Collins y Demi Moore, y mi colección de fotos de Grace Kelly, princesa de Mónaco. Gracias a estas virtudes logré atestiguar el romance. Al día siguiente de la comida, Teresa vio a José Ignacio y por táctica le preguntó banalidades, algo sobre un fraude bancario, cualquier bobería. Y luego aterrizó en lo fundamental: "¿Qué sabes de Gunilla von Bismarck, de Jaime de Mora y Aragón, de Isabel Preysler (y sus desmayos orgásmicos), del fabuloso Kashoggi, de Ira de Furstenberg, de S.M. la Reina Fabiola de Bélgica, de los Barones Rotschild, de la vida en Miami de Julio Iglesias, de la Faraona Lola Flores, del Emir de Qatar...?" Las respuestas convencieron a Teresa. Ella, más escrupulosa en la retención de los datos, se supo ante un experto, alguien para quien la aristocracia de la sangre y la aristocracia del dinero son espectáculos insuperables. Y ese día Teresa, con el aire de quien obsequia un tesoro, le explicó a José Ignacio una de sus técnicas: ella tenía en su departamento un pizarrón donde hacía "mapas del trato" que pasaba a cuadernos: quién visita a quién en el mundo de *¡Hola!*, quién se divorció el mes pasado, qué rumores andan corriendo fuerte y cuáles se disipan, a qué restaurantes se puede ir en Madrid sin riesgo de la invasión de los paparazzi.

El amor creció entre ellos, mientras a Teresa su disciplina de lectora le rendía dividendos. En uno de esos cocteles donde la conversación es el más muerto de los mares muertos, la mujer del director se le acercó, y Teresa, que ya le hallaba chiste al juego de las comparaciones, le comentó con osadía desarmante: "Señora, cómo se parece usted a Cayetana, la Duquesa de Alba". Diez segundos más tarde Teresa disponía de protectora, gracias a otro encontronazo de las almas gemelas. Desde ese día, si la mujer del director iba a la oficina, buscaba a Teresa y, con placer inocultable, le comentaba lo leído en el número más reciente de *¡Hola!*: las bodas y los noviazgos y los escándalos de algún duque aficionado a las ninfetas y las fiestas y las reconciliaciones. Y la señora se interesó por el porvenir de Teresa: "Si te casas, te ayudo a que los bonifiquen para que pasen una luna de miel regia". Teresa, al final de una de las sesiones de intimidad prenupcial, le comentó a José Ignacio el ofrecimiento, lo discutieron como si fuese noticia de *¡Hola!* y a los dos meses se casaron, en una velada postnupcial caracterizada por el esfuerzo imaginativo. Todavía recuerdo la emoción que les causó su audacia escenográfica: Teresa convenció a sus padres y ellos les permitieron decorar la casa con ampliaciones enormes de portadas de *¡Hola!* Y en una fiesta de mucho mundo los platillos se nombraron en honor de restaurantes y yates de Marbella. Ya en la madrugada, los dos me confiaron su proyecto de vida: trabajarían como enajenados de lunes a jueves, y consagrarían los fines de semana a comentar las maravillas de la nobleza europea, sus castillos, sus árboles genealógicos, sus yates, sus chiefs, sus desgracias matrimoniales y patrimoniales, la calidad de la educación de sus hijos en escuelas particulares de Inglaterra y Suiza, sus modistos, sus vestuarios, sus accidentes de automóvil.

El viaje de luna de miel a España les resultó extraordinario. Ni vieron ni conocieron a nadie, pero deambularon por Sevilla y Granada, y en Madrid entonaron en un tablao las canciones de Agustín Lara. Lo más emocionante, según me contaron casi a gritos, fue la posibilidad frustrada de toparse a cada instante con sus héroes y heroínas en la Gran Vía, el Paseo de la Castellana, la Fuente de la Cibeles. Claro, reflexionaban a coro, sólo a nosotros se nos ocurre pensar que las celebridades se dejan ver en lugares plebeyos pero quién quita, ya ves que aseguran que Miguel Bosé va de incógnito al Café Gijón. Tardaron una semana (cinco cenas seguidas teniéndome de invitado único) en referirme sus decepciones y hallazgos, y su verificación de algunos sitios del "mapa del trato". A España, concluían, no se va al arrumaco sino a ubicar los escenarios de *¡Hola!*

Ahora los veo poco porque se han intensificado sus exigencias sociales en la privacidad. Sé que no quieren tener hijos por el costo que eso le acarrea a la vida de la imaginación. Pero un amigo me transcribió una de sus conversaciones. Teresa le dijo a José Ignacio: "¿No te dan ganas de ser una foto de verano en Biarritz? Cambiarte un rato por la imagen luminosa de un hall amplísimo, con nosotros en el centro, de traje blanco, viendo el horizonte mientras las marquesas y duquesas nos saludan". Y él respondió: "Sería bonito convertirse en foto, o en poster en la Costa del Sol, pero a mí lo que más me haría ilusión es ser un video-clip turístico". Celebraron sus hallazgos imaginativos y llegaron a un acuerdo: jamás le podrían pagar a *¡Hola!* el estar juntos mirando a la gente que importa en barrera de primera fila. Y dice mi amigo que se veían tan felices que ni se dieron cuenta que él ya se iba.

Parábolas de las postrimerías
DE LAS GENEALOGÍAS DE LA RESPETABILIDAD

Y *Fluir Seminal engendró a Concupiscencia, y Concupiscencia engendró a Deseo Ferozmente Asfixiado, y Deseo Ferozmente Asfixiado engendró a Respetabilidad.*

Y Respetabilidad, en un categórico olvido de sus orígenes, se engendró a sí misma convencida de los derechos auto-reproductivos de las instituciones, y le satisfizo ampliamente el vasallaje tributado por sombras y espejos, y las buenas maneras le resultaron ideas asombrosas (la serenidad en el presídium es a su modo un diccionario enciclopédico) y Respetabilidad se definió a sí misma: era, desde siempre y para siempre, el juicio grandilocuente del porvenir sobre el cúmulo de honores del presente.

Y Respetabilidad sólo pudo engendrar a Respetabilidad, por lo demás única meta, porque, como le dio por razonar, más allá de las apariencias sólo hay apariencias, y el mundo es una sucesión de fachadas, la eterna victoria de los exteriores sobre los interiores, de lo que se ve sobre lo que se sabe o se intuye. Y Respetabilidad se perpetuó a sí misma en la sala del monopolio de los espejos, y el Alma, la antigua inquilina del Cuerpo, vio evaporarse su fama porque ¿de qué le sirve a uno el Alma si no la exhibe en las reuniones?

La hora de la sociedad del espectáculo
LA MULTITUD, ESE SÍMBOLO DEL AISLAMIENTO

Los ritos instantáneos: a treparse a las sillas

¡Mírenlos nomás allí sentadotes! ¿Qué pasó con esa fibra? En los conciertos uno ya no se apoltrona para resistir y apreciar, perdido en el conjunto de híbridos dóciles, mitad espectador mitad butaca. Ahora, lo común es oírlo todo de pie y de preferencia sobre las sillas. Trépense de inmediato y vean y oigan, como atisbando un pleito a puñetazos en una cantina del Far West, los golpes son centellas, la civilización es la elocuencia boxística, nunca se bajen de las sillas, observen el duelo y eviten el desplome del universo. A las sillas se asciende para ya jamás descender, la silla es la base de tu estatua, en los conciertos un mar de estatuas móviles se desplazan en el absoluto de un centímetro. Sólo quien se trepa a la silla goza del horizonte de los conciertos.

I. Frank Sinatra: "Así ya no los hacen"

Ver a Sinatra en el Palacio de los Deportes, es un acontecimiento *histórico*, de la historia que más le importa a cada quien, la suya propia. Hoy escasean las adolescentes con sus expresiones refrigeradas, no hay la masa compacta de las aún solteras, de las jóvenes profesionistas en procuración del amante prudente que no ofrezca el confinamiento de un hogar. Más bien, dominan las parejas de treintañeros y cuarentañeros y cincuentañeros, el *age-group* de los establecidos hasta cierto punto, de los contentos hasta cierto punto, de los memoriosos hasta donde la imaginación los abastece.

183

A Edye Gormé y Steve Lawrence les toca la primera parte del programa. Marcados por el oficio de entretener a quienes vierten fortunas en Las Vegas, Gormé y Lawrence procuran, tersamente, ofrecer el equivalente del sonido muzak, aquello que no ofende porque satisface, es decir, aquello que no quita tiempo mental, alisa el temperamento y se acomoda con suavidad en los intersticios del recuerdo. *Volare oh oh. Cantare, oh oh, oh oh.* En particular, Steve Lawrence es notable: su voz se asemeja a la de Sinatra al punto de la premonición o de la parodia que, de tan fieles, retienen algunas cualidades del crooner: la voz agradable que se instala en la historia personal del oyente, las cadencias aptas para el autoestéreo o para justificar la mala fama del apartamento de soltero, la melancolía sin melodrama. ¡Allí está! ¡Es él! Y las señoras admiten que, en rigor, la leyenda les tocó de trasmano. ¡Cómo les hubiese gustado ser las *bobby soxers* de los años cuarentas, incendiadas por el uso fálico del micrófono, alborozadas por las nupcias del romanticismo y la técnica! Y los señores se felicitan por estar allí, y piensan en sus padres o en sus abuelos, los pobres apenas si salieron de los cobertizos mentales del Rancho Grande, y nunca contemplaron *en vivo* a Ol'Blue Eyes como le dicen los gringos, con su repertorio magnético, diseñado para esa modernidad que es siempre actual porque nunca le dio por especificar.

Don't you know little fool
you never can win?
Use your mentality!
Wake up to reality!

La Voz está intacta, bueno, no exactamente intacta, hay raspaduras, pequeñas grietas, hondonadas que fueron elevaciones. Pero los asistentes se reconcilian con los efectos del tiempo. Si llegaron tarde al ídolo, son amables en la cita a deshoras, y por eso, con tal de autoelogiarse, identifican sus logros personales (cambios de status y domicilio, cuartos inundados de gadgets, placer de fundar dinastías modestas) con la Gran Categoría de Frankie Boy, producto por partes iguales de las divulgaciones del jazz, de las baladas de la soledad a deshoras, de las comedias musicales, de la Segunda Guerra Mundial, del Camelot de Kennedy, de *From Here to Eternity* y *El hombre del brazo de oro* y *The Manchurian Candidate*, de las leyendas de la Mafia y de Hollywood, de matrimonios y peleas... Un clásico en vida para decirlo rápido.

Stop spreadin' the News
I'm leaving today.
I wanna be a part of it
in Old New York.

La canción "New York" exalta el mito de Manhattan, el perímetro del afán competitivo y de la fama por antonomasia, que valúan altamente los convencidos de que los quince minutos de fama pronosticados para cada persona, le corresponderán más bien a cada uno de los países no bendecidos por la hiper-prosperidad. "Atención señores, ahora presenciamos el cuarto de hora de gloria internacional concedido a Honduras". Pero Sinatra no es un país, es la arrogancia primermundista, la jactancia de quien ha vivido según le ha dado su real gana:

And now, the end is near
and now I face the final curtain...

A mi manera. Como me ha dado mi chingada gana... ¿Quién no desearía tal condición y sobre todo si no impide el reconocimiento internacional? *And what is a man? What has he got? If not himself, then he has none...* Si la voz no es ya la misma, la seducción permanece, o eso deciden, en su arrobo, los treintañeros y cuarentañeros y cincuentañeros, la concurrencia que se dilató en hallarlo pero que al fin capturó a su ídolo por el lapso portentoso de una hora. *And more, much more than this, I did it my way.*

[1991]

185

Los ritos instantáneos: Los encendedores

¡Oh Margaret Mead, oh James Frazer, oh Levi-Strauss, oh antropólogos al uso, cómo los extrañamos en los conciertos de hoy! Ustedes nos explicarían en un abrir y precipitarse de cuartillas lo que sucede. A la tercera interpretación del visitante o de los visitantes, y sin incitaciones de por medio, guiados por esa compulsión que afirma los hábitos apenas nacidos, las manos intrépidas sostienen cerillos y, más cautamente, encendedores. Los plantíos luminosos devastan la oscuridad, puntúan las canciones, y elevan su vasallaje ígneo en respuesta a las proezas de instrumentos y voces. Tantas luces no surgen en vano, y lo refieren todo al encandilamiento del público, enamorado de los cielos artificiales.

II. Sting. La efervescencia de la monotonía

De las masas, la más disciplinada, la más negada a lo voluntarioso, es la del rock. En un concierto no caben el azar o la improvisación, y lo más novedoso es lo más previsible... Un momento, no se me confunda. No hablo de conformismo ni nada semejante. Supongo a cada asistente singular e irremplazable pero en un concierto su ambición —su acción obligatoria— es ser como los demás.

Colmar cuatro veces al hilo el Palacio de los Deportes es hazaña peculiar del rock, arte e industria de lo contemporáneo (entrada en taquilla de los cuatro días: dos millones de dólares). De Sting ya se sabe bastante: cantante de Police, actor de *Dune*, músico calificado, defensor de las buenas causas, entre ellas el ecosistema amazónico. Muy especialmente, Sting aún no ha pasado de moda, no es un recuerdo difuso de los gringos. Y se le agradece que venga cuando todavía *está* y *es*.

En épocas en que lo común es la indiferencia la tecnología, el renovarse mensualmente admite y aun exige el pasmo. En pos del encargo de impresionar, el haz de los rayos láser va de un lado a otro, hace sus gracias computarizadas, convence a los presentes de que la luz del día no tiene chiste, se mete al mala-barismo publicitario, y es el llamado al arrepentimiento: "Yo era premoderno y vi el rayo láser".

La ovación recibe a... ¿Es esto posible? ¿Tanto desbordamiento para recibir a un mariachi?!!! ¿De qué se trata? Si ya pasó el 15 de septiembre, y las multitudes no tienen fiesta de cumpleaños. ¡Ah, se me olvidaban las lecciones de la intertextualidad! No se le aplaude a un mariachi, se le aplaude a *un mariachi recomendado por Sting*, algo muy distinto, un "subtexto nacionalista" en el texto internacional, lo típico en el seno de lo arquetípico, (casi) el traslado de la Plaza Garibaldi al Fillmore.

"De qué manera te olvido/ de qué manera te quiero." Línea por línea los asistentes acompañan a la canción ranchera. ¿Cómo es posible? ¿A qué hora se la aprendieron? En los autos el rock prevalece, en casa se atiende a los video-clips, y en las discotheques ni pensarlo. Es fácil explicarse la buena memoria del pópolo: a los de Bajos Ingresos, familiares y amigos les transmiten los éxitos folclóricos por vía "intravenosa", y las rancheras repercuten a lo largo de sus viajes auditivos. ¿Pero y los de ingresos no-medidos-por-la-desesperanza? ...Y la revelación hace estragos: lo que tú contemplas, mortal, es el argüende de los *mexicanos de closet*. Así de vernáculo y premonitorio el asunto. *Mexicanos de closet*, aquellos que emergen de su escondrijo nacionalista al amparo de "los puntos fuertes de los lados débiles", de los prestigios del pasado, de las disculpas del fervor alcohólico. El cantante Humberto Herrera ilustra por millonésima vez "El Rey" y "Volver, volver", y a *los mexicanos de closet*, o patriotas en sus ratos libres, les engolosinan el monarca incomprendido y el himno de la reconciliación a coro. ¡Qué bonito tropezar con la nacionalidad que se creía perdida, este civismo alborotado anda todo apasionado por volver!

Concluye el mariachi, y el MÉ-XI-CO!!! MÉ-XI-CO!!! amenaza con prolongarse, pero la explosión de luces cede el escenario a lo tan aguardado, y la concurrencia, agitada, recibe a Sting, de chaleco amarillo y descifrable expresión enigmática, otro de los exploradores a quienes los nativos les ahorran todo esfuerzo de conquista.

Los ritos instantáneos: los tubitos luminosos

¿Qué es un rito instantáneo y de qué modo se produce? Algo difícil de explicar y sencillo de ver. Aquí están por ejemplo los tubitos de neón que puso de moda un Mundial de Futbol, y que institucionalizó la magna filosofía: un público sólo lo es en serio y en grande, si hace lo mismo al mismo tiempo, si es disciplinado, si transforma su espontaneidad en protagonismo armónico. Al llamado de la tribu los asistentes compran su tubito, y lo adoptan a usos decorativos y declarativos, lo usan como esclava, lo ondean como lazando a las tinieblas, se lo anudan al cuello, lo preparan, lo dejan adormecer, lo resucitan...

Atentos al sustituto del inconsciente, es decir sometidos al floor mánager que todos llevamos dentro, se levantan y agitan los cordoncitos lumínicos. Y la aplicación humilde de la tecnología reverbera en los gajos de un crepúsculo percibido en la somnolencia, o algo así, siempre algo así.

III. Luis Mi en el Auditorio Nacional
"¡ESTOY VIVO! (Y VAYA QUE LO ESTOY)"

Ser joven hoy, y en el Auditorio Nacional, es el requisito astral, la buena vibra que te deposita entre sonidos positivos e informes de telépatas apenados por la invasión de la privacidad. ¿Quién lo duda? Sólo los jóvenes gozarán las ventajas del inminente aterrizaje en el Primer Mundo. Y en un concierto de Luis Miguel el Primer Mundo es la noción ubicua que se anuncia en la ropa de los asistentes, la actitud "prendidísima" y la efervescencia corporal (si no hay cuerpo no hay espíritu, y si no hay espíritu más valiera cerrar los gimnasios).

El sexo más seguro: el del espectador aislado en la castidad de su butaca. Y no hay reconocimiento erótico que iguale el primer atisbo del Ídolo. Por las escaleras del foro desciende Luis Miguel, de smoking y pelo corto, y es maravilloso oír (más que ver) su respuesta física, tan sardónica, a los arrebatos que causa su guapura, a los alborozos que son nupcias de un minuto, a las germinaciones del deseo en esa superficie resbaladiza que es la confesión masiva de amor. El vocerío clama: *Te amo tanto que no contengo mi ansiedad. Te quiero porque existes y me haces percibir cuán profundamente carnal es la admiración. Te idolatro porque jamás te tendré, pero mis amigas tampoco. Y si grito no es con tal de arrebatarte sino para no dejarte del todo.*

Éste es un concierto dedicado a quienes se han entrenado la vida entera para el Día de la Gran Emisión de Voz. Eruditos en materia de idolatrías desechables, ellos y, sobre todo, ellas, memorizan los tics de Luis Miguel, le cuentan —aritméticas de la acechanza— las pecas en las fotos, puntualizan sus etapas de objeto sexual y delimitan sus zonas erógenas con exactitud de cartógrafo. (Las fans: las lectoras científicas de fotos.)

Luis Miguel sonríe con amplitud, tal vez para que el universo tenga dueño, y al cantar hace evidente la estructura de su repertorio, el carácter facsimilar de sus canciones. Para la industria, repetir de dos o tres patrones melódicos es indispensable, porque vuelve prescindible el talento y realza el verdadero fin: el despliegue de la alta tecnología. ¡Son tan superiores los equipos de luces y sonido a las letras y las melodías y las voces! El sonido es la elocuencia de la técnica ante la mudez del arte, y las luces corrigen los extravíos de la mirada. Si no, ¿para qué inversiones tan cuantiosas? En el fondo, todo Ídolo es una dispensa de trámite de la genuina estrella del show, la tecnología.

En los movimientos de Luis Miguel —en la displicencia de sus ademanes, bonos plus al auditorio— se transparenta su táctica consentida: escenificar el suplicio de quien se sabe rabiosamente amado, qué dolor recibir los envíos admirativos como saetas, qué agonía incendiar las almas con la apostura y el bronceado de la piel, qué responsabilidad justificar los apetitos morbosos. Luis Miguel se deja querer, tal como se oye, y se vislumbran las dificultades de almacenar en una sola persona la devoción de la juventud entera.

Él se toca la cabellera una vez más, certifica que aún no acude la bíblica Dalila, y, asomado al espejo del frenesí aturdidor, comprueba lo que ya sabía, porque el narcisismo es comunicativo, y lo que se le había olvidado, porque el narcisismo es amnésico: él es guapérrimo, su voz secuestra a sus admiradoras y sus movimientos son penetrantes, en varios de los sentidos de la expresión, y aquí lo metafórico es la disculpa enviada a la muchedumbre femenina. Él se frota copularmente con el aire, y cada uno de sus gestos —si así dicen, así debe ser— desata el canibalismo visual. Ya lo andan buscando los haces de luz y él envía hacia atrás los brazos para desde allí ligarse al universo. (Cualquier otra comparación no le hace justicia al intento.)

Donde se generaliza para no caer en abstracciones

El público de Luis Miguel es mayoritariamente femenino y por tanto, en cada concierto, el género se unifica, se expresa belicosamente y, al final, se devuelve a la melancolía de las opciones individuales. Mientras dure el show las fans serán una sola, tan sensual como lo exige la temporada, atenida a los cambios de *look*, al cabello a la desgreñé, al peinado voluminoso "para esconder los pecados", a la paciencia en el salón de belleza, al minidress o los jeans, al gusto por lo metálico "que viene gruesísimo", a los colores eléctricos que solicitan interruptor, y al estudio de los colores que van con la personalidad y desnudan la psicología: "*Blanco*. La sinceridad y el sentido de la justicia no te faltan, pero tus ideas son confusas: te agrada decir lo que te parece ser verdad, y de pronto, te das cuenta que estás siendo injusta".

A esta Chava Única la distingue también el lenguaje, un desprendimiento de la publicidad y sus orgías de elogios, en la vida todo es *súper*, lo *fantástico* y lo *maravilloso* decoran a cada una de las frases, qué *in-creí-ble*, qué rentable el ánimo: *El toque locochón ¡Ponte las pilas! Sácale provecho a tus ganas.* La Chava Única e Indivisible habita en un comercial que patrocina la familia y en donde a ella le toca promocionarse o promocionar. Ser o no ser una marca de calidad, he allí el dilema, y además, una ventaja de la-marca-de-calidad es su caudal informativo: ya no tiene porque aludir con mímica a la menstruación, distingue entre la variedad de condones, queda al tanto de que *disparemia*

190

es el dolor durante el acto sexual. ¡Qué gruexo!! A la Chava Única e Indivisible le cae a toda madre su época donde nadie se queda a vestir santos sino —en todo caso— a capturar datos. Cada concierto de un Ídolo es un laboratorio de los estremecimientos permitidos y el porvenir es ilimitado. Y la Chava Única se las sabe todas en materia de "economía libidinal", así jamás use el término.

¿Verdad que es un sueño?

Baladas hechas en serie para conciertos en serie que convocan reacciones en serie. Esto murmuro desde mi aislamiento generacional y de clase, mientras, sin alzar la voz, me regaño: ¿por qué no mejor aceptas, oh resentido, que los aquí presentes ya la hicieron, porque sus padres ya la hicieron, y los padres ya la hicieron porque son tan precavidos que les prepararon a sus hijos la herencia en efectivo, en amistades que sí importan, en oportunidades de ascenso desde la cumbre? Pospongo mi sabiduría de clase y atiendo el fenómeno de la resurrección. Se abre la tumba de los rumores y sin vendaje alguno Luis Miguel especifica su condición fisiológica.

—Muchas gracias, muy buenas noches. No sé si empezar con eso o más bien decir: ¡ESTOY VIVO!... Y vaya que lo estoy.

Los alaridos, firmas en el documento de adhesión, destruyen las esquelas precoces y le infunden seguridad a Lázaro, a los miles de Lázaros que no se atreven a pregonar que no han vuelto porque nunca se habían ido. Luis Mi no se había muerto y por eso sigue vivo, y el asunto es tan obvio como parece. A quién se le ocurre fallecer cuando lo que está de moda es la respiración.

—Mi público, mi gente, la gente que me quiere, está conmigo esta noche... Noche hermosa, mágica, bonita.

El superlativo es el lenguaje infalsificable de los ídolos, que si en verdad son generosos, deberían calificar a sus oyentes de *portentoso*. El Auditorio Nacional es una tolvanera de optimismo, bailan en el escenario las dos chavas en paños mínimos y

Luis Mi es el Flautista de Hamelin de los convencidos del envejecimiento de la modernidad. (Si sus padres son modernos hay que irse a otro lado.) Las dos pantallas gigantes reproducen lo que los presentes ven o vislumbran y, sin decirlo pero de modo expreso, envían tranquilidades: "No te preocupes. No vives en una situación anormal. Éste es también un acto televisivo, y tú sigues siendo un televidente, aislado en tu universo".

El cuerpo de vigilancia, por buen nombre Los Lobos, multiplica su celo. El espectáculo, tan ardiente, convoca a tropelías calenturientas y ellos están aquí para defender la honra, la ropa y la intimidad del Ídolo. Que por esta vez el amor no desemboque en la violación tumultuaria.

A la señora de la fila de enfrente le fastidia que su hija baile y la obliga a sentarse. La jovencita resiste, se levanta, se desfoga un instante... y nueva conminación, otra rebeldía sofocada y más forcejeos verbales. La tercera vez, la madre ya se pone de pie, vencida por la urgencia de no revelar su edad mental, de no jubilarse ante tan selecta concurrencia. Albergo una sospecha: aquí se viene a todo menos a escuchar a Luis Miguel, ya lo oyeron y lo oirán, aquí se viene a *ver* a Luis Miguel y a recibir el griterío que es la canción genuina, la melodía de su predilección. Si uno se fija en las canciones se pierde lo fundamental del concierto.

Los jóvenes han venido en tribus (grupos de la secundaria o de la preparatoria, particulares, desde luego) y los aturde una idea fija: lo que más aguanta es el relato al día siguiente o en la década próxima, *el día·que fuimos al concierto de Luis Mi, tú te alocaste/ Tú también, no te hagas./ No lo niego, pero tú hacías cada desfiguro...* Nada se crea, todo se recompone. Lo que gusta ya ha gustado, y las emociones en oferta son también incentivos turísticos. Al valor de la sensualidad lo acrecienta el paisaje y un coito más en el mismo departamentito es, en función de las expectativas, un coito menos. El contenido exacto de las canciones se revela en las discotheques de Vallarta o Huatulco o Cancún, en los ligues obviamente destinados al currículum ampliado, no a la unión de por vida que es una operación bursátil. *Mía, pues eres mía, lo sé...*

El secreto de tu piel. De esto se trata. El repertorio de Luis Miguel es juvenil y juvenilista porque gira en torno del cuerpo y más exactamente de la epidermis, como debe ser. A broncearse mentalmente se ha dicho, a obtener el *tan* infalsificable que viene de sólo amarse sobre la arena, exactamente como Burt Lancaster y Deborah Kerr en *De aquí a la eternidad*, en el caso de que alguien recuerde una película tan antigua. Cuando calienta el sol aquí en la playa... Luis Miguel se eleva sobre las canciones, pedestales efímeros como diría alguno de los ejecutivos de su compañía grabadora, y de sus torbellinos cronometrados se desprenden las consignas. Antes, cuando la precocidad era solemne, uno iniciaba en la adolescencia *el aprendizaje de México*, y la frase describía la seriedad de quien se adentra en los misterios de un país, pero la precocidad de hoy no es histórica y política sino sexual y tecnológica, y quiere moverse en sitios a donde jamás lleguen los cañonazos de las batallas de Celaya y Torreón, o los recados de la Constitución de la República. *Ahora te puedes marchar.*

—¿Se la saben?

El rugido de asentimiento es el de la fiera mediatizada por la buena educación. El catedrático de lo sexy observa a sus alumnos, con guiños esotéricos aprendidos en la Universidad de Televisa. *Lo tengo todo menos tu mirada.*

Infancia es aquella edad en donde el que la padece no revisa personalmente los contratos

Luis Miguel es un fenómeno y es un veterano. Sus biógrafos, y los hay a mares, no ahorran detalle alguno y lo conocen lo suficiente como para garantizar que no es extra-terrestre. Luis Miguel (Gallego Bastery) nació en Veracruz el 19 de abril de 1970, es Aries, y son sus padres el cantante español Luisito Rey y la italiana Marcela Bastery, hermana de la actriz Rosanna Podestá. Un día, según *Tv y Novelas* (junio de 1992), en "la fiesta particular de un conocido político" Luis Miguel cantó, la concurrencia se asombró y el contrato le fue adjudicado. (Según otro rumor, el conocido político era un famoso jefe de policía.) En 1982 EMI-Capitol le graba su primer elepé, *1+1=2 enamorados*, acto seguido Raúl Velasco lo presenta en *Siempre en domingo*, y Luis Miguel se da tiempo de un segundo disco: *Directo al corazón*.

En el éxito coinciden, clásicamente, elementos insustituibles: Luis Miguel es un niño que canta decorosamente (cuando todos los niños quieren cantar a la buena de Dios); es un símbolo sexual precoz (cuando a la mayoría de la población, por razones de edad, sólo le incumben los símbolos precoces); es demostración palpable de que se puede ser mexicano sin deberle nada a la Raza de Bronce (en tiempos de antesala en el Primer Mundo). Y al debut lo afianzan las giras, los premios, los reconocimientos, las fotos y los posters que inundan recámaras y sueños y métodos de cotejo sexual de niñas y adolescentes. Las fans de Luismi profesionalizan su mirada para obtener la rendición instantánea, se peinan para obtener piezas maestras del barroco capilar... Y, lo mejor, propician, divulgan, admiten de inmediato

EL ESCÁNDALO/ EL RUMOR/ LA NOTICIA MALIGNA

"El rumor de la muerte de Luis Miguel —escriben en *Tv y Novelas* Mireya Mejía y Elena Martínez— se convirtió en una noticia del dominio público... Se habló de sida, drogadicción y homosexualismo. Hubo quien aseguró que el portento veracruzano estaba muerto y lo tenían congelado en un conocido hospital. También se dijo que la persona que aparecía en sus actuaciones era un doble, entrenado para mantener viva su imagen y garantizar la venta de los discos". Al chisme funerario lo acompañan "testimonios fidedignos", y el cantante se cuela en las pláticas como el Muerto del Año, la víctima de la incapacidad de decir que no. "Diga sí al exceso." Y, con el tono enfático de un cuadro de Picasso calumniado por los curadores de la magna exposición, el aludido declara: "¡Me han matado tres veces! ¡SOY EL AUTÉNTICO...! Mi lunar en la asentadera es la prueba".

¿Para qué quieres la dicción si eres cantante?

Cambio de atuendo y de personalidad (y exigencia de vuelco anímico en las fans). Luis Mi de camisa de seda, chaleco y apariencia de yuppie en coctel de Zihuatanejo. *Entrégate.* Él se agita, baila, lanza golpes al aire para derribar a Eolo o algún otro de los dioses menores de la mitología. (Eso supongo, ansioso de aplicar alguna trivia prestigiosa.)

—*Noche/ Playa/ Lluvia/ Amas.*
—*Noche/ Playa/ Lluvia/ Amas.*

Luis Mi y su grupo miman las cuatro palabras cabalísticas que dibujan escenarios de la perfección, y las doce o quince veces que se les demanda, los asistentes ejecutan con puntualidad los cuatro movimientos que corresponden a las palabras. Así se crean —por obra de la repetición— las atmósferas, y la hazaña de la memoria y el arrojo mimético se ayudan del rap de utilería y de la calistenia de la orquesta. Al cabo de la voces encantatorias el arrobo persiste.

— Perdiste el habla.

— ¿Quién no?

No tan de soslayo Luis Mi rinde sus homenajes: a Sinatra (él es *cool, man*), a Elvis (él es la orgía figurada), a Michael Jackson (él maneja las bolsas de sus pantalones para subrayar la ubicación de la genitalia), a Madonna (él es tan postmoderno que ofrece un tributo paródico a ese gran antiguo, el Luis Miguel niño). Él es *cool.*

"Déjame imaginar/ que no existe el pasado"

Nuevo transformismo, Luis Miguel retorna al smoking, y una orquesta se agrega al conjunto. Hay que presentar su material bolerístico (¡Un millón cuatrocientos mil discos vendidos de *Romántico*!) y, acompañado por un público súbitamente retrospectivo, Luis Mi interpreta "No me platiques más", la obra maestra de Vicente Garrido. El bolero se añade técnicamente a los heroísmos de la balada, y la balada hace del enamoramiento una operación bursátil, en el ascenso corporativo del individuo a la pareja.

Luis Miguel canta como a pausas, llevando la canción desde su humilde cuna (el gusto de otras generaciones) a su realización cabal: el gusto de ahora. Toma un bolero, lo protege, lo encumbra por así decirlo, lo saca del anonimato del sentimentalismo y lo deposita en el escenario. En su versión de los boleros, él no le da espacio a la ternura, porque la ternura es, ¿cómo decirlo?, algo individual, y él es Ídolo de la privatización de las masas, y por lo mismo, él conduce las canciones a la cima de la Montaña de los Decibeles: "DÉJAME IMAGINAR QUE NO EXISTE EL PASADO, Y QUE NACISTE EL MISMO INSTANTE EN QUE NOS CONOCIMOS".

En el triunfo estrepitoso del disco de boleros de Luis Mi algo tienen que ver el regreso internacional del género (en los años de la cacería de la Identidad), los magníficos arreglos de Armando Manzanero, y la combinación sorpresiva de alguien tan joven y de materiales tan viejos. Sin embargo, según creo, la apoteosis de *Romántico* se debe en lo básico a la operación que recubre con elementos del Ayer las sensaciones del Ahora. El bolero ha sido lo íntimo que se insinuaba en público. Gracias a Luis Mi, el bolero es lo público con utilería intimista. "CONTIGO A LA DISTANCIA, AMADA MÍA, ESTARÉ."

¡Cuántas molestias logísticas se toma la balada para no aplastar del todo a la fragilidad del bolero! El sentimiento se traslada de las penumbras amatorias a las zonas de Alta Visibilidad. Luis Miguel enamora a la cámara de video, lanza el dedo flamígero que invita a la rendición, se confiesa ("He besado muchas, pero muchas bocas"), no le da espacio a la delicadeza porque lo discreto ya pasó, despierta con la voz a los capturados por los dones somníferos del romanticismo a la antigua, prescinde de la dicción en beneficio de la rapidez ("Lapuertasecerródetrásdemí", así todo juntito), interpreta "Inolvidable" de Julio Gutiérrez y "No sé" de Manzanero, y es garantía irrefutable de la adopción del ayer por la postmodernidad: la sensibilidad romántica no ha muerto, pues todavía hay quien la niega con sus mismas palabras y —casi— sus mismas melodías.

Los ritos instantáneos: Las niñas y las adolescentes se mecen

Los Ritos Instantáneos provienen, tal vez, del entrenamiento mental de los televidentes, conocedores al detalle de las diferencias entre lo que fue y lo que está siendo. Antes, por ejemplo, la gente, en donde fuera, aplaudía sin reglas y sin noción del tiempo, según y como lo sentía, porque antes no había cámaras de televisión, la realidad carecía de *sponsors* y la vida misma se improvisaba. Sobre todo, antes no existía el cronómetro interior, esa segunda naturaleza que ni escatima ni regala segundos, enterada de cuán precioso es el tiempo, y más si se trata de los horarios estelares de la existencia.

Hoy el cantante o el grupo hacen su número y las chavas se abrazan y se mecen en grupos de tres o de cinco, y su precisión evoca la de los esclavos en las galeras, y la hora del punto de cruz del matriarcado. La especie se diluye en los salones de clase, y la especie, en cada concierto, reaparece con tal de verter su dicha en los aerobics de amor (controladamente) enloquecido, con tal de aleccionar con lágrimas y desenfrenos inocentes a su experiencia prenupcial. (Los espasmos ante el Ídolo son dote psicológica para la noche de bodas, por lo menos en el proceso que va de la pérdida a la readquisición de la virginidad.) De esto sí están al tanto las jovencitas: la condición de fan es un manantial de la doncellez, no importa si ideal o genuino mientras el balanceo sea rítmico.

IV. Madonna: la perseverancia del pecado

—Si usted quiere mi testimonio se lo doy con gusto, aunque no trae grabadora ni se le ven deseos de entrevistarme. Pero hemos coincidido en esta reunión, usted es periodista y debe tener, aunque escondido, algún amor a la verdad. Me llamo, y supongo que lo sabe, Humberto Guízar Miranda y pertenezco a una agrupación que lucha por la moral y las buenas costumbres. Soy, y así me considero, un cruzado, y por eso proclamo mi creencia desde las ventanas de mi departamento: "En esta casa somos católicos y no aceptamos propaganda protestante/ En esta casa somos cristianos y no aceptamos publicidad de los preservativos". Esto para darle una idea de la seriedad de mis convicciones.

Le cuento ahora lo que me tiene tan perturbado. Hace como dos meses, en una reunión de mi grupo, un compañero, hombre de pro como todos nosotros, nos refirió casi a gritos el motivo de su santa indignación. "¿Ya supieron? Esa tipa, esa degenerada, va a venir a la ciudad y nadie hace nada por evitarlo. Hay que alertar a la gente decente, hay que movilizarla sin dilación, no hay tiempo que perder". Alguien le hizo la pregunta inevitable, y mi amigo, que es muy vehemente, le respondió airado: "¿Cómo que quién viene? No sea usted ignorante de las maniobras de Satanás. Pues Madonna, la lesbiana esa, la pervertidora de menores, la que hizo un video seduciendo a un santo de color, la que le encanta a los degenerados como ella". Luego se apaciguó y nos tocó a nosotros enfurecernos.

Al final de la junta, habló nuestro presidente: "Es preciso detener a esa ramera antes de que acabe con nuestra identidad nacional. Haremos una campaña en favor de México, para que las busconas ya no corrompan ni echen a perder a nuestros jóvenes. Se informará desde los púlpitos, se reunirán firmas, se movilizará a nuestros amigos diputados, se denunciará por la radio el morbo y el envenenamiento de costumbres". Y ese día comenzó la cruzada. A mí se me encomendó redactar un volante. Aquí lo traigo. Échele un vistazo: "Amigo y vecino: ¿No está ya usted asqueado de tanta inmoralidad? ¿No desea que sus hijos crezcan y se desarrollen en un medio digno? Diga no a Madonna. No acepte la presencia de esa mujerzuela en la patria de sus mayores. Que la porquería moral no envenene el aire de México". No es por echarme flores pero todos me felicitaron por el texto. No sé cómo le hice pero allí habla la raza.

¡Qué esforzados y valientes hemos sido! Nos propusimos una

gran tarea: vencer a Madonna, que deseaba seducir a la Nación para arrojar su alma al abismo. A la semana de nuestra junta apareció la publicidad en *Girlie Show* y se prodigaron las imágenes de la mujerzuela... Y ya convertidos, por así decirlo, en coleccionistas del mal, catalogamos "la basura de la desvergüenza de Madonna: fotos de su estilo fisicoculturista, de su frotarse con hombres y mujeres semidesnudos, de sus ataques a la dignidad del ser humano (esa imagen suya con un hombre al que maneja con un collar de perro). Y fue tan convincente nuestro celo apostólico que de pronto, como a fines de septiembre pasado, nos volvimos los favoritos de los medios. Hubo un momento en que llegaban a las oficinas quince o veinte periodistas al día a enterarse de nuestro punto de vista y sí que lo soltamos: "Esa señora, repetíamos, usa su cuerpo para atraer incautos y atenta contra la moral y las buenas costumbres, pues Dios mismo se preocupó por colocar los órganos más nobles del cuerpo humano en un lugar protegido, ubicados de tal forma que no están expuestos a la vista pública". Los periodistas nos escuchaban con azoro, como si nunca hubiesen tratado con caballeros y damas cristianos. Y aprovechábamos y les soltábamos una buena reprimenda: "¿Por qué los medios invariablemente califican de gazmoños, hipócritas y portadores de dosis excesivas de moralina a quienes defienden la moral pública...? Hoy sacrificamos tiempo y energía con tal de evitar el avance de la sociedad permisiva que nos lleve a la decadencia y el salvajismo desencadenado". Y perdone que sea yo quien lo diga, nuestro remate era magistral: "¿Cómo aceptar que esa señora Louise Veronica Ciccone use el nombre de la Madre de Dios? ¡Madonna sólo hay una y está en el cielo!"

Fuimos a fondo, amigo, y no le pido que me permita llamarlo amigo, sino me reprocho a mí mismo por hacerlo. Le exigimos a la Secretaría de Gobernación que le negase la visa a la tal Madonna, fundando la demanda en el artículo sexto de la Constitución, que habla de restringir la manifestación de ideas cuando se ataca a la moral, y nos basamos también en la Ley de Población, donde se especifica que las autoridades podrán negarle visa a un extranjero de malos antecedentes. Y peores que los de esa señora... Por desgracia, el mal se consigue siempre aliados. El 29 de octubre, apenas entonces, Gobernación, en un acto que le será muy tomado en cuenta por la memoria patria, declaró que a la mujerzuela no tenía por qué negársele la visa.

¡Qué días! En nuestro local un sacerdote ensayó varios sermones, un compañero explicó el porqué se negaba a escudriñar el libro de fotos de la cantante, y nosotros no dejábamos de repetir la consigna: "¡No a Madonna! ¡México, líbrate de la impureza!" Juntamos firmas, repartimos volantes a la salida de las misas, concedimos entrevistas, muchas entrevistas. Un día casi hicimos fiesta. Fue el 20 de octubre, cuando un diputado habló en la Comisión Permanente del Congreso de la Unión. Él fue categórico: "El espectáculo de Madonna nos denigra, es parte de la basura que otros países rechazan y promueve los antivalores más agudos como el homosexualismo, el lesbianismo, las prácticas sodómicas, la proclividad al vicio y la vieja lucha generacional que busca enfrentar a padres e hijos... No parece haber motivo alguno para que los mexicanos debamos aceptar la difusión de una fuente de contaminación tan peligrosa". ¡Qué bien! ¿No le parece? Llamamos a una conferencia de prensa para apoyar al diputado, se nos llenó el saloncito y hasta salimos en televisión. Nos preguntaron con insistencia que si creíamos posible la presentación de Madonna y siempre dijimos lo mismo: "Esa señora no pasará. La nuestra es una causa justa y Dios nos apoya". Y por primera vez, cuando salí en la tele los vecinos de mi edificio me felicitaron. Y todos con la misma frase: "Adelante. Nosotros también tenemos hijos".

Movilizamos a las señoras de influencias, a las esposas de Secretarios de Estado y de grandes empresarios. Algunos jerarcas de la Iglesia llamaron a las más altas autoridades. Y en la prensa el tema se calentó. Nos choteaban y respondíamos señalando sin tapujos el cáncer moral. Y luego intervinieron los intereses del pecado. Ante nuestro reclamo, el Departamento respondió con maña burocrática: "Los permisos están concedidos y no se van a revocar". Un oficio en papel membretado era todo lo que les merecía la salvación de las almas. Y a la salida de nuestras reuniones con los funcionarios, declarábamos con rabia piadosa, o más bien yo declaraba porque mi estilo aguerrido le caía bien a los medios, o eso creíamos... Y llegó el día fatídico y fatal.

Sé que no le estoy aburriendo porque las cuestiones de la moral nunca aburren. Pues le acabo de contar: adquirimos algunos boletos para el show con una idea fija: si se desataba la rechifla contra la pervertida, nos convertiríamos en los líderes del repudio evitando la violencia y extirpando el mal. Y al auditorio del autódromo de los Hermanos Rodríguez fuimos más de cincuenta de nosotros, que nos distribuimos, esperando. Ya dentro verifiqué la edad promedio de los asistentes. Teníamos razón: es la juventud la que corre más peligro. Me encontré a varios reporteros y los saludé, en espera del asedio de sus cámaras y sus grabadoras, pero ya no me hicieron caso o fingieron no verme. Y los que sí me saludaron, pero con un dejo de burla, fueron algunos de mis vecinos. Todo sea por Dios.

Le informo de lo que vi por si usted es de veras periodista. Aquello fue el aquelarre, la conspiración del demonio. Bueno, no exactamente, pero casi. Para empezar unos aplausos enormes; a la gente le complacía su propio descaro. No eran espectadores, eran cómplices. Y el show arrancó con lo peor: esa mujer con los senos al aire, tal y como lo oye, bajó por un poste retorciéndose. No quise observar a mis vecinos para no contaminarme de su excitación. La tipa, de cabello corto, y muy hombruna, se quedó en una plataforma giratoria, y fue liberando sus fantasías sexuales. Dígame usted, ¿qué necesidad teníamos de importar lujuria? ¿Qué no hay aquí demasiada? Me dicen de unas alusiones de la señora al sadomasoquismo, pero aunque soy psicólogo mi conocimiento tiene límites y no las localicé. En todo caso, como le digo a mi mujer, quien aborda en público símbolos sexuales se expone al desprecio de los bien nacidos.

Según yo, la tipa ni canta ni baila, y no seré un experto, pero he oído a Ernestina Garfias y he visto más de una vez *El lago de los cisnes*. Lo que sí es que trae un equipo extraordinario que le inventa la voz y nos deja con el oído retumbando. Luego —voy a saltos para no aburrirlo— ella salió y volvió a bajar de una esfera de espejos, de ésos tan de moda hace unos años. Mi mujer, que me acompañó no por desconfianza sino por solidaridad, se memorizó el vestuario: pantalones acampanados (que se quita para lucir unos shorts de terciopelo), camisa de poliéster y una peluca rubia dizque afro. Ya en el suelo la meretriz esa se lanzó a la orgía, ¡a la orgía!! ¡Qué frotadero, qué ir y venir de cuerpos! Haga de cuenta esos juegos de mi adolescencia, el burro castigado o la tamalada, sólo que entre hombres y mujeres, todos contra todos, formando el pulpo del deseo, el revoltijo de la concupiscencia. Y al concluir su entrecruce de extremidades y posterioridades, la hetaira todavía tuvo el cinismo de rendirle homenaje a los muertos por el sida. Si ellos se lo buscaron, mamacita, y perdón por el uso profano de un vocablo sagrado. No en balde el mismo monseñor Prigione, nuncio papal, describió al sida como un castigo de Dios.

¿Qué le digo que no me haga sentir vergüenza del pueblo de México? Madonna, como dijo un cura amigo mío, no es un ángel caído, es el lugar de la caída de los ángeles, algo muy distinto. La provocadora esa sale de smoking y se toca el pubis como desafiando, poniendo en acción el lenguaje de gemidos y estertores. No tuve fuerzas ni para desviar la mirada. Yo creo que lo genital, si me autoriza la palabra, es asunto de la intimidad y ni allí. Ahora una mujer vestida de hombre es más disculpable que un hombre vestido de mujer o que una mujer completamente desvestida. Y ya en el baile la Madonna esa gritó lo que un vecino de asiento transcribió a petición mía: "Fuck you women, fuck you putas, tu madre, cabrón". Le entrego la nota como prueba, si quiere usarla en su escrito. Y la malvada no se conforma y nos pregunta, bueno, le pregunta a su público: "¿Te gusta mi culito? ¿Te gusta mi culito?"

Usted sabe que si me atrevo a reproducir tales palabras, que aún me abochornan, no es por morbo, sino para señalar el grave riesgo por el que México atraviesa. Este demonio se ha burlado de los símbolos sagrados, simula el lesbianismo en la escena, le rinde homenaje a los prostíbulos, busca seducir y excitar. Y la gente va a sus conciertos por decenas de miles y todavía sale feliz. ¡Qué decadencia, qué culpas amontona la educación laica!

¿Va a publicar usted todo lo que le he dicho, no es cierto? Porque me falta decirle lo peor: desde que ella se fue nadie nos entrevista ni se interesa por nuestra opinión, y esto precisamente cuando más advertencias necesitamos hacerle a la sociedad. Le digo algo, y no es en broma, a veces quisiéramos el regreso de Madonna para que los medios nos vuelvan a hacer caso. Es terrible. Ahora ni los vecinos se burlan de mí a mis espaldas.

[1993]

Los ritos instantáneos: la Ola

Empezó como idea sobresaliente en los juegos de futbol americano y pronto fue obligación de todos los públicos, en especial del adorador del futbol sóccer, y luego el único método gracias al cual una multitud se sentía libre y disciplinada a la vez, con la coreografía mínima y trascendente de miles y miles, esa ondulación que alucina, el sentarse y el levantarse que le confieren cualidades plásticas al dinamismo y las filiaciones deportivas. De movimiento de adhesión la Ola ha pasado a ser el gran espectáculo que toda multitud dedica a sí misma, la escultura ubicua y efímera, la talla de los estadios. Gracias a la Ola la masa relativamente inmóvil se vuelve moldeable, dúctil, sinuosa, conmovedora en su despliegue visual.

v. "¡No canta nada. Será una estrella!
Casi no desafina

La chava es intrépida porque de voz, lo que se llama voz, no tiene nada. Hace seis meses, y sin ninguna convicción, inició sus estudios de canto y el resultado es disparejo: los maestros se han desesperado, a ratos los familiares dejan entrever su tristeza, y su mamá, tan inefable ella, hace poco le comentó a su representante: "¿Te fijaste Ángel? Esta vez *casi* no desafinó". La chava hoy graba su primer cd y en las sesiones el ánimo de los técnicos no es exactamente festivo. Pero a ella su voz sí le agrada, porque es suya, razón poderosa, y porque cuando la empresa quiere la rodea de un mariachi, un conjunto de salsa, una orquesta, lo que sea, el bombo y el platillo. Algún mérito tendrá, y no pequeño, si le invierten tanto en publicidad, la invitan a festivales y la obligan a esos martirios gozosos, las sesiones agotadoras con el fotógrafo que por lo menos no imita al director artístico y no amenaza con suicidarse. Cantar tal vez sea algo distinto a lo que ella hace, ¿pero quién canta entre quienes conoce? Ella revisa la lista de sus compañeras y evoca los comentarios de sus amigos: *¡Qué espanto!/ ¡Aúlla pero sin armonía!/ ¡Es un ultraje envuelto en tecnología!/ ¿Pero quién fue el canalla que le aseguró que podía dejarse oír...?* Ella sonríe desdeñosa, por supuesto que es mejor que las demás y si no pasa a la historia de la canción mexicana es porque esa historia se acabó, las voces que se imponían por sí solas pertenecen al pasado, y sépanlo bien, ya nadie hace carrera: o se empieza desde la cumbre, con la telenovela de la temporada, los elogios de la prensa y las fotos que ya no se ven de tan repetidas, o no se comienza nunca. Ahora la carrera se hace antes de empezarla, y quien no lo entienda que se vaya al Metro con su guitarra a ganarse el cariño del auditorio, y treinta años después, cuando lo haya obtenido, ojalá consiga trabajo de acomodador.

"Tú muestra lo que tienes y no te preocupes de tu voz"

Él está radiante. Cree en su talento como baladista porque es guapérrimo y todas se lo dicen: *¡papacito! ¡muñeco!* Si él está como quiere (así le dicen) no necesita cantar precioso o cantar a secas, porque las chavas (el público preferencial) se derriten al verlo (qué bueno que no literalmente), y hacen del oírlo un asunto secundario. Además, él conoce la mercadotecnia, y su representante, listísimo, lo promueve no con grabaciones sino con fotos. Todo resuelto: le compran canciones padrísimas (y él está al tanto de que son padrísimas porque son iguales a todas las que ha oído, y en nuestros días lo más formidable es lo idéntico), le hacen arreglos facilitos, su coreógrafo le enseña o le quiere enseñar a moverse en el escenario como si sedujera en la alcoba, el director de sus video-clips le informa cada tres minutos de lo fantástico de su imagen, y su equipo le repite lo importante: "En cada concierto presenta en sociedad el concepto Cercanía Apasionada". Él obedece y se extenúa porque al fin y al cabo hace el amor con todas y cada una, no en la práctica por favor, él se reserva el derecho de admisión, pero sí con la actitud, con el manejo del cabello y el sacudimiento de la pelvis... "¡Quién fuera yo!", se dice a sí mismo con suavidad, mi voz arrebata porque mi voz es el complemento directo de mis facciones privilegiadas y obliga a quienes me oyen a nada más verme, y se las faja lo suficiente como para dejarlas picadas. "¡Quién fuera yo!" Además, está la promoción que hipnotiza a las oyentes y hace de las desventajas vocales, las que se adviertan, un asunto secundario. "A lo mejor canta espantoso pero es lo que se usa."

La cartelera de los Wet Dreams

Las viñetas anteriores son estereotípicas y documentales, y se desprenden del método de fabricación de ídolos, que renueva la oferta del tedio entretenido que algunos califican de ensoñaciones. "Si no es húmedo ya no es sueño." Quizás lo más indicado (y lo más pedante) sea describir al procedimiento aludido como "la generación de satisfactores falsos que atienden necesidades ilusorias", y algo hay de esto, desde luego, pero en una sociedad compleja, con zonas de tanta desigualdad, más bien se trata de otra de las consecuencias (que serán causas, o viceversa) de la falta de alternativas. Mientras las personas, los grupos y las tendencias sociales reivindican el derecho a la diversidad, las industrias culturales entronizan la uniformidad.

Ahora, América Latina y vastos sectores hispanos en los Estados Unidos se dejan unificar por la operación del gusto que actúa sobre la música popular, el humor infantil de los adultos, el estilo de conversar o de revelar los secretos más íntimos, los acercamientos a la moda. Ante esta dictadura no tiene caso preguntarse: "¿Qué tiene esto que ver con el arte o con la realidad?", ni hablar obsesivamente de la manipulación, que se da con largueza, sin ser el elemento determinante. Más bien, conviene detallar los modos en que se interrumpe o desaparece la relación creativa entre los artistas populares y sus audiencias, la cesación del diálogo entre los ofrecimientos del espectáculo y la selección a cargo del público. Aludo a los diálogos (efectivos y psicológicos) en el teatro frívolo, en las ferias de pueblo, en las carpas de barriada; pienso en los cines atestados donde hace cincuenta o cuarenta años las películas de éxito se sostenían durante largas y felices semanas. No fue exactamente la televisión la que canceló el trato íntimo de artista y público, aunque su irrupción fue sin duda lo determinante; también intervinieron a favor del monólogo dictatorial otras fuerzas: la sociedad de masas, el crecimiento incesante de las ciudades, el resurgimiento del nomadismo, el fin de los aislamientos geográficos (de los pueblos o de las barriadas). Un día, de pronto, un público enorme, el más grande que se había conocido, se descubrió mudo frente a lo que veía y escuchaba, ya ni siquiera en relación con las industrias culturales sino con su oráculo: el rating. Esto, desde luego, admite excepciones, y uno podría citar a los grupos de popularidad fulgurante que colman plazas y estadios, sostienen a la industria discográfica y trabajan trescientos días al año, grupos como Bronco, los Bukis, los Tigres del Norte, los Temerarios, los Cadetes de Linares, los Invasores de Nuevo León, los Rodarte, los aún vinculados a gritos reales y demandas genuinas, las alternativas que aparecen cuando ya nadie se acuerda de las alternativas. Eso, para ya no referirme al otro gusto, no por minoritario menos profundo, de los fanáticos del rock nativo, de quienes apoyan con su presencia y su aspecto (algo distinto de la presencia) a los grupos de nombres regocijantes que practican el heavy metal, el hardcore, el technopop, el punk, el postpunk, el rap, y le conceden a *la fusión* lo que sus antepasados le atribuyeron a las mutaciones de la diosa Tonantzin.

En el ámbito del monólogo impera la mercadotecnia, o "ingeniería del gusto", cuya cumbre es el barroquismo clasificatorio que en Estados Unidos recibe el nombre de *psicografía,* donde a los clientes se les divide por edades, valores, conducta social, modos de vida y rasgos psicológicos. Si en México aún no se llega a tales extremos de ubicación, es por las inercias de la tradición, todavía funcional, del público único "de ocho a ochenta años". La tecnificación, al diseñar con nitidez el carácter maleable del consumidor (su "perfil"), elimina cualquier noción de diálogo.

Pero todo esto a ella, que graba su primer disco, y a él, que se deja querer, los tiene sin cuidado.

Los ritos instantáneos: ¡MÉ-XI-CO!/ ¡MÉ-XI-CO!!

En 1968 los Juegos Olímpicos engendran gritos de guerra y victoria que, dos años más tarde, el futbol sóccer conduce a las cimas de la dicción nacionalista que se expande en el continente de tres sílabas: ¡MÉ-XICO!!! ¡MÉ-XI-CO!!!, ¡MÉ-XI-CO!!!... La exclamación es un aviso geográfico en honor de los extraterrestres, pero en conciertos, encuentros deportivos y reuniones políticas, el ¡MÉ-XI-CO!!! ¡MÉ-XI-CO!!!, es solicitud de ingreso a uno mismo y al universo al ladito. ¡MÉ-XI-CO!!, el país elige como espejo de virtudes su nombre vuelto porra, cada mexicano que compite es la nación entera, o mejor, cada mexicano (grupo o individuo) que compite o canta o concursa electoralmente es la oportunidad sagrada para que la nación entera vuelva a la superficie, de donde la ha expulsado la ausencia de ánimo competitivo. ¡MÉ-XI-CO!!!: el alarido es la firma colectiva en el libro de visitantes de la galaxia.

VI. New Kids on the Block: la malicia inocente

¿Que si saben a lo que vinieron? Desde luego, a darse cuenta de cuánta ventaja o desventaja les llevan estos gabachos muy probablemente atenidos nada más a la tecnología, les falta inspiración, son de plástico. Ellos no esperan sorpresas, ya vieron los video-clips varias veces y conocen sus métodos de trabajo, en algo similares a los suyos, con más recursos desde luego, los gringuitos no tienen que ensayar en garages ni pelearse con la familia por el ruiderío. Otra semejanza: New Kids son cinco y ellos, los de Acitrón de un Fandango, también son cinco; una diferencia: los New Kids son producto de un concurso y los de Acitrón se juntaron en la prepa, en la clase de Carisma que da un profesor muy locochón, muy vaciado, seguro de llevar a la superficie el poder de seducción que para sus propietarios ignoran.

Acitrón de un Fandango surgió de la intuición conjunta: todavía hay sitio en el espectáculo para un grupo de chavos que baile más o menos, cante más o menos, sean más o menos atractivos, aprendan la mímica de la armonía de los aerobics, se consigan canciones que suenen actuales y, eso sí, encarnen a la perfección al adolescente urbano en México. Ellos se consiguieron a un representante, el representante contrató a unos expertos en mercadotecnia, los expertos aprobaron el proyecto, la televisión los aprobó y ahí la van haciendo. No como quisieron pero ya han ido al extranjero, en Guatemala y en Costa Rica les fue muy bien, el siguiente disco lo grabarán en Los Ángeles, y nada menos que el gran compositor Juan Carlos Calderón les prometió una canción. ¿Qué más pueden pedir?

¿Cuántos adolescentes le caben al Palacio de los Deportes? El número no es concebible, la adolescencia es la edad preferida de la demografía, y se acabó la época en que la pubertad y la adolescencia pasaban de hecho inadvertidas, meros pórticos de la edad adulta. Ahora los *teenagers* son un poder de compra y la industria del espectáculo los ama: ellos adquieren, y en grande, discos, revistas, ropas a montones, video-cassettes de ídolos y protoídolos del rock. Los aquí presentes son chicos de su edad que, antes de actuar, se fijan en lo que hacen todos los chicos de su edad. En este caso la adolescencia es la mezcla de niñez postergada y sexualidad romántica.

Según el mánager de Acitrón el axioma aún es válido: cuando las modas se sienten próximas a morir, vienen a México. Y según los de Acitrón estos New Kids on the Block, los chavos recién llegados a la cuadra (Joseph McIntyre, Jordan Knight, Donnie Wahlberg, Danny Wood) ya casi se disipan, otros los sustituirán, la gran mayoría los volverá nostalgia brumosa: "¿A que ya ni te acordabas de New Kids on the Block?" Pero los de Acitrón, por desdeñosos que sean, no creen en la obsolescencia planeada, ellos sí van a durar, a transformarse en un conjunto que vaya con su edad. Y de veras que quieren ser profesionales y han estudiado a sus antecedentes, y son especialistas en materia del grupo original, Menudo, de Puerto Rico, el primero en darse cuenta de que los niños y los adolescentes que se respetan lo que ansían es cantar. Claro que a los de Menudo también los cotizaba su atractivo, y allí están por ejemplo René, Charlie Massó, Robby Rosa, Ricky Martin, pero luego ya de solistas no funcionan. También estuvieron los Chamos, de Venezuela. ¿Y quién se acordará de ellos? En México Timbiriche no lo ha hecho mal, pero los grupos mixtos no tienen tanto arraigo entre los adolescentes.

A los de Acitrón lo que más tiempo les llevó, seis meses enteritos, es hallar el nombre del grupo. Desecharon algunos por irreverentes (Los Amantes de Mamá, Animales Tristes Después del Coito), renunciaron a otros porque eran autogoles (Las Pulgas Vestidas, Música Contra el Oído), y se decidieron por un juego infantil del que todavía hay quien se acuerde. Los de New Kids on the Block la tuvieron fácil: le encargaron el nombre a una agencia de publicidad, y el mánager y la compañía grabadora los seleccionaron por el look, la combinación de rostros y actitudes, y el parecerse extraordinariamente al chavo que todos están seguros de haber visto en algún lado, el chavo de esa esfera de la singularidad en donde todos son idénticos.

New Kids on the Block nació ya completito, con todo y reacciones de público. Son los jovencitos de al lado, dóciles y relajientos, de aspecto típico (lo típico en este año) y aficiones previsibles: tomar videos o fotos instamatic, usar chalecos o aretes cuando hace falta, los jeans un tanto raídos, las gorras de beisbol, la ropa holgada o entallada, ropa como de ghetto pero de calidad. Nada de exageraciones o atractivos perversos. Y esto lo entienden y lo comparten los de Acitrón. Un grupo de adolescentes debe ser como un diálogo casual un domingo en la tarde, y seguir entre paisajes obligados: la energía para la patineta, la ida al parque de atracciones o al gimnasio, los highways, las camisetas que varían al infinito, las fotos de abandono en el sofá.

El mensaje de New Kids es paternalista: no bebas, no uses crack, no fumes mariguana, lo más positivo es (por ejemplo) incitar a hacer cosas positivas. "Sé tú mismo y que nadie te diga: haz esto o lo otro". A ellos —y lo señalan con la claridad de un recitado— les importa la gente, y tienen que decirlo, porque eso se espera de su comportamiento, que no molesten a nadie: ligues sin consecuencias, sonrisas francas, malicia sin protección. "Queremos alcanzar a todos y decirles: Tú puedes hacer lo correcto". El mensaje de los de Acitrón es muy semejante, con la diferencia que ellos no le recomiendan a nadie abstenerse de la droga, porque su público no concebiría siquiera el usarla.

En el escenario es perfecto. Los New Kids son criaturas del arco tendido entre la batería y la guitarra eléctrica. Su coreografía básica deriva de *thriller* de Michael Jackson, con algunos saqueos del break y el vogueing y cualquier danza de moda. Los de Acitrón ni se inmutan, esos pasos los hace y los aprende cualquiera, y tienen una enorme desventaja: ya en las discos los usa cualquiera, y así qué chiste. Los New Kids viajan alrededor del micrófono, emiten canciones del amor anterior a la pareja, "adecentan" los estilos y entonan canciones azucaradas que permiten los bailes quedos y los coros suaves y solícitos. Y como en un ensayo general del único concierto sobre la faz de la tierra, las fans levantan los brazos con tal de asir la armonía y proseguir su aprendizaje del amor sin consecuencias. Los de Acitrón observan a los New Kids on the Block, toman notas mentales y se felicitan unos a otros por ser tan obviamente distintos y superiores. Para empezar cantan en español, un idioma más cálido y comprensible. Y luego, aunque los métodos sean tan asombrosamente iguales, ellos son mexicanos y su poder de improvisación compensa la desigualdad tecnológica. Eso por lo menos repite el mánager en voz baja.

Los ritos instantáneos: Las Gargantas Voluntariosas

¡Ay, ay, ay!!! No, de veras no, lo anterior da pálida idea del estrépito, y dista de ser el equivalente exacto del alarido que puntúa los conciertos, de los reconocimientos femeninos que hacen germinar el deseo en la clásica superficie resbaladiza que es la confesión de amor. Y la transcripción del clamor supremo es relativamente sencilla: *"Si grito es para robarle a las canciones el éxtasis y poder así memorizar la sensación"*. Desde la infancia, se han especializado en la Gran Emisión de Voz, en la entrega idéntica a dioses muy distintos. Y en el Ulular todo se desgasta y renace, las cuerdas vocales se entrenan para prevalecer y enriquecen el concierto con el salto inesperado y complementario (un aullido como una sinfonía). El grito poco o nada tiene que ver con el cantante y las canciones, el grito es el concierto auténtico, y qué caso tiene tanto silencio habiendo tantos vacíos sentimentales.

La hora del ascenso social
Y SI USTED NO TIENE ÉXITO NO SERÁ POR CULPA MÍA
(NOTAS SOBRE LA RELIGIÓN DEL MIEDO AL FRACASO)

> Ahora no pasa un tigre sino su descripción.
>
> Virgilio Piñera

I. En los setentas.
Atrévete a ser grande: El entusiasmo ante el entusiasmo

Un hotel en Cuernavaca. Se reúnen los integrantes de la promoción "Atrévete a ser grande" de vendedores de cosméticos.
Afuera, y con bravatas, una manta pregona el encuentro, sin
desafío no hay publicidad, señálale sus traumas a quien no com-
pre, como bien lo supo el publicista de una marca de zapatos
que, aplicándole quebradoras al idioma, animó con una "licencia poética" a la raza "bajita": "¡ALTURÍZATE! ¡ALTURÍZATE! En
hombres y mujeres, en políticos y comerciantes, el tacón alto
sitúa el ego en primer plano. Si nos elevamos sobre nuestros
recursos corporales el milimétrico alejamiento de la tierra nos
concederá otra mentalidad.

—¿Le interesa a usted entrar? Le conviene porque no todos
los días el porvenir está a nuestro alcance. "Atrévete a ser grande" es una organización de venta de perfumes y artículos de
tocador. Para ingresar sólo necesita adquirir algunos miles
de pesos de mercancía e inscribirse en cualquiera de los grupos: Águilas, Cóndores, Ardillas, Tigres, Leones, Conejos. ¿Es
eso mucho pedir? También necesita asistir a las reuniones y
convenciones y declarar allí los merecimientos en la lucha por
el gran honor: ser el Vendedor del Mes.

En el auditorio, el maestro de ceremonias conduce a un público juvenil por senderos trascendentes. Bigote que se cuida

212

como a un hijo enfermizo, espontaneidad de gimnasio, ropa
que no reclama para su propietario ventajas que no disfruten
todos... y da comienzo el orden del día.

—Miren, compañeros, vamos a ver quién es el vendedor estrella y qué grupo ha triunfado en esta etapa. Que pase Nogués
de los Cóndores, por favor.

La competencia. El aturdimiento inducido, el ritmo deto-
nante. "GO, GO, GO, GO, GO, GO..." El abuso del verbo inglés
induce al orgasmo fonético. Táctica azteca: Si uno dice muchas
veces una palabra en inglés la nacionaliza. (A cambio de Texas
y California les hemos ido arrancando a los gringos su vocabulario.) Ve, sigue, prosigue, continúa. GO. La asamblea —literalmente— ruge, se pone de pie, gruñe o brama los nombres de
los grupos, se improvisan líderes y los líderes estrenan su don
de mando en la extenuación de las porras y son derribados
por el golpe de estado de afonías súbitas... Cuánto cabe en
una palabra: promesas de ser cada día mejor, artes marciales
de la superación personal, ánimo de trepar en la vida... GO!
GO! GO!

/me gustaría ser uno de los meros meros, tener ese automóvil tan sexy que vuelve inútiles a palabras seductoras y mujeres
seducibles.

/solicito que a golpes de impulso me toque la residencia que
anuncian en la tele, GO, GO, GO, GO, GO, GO, enronquecer es
vivificarse.

/ *vivir como se debe* es el mensaje para familiares y amigos,
dense un quemón, me cambié de colonia, ya se me olvidó el
"español-de-pobre", miren de nuevo las transparencias de Cancún, no, no es tan caro, depende de lo que consideres "caro"
por supuesto, se vive solamente una vez y nuestros padres hicieron muy mal en educarnos en las tradiciones de la escasez.

/el auditorio es una sola voz compacta y desmedida, el que
quiere nacer tiene que destruir el silencio, hay que huir del cas-
carón que es el silencio y añadirse con fibra a la catarata enlo-
quecida: GO, GO, GO, GO, GO, GO.

/los lemas publicitarios se hicieron para que el cuerpo los
traduzca coreográficamente, un vendedor es un acróbata de la

emoción distributiva y vender es el octavo arte: el mundo es tu cliente, y las gratificaciones planetarias son tus dividendos.

¿Cómo no pertenecer a "Atrévete a ser grande"...? Son dos en una: las tácticas de venta y las estrategias de la identidad. El que porfía mata resistencia del adversario (el comprador), suprime la timidez y la pena y certifica lo obvio: el éxtasis competitivo es sinónimo del plano místico. Por eso, incluso los curiosos, al envidiar la catarsis ajena, terminan incorporándose al GO, GO, GO, GO, GO, GO... El recién llegado al desmadejamiento nervioso alza el puño y distiende el alma al vencer, otra vez, la línea enemiga... y los Cóndores y los Tigres y los Conejos y las Águilas siguen de pie, y el maestro de ceremonias solivianta a los equipos y alienta a quien más vendió en la semana, a quien más perfumes y lociones distribuyó en el mes, a quien más rápidamente impregnó de aromas a la nación. GO, GO, GO, GO, GO... la consigna asciende hacia los cielos y el sudor de los compañeros inspira a quien, de casa en casa, promoverá desde el lunes los aromas delatores.

II. ¿Y qué es el éxito sino la negación de tus debilidades?

¡*La religión del éxito*! En todas partes, esa religión tan-propia-de-nuestra-época, que afecta por igual a quienes todo lo importan de las metrópolis (¡La fayuca de sensaciones!), y a quienes Ya No La Hicieron, quién les manda haber nacido a dos o veinte mil kilómetros de distancia del hogar conveniente... Bienvenidos a la *religión del éxito*, un culto con santos, devociones, liturgias y herejías, aquí se veneran la Superación y el Empeño Individual, nada tan estético como ascender en auto sport por las rampas de la Gran Carrera de la Existencia, absorbiendo las etapas como pausas que refrescan, la Juventud, la Madurez, la Cirugía Plástica... (Y el dinero nos salvará de la Tercera Edad. En *El gato sobre el tejado caliente*, de Tennessee Williams, Maggie declara: "Sin dinero, tú puedes ser joven, pero no puedes ser viejo...")

¡*El Éxito*! Si nos da por las equiparaciones, la vida no es ruletas o viacrucis, sino un comercial donde el actor (el que vive la vida) se adueña de la esencia de un producto, como lo oyes mano, la elegante rubia al lado (flamígera) (despampanante) (aerodinámica) será tuya nomás que continúe la telenovela, vente güerita, caigamos en el remolino amatorio de aquí al siguiente comercial. Superarse es mejorar la calidad de las compañías diurnas y de los sueños nocturnos, y la Religión del Éxito afecta también a quienes han respirado el fracaso desde que se acuerdan, sus padres olían a letras vencidas, y sus departamentos exudaban plegarias como golpe de dados que no aboliría, ni de broma, el azar. En el siglo pasado abundaban los novelistas propagandistas del fracaso, el vapor sagrado que de la tierra se desprende. Hoy no hacerla es, para todos, la muerte en vida.

Monólogo del arquetipo

—¿Sabes qué? Uno tiene que meterle ganas a la vida para no dejarse, para no quedarse atrás. ¿Sabes qué? Que se atrasen los otros, los pendejos, los que no saben moverse ni se las arreglan. ¿Sabes qué? A mí que me den un chancecito y me pongan donde hay, nomás pido eso. Yo por eso estudio inglés, el idioma del presente y del porvenir, de veras, *cross my heart*, me voy unos meses a los esteits, aprendo algo de computación, regreso, acabo mi carrera de licenciado en turismo, un cuate mío me da trabajo en su hotel, le pongo ganas, me fijo en todo y siempre ando presentable... ¡y ya está!, vénganse las oportunidades con su rey. No sé si leíste los libros de Og Mandino, *El vendedor más grande del mundo* y *El milagro más grande del mundo*. Son buenísimos, yo incluso me compré un disco que hicieron aquí en México, a veces lo oigo los fines de semana para estar en forma y no descuidar mi preparación espiritual. Mandino te lo dice muy sencillo (y muy padre, con puras fábulas orientales): "En ti está el secreto, en ti está la capacidad que ignoras, tú eres ese tipo, el vendedor más grande y el milagro más grande del mundo..." ¿Te das cuenta? Uno es un milagro y si no lo aceptas, vivirás siempre como pobretón... Yo leo de todo. Un cuate de la oficina me regaló este libro, *Poder*, de Michael Korda, fregoncísimo y muy claro. ¿Sabes qué? Las puertas al poder son la confianza en ti mismo y el deseo de no quedarte nunca donde estás. *Poder* es lo obvio: el chorro de tarjetas de crédito y el rumbo que aleje a tus hijos del naquerío y los viajes y lo que quieras, pero —antes que nada— *poder* es una decisión interior, que se consigue entrenando el espíritu. Luego, esto se refleja en la apariencia decidida. Acuérdate del dicho "Como te ven te tratan".

Piénsalo de este modo: "Como te ves, te impones". Korda recomienda ejercitarte ante el espejo y decirte con voz categórica: "Yo pienso que mi trabajo me da derecho a ganar más dinero del que ahora gano, y tengo ya varias ofertas pero preferiría seguir aquí. Si en mis ojos veo que soy mañoso y además parpadeo, y mi mandíbula se extiende desafiante, delato mis ambiciones, y en un encuentro real con mi jefe éste probablemente se dará cuenta que no tengo otras ofertas de trabajo y él a lo mejor ni siquiera cree que valgo la pena". Por eso Korda aconseja verificar con frecuencia la imagen propia, y hacerse de la boca relajada y la mirada firme que inspiren confianza. No podemos volvernos bonitos, ni modo, pero sí está a nuestro alcance controlar las reacciones faciales, eliminar el nerviosismo... Hijo, mano. Léete el libro, está completísimo, allí están contestadas tus preguntas: ¿qué decir si vas en un elevador con tu jefe, por qué los poderosos rara vez se sientan en una reunión, qué estado de ánimo es el apropiado para las fiestas de tu oficina, cómo motivar a tus empleados para que trabajen más y tú consigas aumento de sueldo, por qué los relojes muy ostentosos no funcionan como símbolo de poder, de qué modo manejarte en el teléfono...?, híjole, es un libro indispensable.

Vender es vivir

El monólogo se cierra y se abre en cualquier punto. ¿Por qué no? La vida es competencia, suerte y oportunidad. Y a uno puede tocarle la de vender y la de ganar, mientras cientos de miles de jóvenes se atienen a la gran ensoñación: memorizar las reglas del auge individual que la voluntad capta y el estilo perfecciona. ¡Ah! Vencer y convencer desde el aspecto. ¿Quién lo prohíbe? Y el País de la Venta le añade mayúsculas al *Éxito* y ya no deposita sus fantasías al pie de las imágenes de estrellas de cine. Quien no vive soñando no le venderá su alma al diablo (¡La Venta del Siglo!) Y mal le va a ir a quien visualice el Éxito como el camión de mudanzas que lo deposita en el pequeño condominio que será su Arca de Noé y su pirámide faraónica. Lo frustrante no es la distancia que separa del Éxito, sino jamás luchar por él, lo más lindo y reconfortante es vislumbrar signos positivos, las iluminaciones de lo que se ha avanzado desde que el abuelo campesino salió de su pueblo natal.

Insinuar. Proponer. Ofrecer. La religión es la técnica de promover aquí las ventajas del más allá. La política es el arte de vender simultáneamente el gozo de la estabilidad y la paranoia ante el caos. La moral es la promoción (*¡Grandiosa oferta!*) de nuestros actos permitidos y la conciencia crédula es aquella que adquiere lo que ya tenía. Atraer, persuadir, incitar subliminalmente: los verbos publicitarios son las etapas de la realidad. En la portada de *El vendedor más grande del mundo* de Og Mandino se nos informa del número de ejemplares vendidos y, reiterativamente, se nos vende el libro del vendedor. Todo es adquirible, promovible, promocionable, posicionable, sujeto a remate, a barata, ganga y saldo. La ocasión hace al cliente y al comprador. Y Og Mandino, profeta de la nueva era, descarga sus apólogos edificantes, sus versiones árabigas de las mil y una incitaciones al erotismo de la compra.

III. Los ochentas. Una recapitulación. Otros pueden, ¿por qué no usted?

Todavía puede esta gente salvarse del cielo.

Virgilio Piñera

—Lo que me gusta de mí es que me supero todos los días y hago algo nuevo.

—¿Crees que tendrás éxito?

—Sí, por mi lucha constante, por mi afán de mejoramiento, porque cada día tengo más cosas que aprender y a diario voy logrando lo que quiero. Sabes, sólo es pobre el que no se esfuerza.

El darwinismo social nunca muere. En los treintas, ya se le suponía destruido por el espíritu socialista, y resurgió más fuerte que nunca entre los obreros. Quedó claro: la confianza generosísima en uno mismo, la agresividad y el deseo de triunfar son actitudes que desplazan a la disciplina, el fastidio ante las tentaciones, y el cultivo de la personalidad armoniosa. Sin que nadie la conociera, se afianzó la frase de Hazzlit: "La clave del éxito es estar más ansioso de obtenerlo que de merecerlo". Y el otro catecismo del capital se probó en cada joven cajero que veía pasar con envidia al gerente de banco, en cada gerente de banco que imitaba las maneras del director de la empresa, en cada director de la empresa que al leer la vida de John D. Rockefeller a solas y frente a su enorme escritorio de roble, se convencía de la inmensa verdad: el dinero es lo que nos distingue de los elefantes y de las hormigas. Sólo para facilitar el melodrama, se aceptó la "filosofía del arrabal" que ordenaba un fin trágico para quienes escapaban de su hábitat original. Y el éxito resultó el castigo más llevadero.

En la novela de Carlos Fuentes, Artemio Cruz, el símbolo del irresistible ascenso, agoniza y en la vastedad de sus últimos instantes, vemos a los medios seguir dócilmente a los fines. Pero Artemio Cruz es un arquetipo. No es forzoso actuar de tal manera que uno termine reducido a símbolo. También se sale avante sin consecuencias alegóricas.

"Fíjate, mi compadre era chofer de un Influyente y vélo nomás ahora, con tamaña casona, con los hijos en escuelas particulares..." Si el ejemplo cunde, la mentalidad cambia. Si alguien vive sus pretensiones como lo más real, las consecuencias son reales. Antes que la corrupción, método eficaz para evitar la sociedad cerrada, lo más estimulante fue la ambición. Si la ética protestante veía en la riqueza un signo inequívoco de la incorporación a los Elegidos de Dios (Max Weber), la Ética de la Revolución Mexicana (en su versión postrera) vio en la voluntad de prosperidad el único acceso a la ciudadanía. Y la Iglesia católica, al respecto, no tuvo objeciones.

En el fondo, el culto al Progreso sólo fue el culto al Progreso individual. Alguna vez, Gertrude Stein se preguntó por qué el éxito lo era todo para los norteamericanos "cuando ya sabían que el ochenta por ciento de ellos estaba destinado al fracaso". Pero la gran oferta del Progreso resultó el ingreso a esa minoría afortunada, no más del tres por ciento a lo mejor, pero —de acuerdo al diseño utópico— una minoría jamás inalcanzable.

IV. Soy optimista porque creo en mi mala suerte

El vendedor de los ojos enrojecidos pide otra cerveza y persiste en su *day dreaming*. Lleva cuatro horas aquí, en este bar provinciano que alguna vez aspiró a la escenografía singular, y desde su tono monocorde afirma verdades eternas: soñar es vivir, y cada venta es, también, una proeza sexual. Él se ha atrevido a ser grande y está siéndolo, crece ante sus propios ojos, de todas las puertas brotan mujeres que adquieren sus productos, eligen perfumes, lo reconocen como el vendedor más extraordinario de la galaxia. *¿Te das cuenta? A ti te hablo, pendejo. Hace exactamente un año fui el mejor vendedor de mi compañía. Pero ahora no sé qué me pasa.*

Como todas las religiones, la del Éxito también empieza de casa en casa, ganando adeptos, iluminando semblantes. Visualícese una escena parroquial a su modo. El vendedor de los ojos enrojecidos insiste en sus estaciones dolorosas: el desempleo, las dificultades de transporte, la carestía, la inflación... Prodigio circular, el monólogo recae en el trabajo y la familia ("¡Vieras qué vivo es mi chavito!"), y las esperanzas se reparten de modo equitativo entre el pasado y el porvenir. *¿Qué tal?* Los esquemas verbales son intachables, imposible pedir más, y la ilusión capitalista se disemina entre burócratas y obreros y eternos estudiantes de idiomas. Ellos, cada mañana, hacen su calistenia anímica, y ratifican sus limitaciones: jamás serán plutócratas, jamás mi recámara se parecerá a un latifundio. Y luego, catalogan las compensaciones posibles: abandonar el barrio, aturdir con pequeñas conquistas a su espíritu de resignación, convencerse de que la pobreza no es lo opuesto a la riqueza sino a la falta de metas. Se impone la pedagogía del Consejo Oportuno: quien desee Ser Alguien nunca admitirá que es pobre, así viva donde viva y gane lo que gane.

¿Cuándo se instala entre nosotros la Estética del Espejismo a Plazos? No está de más responsabilizar al *Selecciones del Reader's Digest* de los años cuarentas, con su sabiduría comprimida, sus chistes repetidos y sus secciones intituladas (célebremente) "Otros pueden. ¿Por qué no usted?" y "Mi personaje inolvidable", en donde se comparaban los titubeos de un oficinista con las vacilaciones de Napoleón o del general Mac Arthur antes de las grandes batallas, y en donde se avivó el arte de las relaciones públicas codificado por Dale Carnegie en *Cómo ganar amigos e influir en la gente de negocios*. Sí, la culpa o la vanagloria de esta pedagogía se desprenden de artículos intitulados "Habituarse bien simplifica la vida" o "Soñar ayuda a bien dormir" o "La alegría de andar a pie" o "¿Es doloroso el momento de morir?" o "El don de gentes se adquiere" o "Al niño puede enseñársele a vivir" o "Somos dueños de nuestro destino" o "La felicidad, creación personal", textos donde el tono admonitorio se explicaba por las demandas del lector. Sí que en *Selecciones* sabían aconsejar: *La personalidad se desarrolla aprendiendo a hacer nuevas cosas cada día con los demás y para los demás. Al acrecentarse nuestra personalidad, se acrecienta paralelamente nuestra felicidad. La personalidad estriba en el modo en que nos afectan las consecuencias de nuestra conducta...*

Y los lectores ávidos alzaban la vista al infinito y se persuadían con nobleza de que si habían fracasado en el empeño era porque se habían empeñado en el fracaso.

/pero ya antes de *Selecciones*, esta religión del triunfo módico en la vida (el que persevera algo alcanza, así sea nomás la condición de perseverante), se filtró gracias a profetas hoy sepultados por el polvo de la ingratitud, y no se me corrija la metáfora, predicadores del Éxito como Orison Swett Marden y Samuel Smiles, que en libros como *El carácter*, insistían cariñosamente: tu voluntad puede modelar el mundo, y si te lo propones con rigor el mañana es tuyo.

/y en *Cómo ganar amigos e influir en la gente de negocios*, Dale Carnegie insistió: "Reprime las demandas del yo en beneficio de ese bien más alto, cerrar el trato". Y fue admirablemente sentencioso: "Dejen que se los repita: los principios encerrados en este libro sólo funcionarán cuando emanen del corazón. No estoy hablando de un repertorio de triquiñuelas. Hablo de un nuevo modo de vida".

/y a Dale Carnegie lo sucedieron Norman Vincent Peale (que depositó en las convicciones religiosas la llave del éxito), y autores desdichadamente no traducidos al español como Bruce Barton, quien en *The Man Nobody Knows* presenta a Jesucristo como un hábil y afortunadísimo hombre de negocios, el que sí la hizo en Galilea. Si bien se mira, dijo Barton, Jesucristo al principio sólo tenía una idea y terminó con un movimiento a escala mundial (eso le falta a la ideología empresarial en México, reiterar que Cristo fue un magnífico empresario).

/y la ideología del Optimismo se instaló confortablemente, algo distinto del catálogo de recompensas en la otra vida, y del credo socialista y sus recompensas para todos algún lejanísimo día al mismo tiempo. En lo básico, este Optimismo canjeaba certidumbres por deseos nómadas, llegaré, conoceré, disfrutaré, paladearé, frecuentaré.

/ni siquiera el proletario se libró de las infusiones de la Voluntad Individual, y se dio el caso de un propagandista del YO que, en los años veinte, y en pleno auge del radicalismo y la pedagogía marxista, compitió por el alma de los trabajadores.

Este publicista de los frutos del Esfuerzo, oculto o revelado por el seudónimo de "El Obrero Consciente", invirtió numerosos años y panfletos en la tarea de materializar entre los operarios la vocación empresarial, asegurándoles que del taller y de la fábrica saltarían —la eternidad dura un minuto— a la prosperidad y la admiración ajena.

/y nunca escasean los ingenieros y médicos y abogados doblados en conferenciantes que, entre sorbo y sorbo de agua y ojeadas nerviosas a sus notas, postulan el avance individual, las ventajas del ahorro y la constancia laboral y el pensamiento áureo en el instante de despertar: *Me gusta comparar la existencia con una casa que vamos amueblando y a la que le agregamos habitaciones y...*

Sin esfuerzo, ni la disciplina tiene sentido

¿Quién los desmiente? El individualismo es la fe pública del capitalismo y, en la sociedad de masas, el esfuerzo de cada uno se apoya en las decenas o centenas de miles que hablan o intuyen el lenguaje de la superación, aportan su cuota de confianza y repiten, orgullosos, los proverbios antes escondidos en los almanaques y en la sabiduría de los viejos en los parques. *¿Vale la pena vivir?* preguntaba hace cuarenta años el cardenal Fulton J. Sheen en su programa radiofónico, donde instruía en el difícil pero recompensante arte de respirar con sentido moral. Claro que sí, cómo no, si hay entereza y la disciplina del que corre agitadamente en la senda de la inmovilidad.

—*¡Quiero ser otro! ¡Necesito ser mejor! ¡Debo prosperar! ¡Aprovecharé cada minuto!* Y las fórmulas, una vez dichas o meditadas o trazadas a fuego en el espacio inolvidable de las frustraciones, compensan de la grisura y el estancamiento, de los ascensos tan lentos que a la distancia se confunden con retrocesos, de los círculos gemelos del aburrimiento y la diversión. Las frases del Estímulo Inducido encandilan y halagan. Estoy haciendo algo por prepararme, no pierdo mi tiempo, la vejez no me descubrirá ahorrando, ni mendigando, ni varado ante una ventanilla de pensionados. El contador anota cuidadosamente las reflexiones de Juan Salvador Gaviota, y el elevadorista lee con deleite alguna moraleja bíblica (adaptada e inventada), y en ese minuto el Espíritu de la Trascendencia Interior los deposita en el nirvana de las posibilidades innumerables como las estrellas. *Llegar, no conformarse, Ser Alguien...*

Y en aquellos días, oído que se hubo del aumento de las cifras del desempleo, turbas anhelosas acecharon inútilmente ese paraíso, la Condición de Alguien, y los aspirantes se fueron quedando en el camino, con discreción, sin ánimo ostensiblemente trágico, atenuado el resentimiento por el cariño o la obediencia de los hijos, los espectáculos placenteros, los recuerdos esmerilados. Aun siendo Nadie, aun viviendo con grandes descuentos en la rebaja permanente, en el gran saldo del anonimato, vale la pena vivir si en las noches se sueña con el Esfuerzo que Mueve Montañas.

v. Conversar es vender

Esta mañana tuve una idea genial pero no me gustó.

Samuel Goldwyn.

El ama de casa desconfía y el vendedor redobla sus cortesías. ¿Qué método aplicar? ¿Las parábolas de Mandino, el método Miguel, el Borden y Russe, el Roth, el Letterman, el Whiting, el Bigellow, el Wheeler? ¿O usaré la intuición? Está en los libros: el cliente es el mejor juez y hay que oírlo, pero esta señora no escucha, ni le deja al vendedor cerrar la ventana como si anotara una carrera (tocando cada una de las bases), ni permite abotonar la venta con beneficios o asegurarla con la llave de una ventaja principal... ¡Dios mío! ¿Cómo decirle que su maquillaje es fatal, que este lápiz de labios la destruye? ¡Dios mío! ¿Me entenderá este adefesio? No, no me oye ni me entiende y su marido debe ser el hombre menos exigente del mundo. ¿Y cuándo se callará esa horrenda niña? ¿Hablo con suficiente claridad? ¿Me comprende la cliente? ¿Pinto realmente imágenes con mis palabras? ¿Persuado a partir de mi apariencia? ¿Soy emotivo? ¿Quién promoverá como es debido marcas tan gloriosas como Zans Susi, Missuky y Larizá?

Fue inútil el ensayo del vendedor con sus hermanas. Ésas de por sí no deducen ni infieren nada, son muy bobas, no percibieron su notable síntesis de las ventajas del producto, ni el ritmo hipnótico de sus repeticiones. Pero si el método Roth falla, sólo queda el Whiting, que el maestro explicó en el pizarrón con todo detalle: Fíjense en el cliente, dijo, fíjense, ustedes son psicólogos, mucho más que cualquier charlatán con título, fíjense si

— se relaja y, especialmente, si abre las manos
— y se inclina hacia usted
— y adopta una expresión más plácida
— y demuestra, con movimientos de cabeza, su acuerdo con los argumentos que le exponen
— y da un paso atrás para contemplar mejor el producto
— y cruza y descruza las piernas
— y examina de nuevo la muestra
— y toma en sus manos el folleto
— y deja que en sus ojos se asome un brillo peculiar
— y lee el folleto.

Él ha estudiado el Método Miguel sobre "el valor del silencio en la conversación específica de ventas", pero el ama de casa no le deja exhibir su pericia, nomás lo ve sin expresión, y lo deja agotar sus argumentos, responder a sus propias objeciones, ser sincero y ser falso, aceptar que el precio es el obstáculo central. El silencio no le afecta a esta bruja, y él ha dilapidado su mañana ante el hieratismo de las esclavas del anafre electrónico, observando el desmoronamiento de los grandes golpes, convenciéndose de que el silencio no siempre es oro y de que en ocasiones el arte de conversar sirve para un carajo. ¡Qué mañana! Ha oído historias familiares, ha festejado chistes infames, ha evitado salirse por la tangente, les ha ayudado en tareas domésticas, y ahora está cansado, insatisfecho, seguro de que su profesión es la peor del mundo, pero la Falsa Ama de Casa se anima y le compra tres perfumes y otra vez el vendedor regresa a su rincón predilecto, la leyenda del mago que vencía y convencía a piedras y serpientes. Él, como lo quieran aceptar, es un gran seductor.

VI. Aproveche la oportunidad

You can be hero, just for one day.

David Bowie

Éste es un país con oportunidades inigualables... con tal de que casi todos se resignen. ¿Y por qué no? Aquí se han dado escamoteos magníficos, un maestro de escuela acabó de Jefe Máximo de la Revolución Mexicana, un office boy fue director de un banco central, el hijo de un general fusilado acabó dueño de una fortuna tan inagotable como las metáforas fluviales. También para los pobres hubo: un antiguo cuatrero y su caballo Siete Leguas se reparten las preferencias del cine, y un caballerango del estado de Morelos es la estatua más popular en los sentimientos (de culpa) de la nación. En las metrópolis ya nadie se acuerda de los *self-made-man*, que se hicieron solos neurona a neurona y peso sobre peso, pero eso nada le dice a quienes, en la periferia, apenas empiezan y memorizan los Primeros Treinta y Nuevos Pasos hacia la Prosperidad.

Nada los detendrá en su anhelo, ni el pesimismo atávico, ni que les recuerden los "fenómenos de clase": "No sean idiotas. Las Oportunidades son para los hijos y los nietos de quienes hoy las tienen. No se engañen, este sistema sólo de cuando en cuando abre huecos y solicita personal, en la cúpula caben pocos y por eso se llama cúpula. Luchen contra todo esto..."

Los críticos dirán misa y oficiarán discursos, pero ocurre que —cálculo moderado— hay cien mil potentados en México (CIEN MIL POTENTADOS) y más colonias residenciales que tiempo y vida, y entre las masas urbanas son irrisorias las metas humildes, cumplir con el deber era buen acicate para otra generación, pero lo que va con la época es la superación, y asegurarle el futuro a los tataranietos.

El individualismo antiguo y servicial se traspasó a quienes só-

225

lo avanzan para atrás. Según algunos —los ricos por ejemplo, y el ejemplo aquí se agota— la filosofía del *éxito personal* no cautiva ya ni como ociosidad de sobremesa, eso a quién le afecta, son procedimientos cuantitativos, qué tontería quedar bien con el jefe o estudiar idiomas por correspondencia o no comer saliendo de la chamba con tal de no perderse las clases en la academia de turismo. Por allí se desemboca siempre en el punto de partida, convénzanse, uno no triunfa, uno nace en el triunfo y allí se consolida, quien en estos años *quiere triunfar*, será siempre un fracasado, el triunfo es cada vez más herencia genética: destreza en las finanzas, la política, el cultivo de las relaciones. Es ridículo andar por la calle musitando consejas y máximas ("el éxito es una convicción íntima"), ésas son andaderas mentales, puras pendejadas. Quien estudie para-arribar-a-la-cumbre nunca pasará de la primera base, a lo mejor en los sesentas todavía algunos estudiantes pobres se esforzaron y alcanzaron la opulencia, pero hoy el secreto de cualquier ganancia es el dinero y dinero llama dinero y quien no tiene dinero ya nunca lo tendrá y la moral del dinero no pasa por los gimnasios de la voluntad. El capitalismo es científico y estratégico y quien se suponga destinado a la riqueza por gracia de su exclusivo tesón es un derrotado nato o un marginado precoz.

No gasten horas e infelices días analizando tácticas de persuasión. Por ahí nunca le caerán bien al jefe, ni conseguirán aumentos, ni asistirán a cenas exclusivas. Esto de las Tácticas Indispensables déjenselo a quienes no conocen a nadie y nomás persuaden en los monólogos ante el espejo o en las entrevistas imaginarias con el director o en la borrachera donde las palabras se van borrando solas: a ellos les parecerá colosal meditar sobre la psicología del hombre de porvenir, se sospecharán pensando ya como los de Arriba, supondrán que lo único que les hace falta es adquirir en el mercado actitudes de vencedor, sólo se abusa de quienes tienen fama de dejados o un aspecto transable.

VII. Los ochentas: los Toast-Masters

Creo firmemente que si yo no hubiera tenido dinero, habría
sido un gran hombre.

Charles Foster Kane

El maestro está en lo justo, un auditorio es la sensación más
grata y el que sincroniza la mente y la palabra se apodera del
arte más bello, la pintura hablada de su propio pensamiento...
En la ronda final del Concurso de los Toast-Masters de México,
en su convención de Guadalajara, la joven se emociona, y luego
se avergüenza, ¿para qué estudió y se disciplinó convenciéndose
de que la razón nos diferencia de los animales? Precisa de nuevo el sentido de su intervención y domina las turbulencias interiores. Si se inscribió en los Toast-Masters, es para comunicarse
y motivar a los demás. Así es, y nadie mejor para decirlo que el
maestro Jorge González Corral en su libro indispensable, *El arte, la magia y la técnica de hablar en público,* un tratado de la
relajación profunda y las nociones del Psi-Control, técnica de
meditación e inspiración.

Ella recuerda las metas: hacerse Ejecutivo, Directivo, Líder, y
luego conducir juntas, debates, mesas redondas, convenciones.
Hay que estar al día con las técnicas de procedimientos parla-
mentarios y análisis de evento. Ser, en síntesis, un Toast-Master
(o una Toast-Mistress), condición no reducible al "maestro de
ceremonias" o el profesional del brindis, alguien que no depende del momento o de la inspiración, y es un técnico de la Palabra, lo que le permite flotar, volar por sobre los corazones.
Como bien dice don Jorge, la ubicación espiritual de la palabra
es indefinible, y se localiza físicamente "en la región frontal y el
lado izquierdo del cerebro llamado circunvolución de Broca".

Los Toast-Masters de México comparecen al llamado de una
idea: ya desapareció la oratoria política, y se demandan intervenciones que no inflamen los ánimos y seduzcan a los espíritus. Como los Leones o los Rotarios o los Shriners, pero
distintos: los Toast-Masters, agrupación relativamente nueva, as-
pira a hacer triunfar a cada uno de sus integrantes con la ma-

gia y la técnica de hablar en público. *La Magia*: lo que cada quien ya trae consigo, esa intuición en la punta de la lengua que ubica las frases que desembocan en el aplauso y la compra. *La Técnica*: preparar un discurso (cómo iniciarlo, ejecutarlo y rematarlo); concederle sitio de honor a la memoria; fijar los detalles que agradan al auditorio (no es necesario decir, por ejemplo, que es la sociedad misma la culpable de la delincuencia juvenil. Basta con sugerir la construcción de un centro para adolescentes, y cada oyente creerá beneficiarse de la sugerencia, en su calidad de padre, maestro o miembro de la sociedad); ponderar la importancia de la voz y de la personalidad en la tribuna; ofrecer opciones para discursos de banquete; repasar las tácticas aplicables en congresos, convenciones, mesas redondas, radios y micrófonos; ahondar en el capítulo de las motivaciones...

La joven debe intervenir, y al alborozo lo maniata el sobresalto. Le han adjudicado un tema de interés permanente: "El valor de las relaciones públicas en la vida cotidiana". Ella organiza mentalmente sus notas, afina su voz (y sus "melodías simbólicas"), dispone la prestancia del cuerpo y la galanura de la memoria. Le toca hacerse del alma de los oyentes, probarles que su condición de mujer no le impide motivar, que las mujeres son las vendedoras más hábiles, las más expertas en el Psi-Control. En León, donde es agente de ventas y poco a poco ha obtenido ascensos y reconocimientos, le contaron de los Toast-Masters y vio el cielo abierto: ¡La oportunidad de progresar en compañía! Con dos amigos, se reúne una tarde a la semana y practica el Galano Arte de Hablar en Público. Al principio, era muy torpe y todo le daba miedo. Pero no se han dilapidado las horas de esfuerzo aprendiendo a respirar diafragmáticamente, leyendo en voz alta hasta adquirir matices, recitando el alfabeto varias veces al día, de la A a la Z, tarareando las canciones de Juan Gabriel sin letra, dándole elasticidad a los labios y al cinturón muscular llamado "grupo de los orbiculares", corriendo y hablando sobre el jadeo, enseñándose a dormir mientras camina, silba, canta.

Ahora las relaciones públicas son el equivalente del saber vivir. Uno hace relaciones públicas el día entero, incluso en el seno familiar, uno es su propia firma que debe imponer en el mercado social organizando la mercadotecnia propia. Sencillo pero estricto. El directorio de santos y cumpleaños, las tarjetas y los regalitos, las felicitaciones y los pésames, el perfume para la señora del jefe, el recuerdo amable... Aquí mismo, en este auditorio, usted puede intensificar sus relaciones públicas, salude con efusividad, empuñe el mando de esa empresa de capital variable que es la existencia, promueva su sonrisa y su afecto, haga de la conversación un comercial de sus virtudes de atención y memoria...

El aplauso la persigue hasta su sitio. Ella se transfigura y aguarda la decisión del jurado... Al cabo de la espera ardiente, escucha su nombre, asociado con el segundo lugar, y sonríe, y reparte besos en las mejillas, y nadie transcurre en vano por este Valle de Lágrimas si usa debidamente la Palabra, como afirmó don Jorge, y si al final de su intervención el orador parece "como un dios de los mares tempestuosos".

VIII. Cómo ascender en la vida sin renunciar al salario mínimo

"Atrévete a ser grande" o los Toast-Masters de México son algunos de los innumerables grupos dedicados al hechizo del triunfo, a la feligresía del Éxito. El término *feligresía* no se usa en vano. ¿Cómo no identificar los temblores y espasmos arrobadizos, la remodelación interior que identifica a la existencia con una escalera eléctrica o un elevador, algo ligado a la tecnología y el triunfo personal, a la electricidad y a la dicha de dejar atrás pisos y peldaños? No me refiero únicamente a las trayectorias de ese conjunto de interés social denominado "clase media", el asunto es más universal y va de las academias que enseñan más, por menos dinero y en corto tiempo, a la Gran Movilidad Social que es también el universo. No nos demoremos hablando de "mentes colonizadas" y de "ilusiones perdidas" y de "penetración cultural". Recriminar a grandes sectores por lo inalcanzable de sus metas es hundir en el pantano del moralismo el fenómeno de la "reubicación anímica" consistente en una premisa simple: hay que vivir como en otra parte, siempre en *otro lugar*... Interrumpo las "teorizaciones" al menudeo. El joven de ojos brillantes está a punto de quedarse afónico, él seguramente adquirió en los torneos de barrio sus fantasías de triunfo, y ahora hace un "traslado del ímpetu", convénzase señora estos productos le hacen falta, son un regalo, su cutis no debe ser un campo de batalla, no, esa frase es muy ruda, mejor "su cutis debe conservarse igual de bien", la belleza no dura siempre, dura menos que la vida, ningún rostro famoso se hizo en un día y todos podemos ser dueños de la mejor apariencia... ¿Quién es uno para imaginarse los métodos persuasivos? Para empezar, el comprador es ya un vendedor a medias: anhela ser persuadido y, casi tanto como su necesidad del producto o a veces más, desea comprobar la habilidad de su interlocutor. *Sabe persuadir, no sabe persuadir, sabe persuadir...* y la duda se deshoja entre los vocablos bien seleccionados, los folletos a todo lujo, los aromas desprendidos de esa irreconocible Caja de Pandora que es el muestrario. Ah, las conclusiones del consumismo: los cosméticos son siempre los mismos pero el vendedor es la diferencia.

—GO, GO, GO, GO, GO.

IX. Los noventas: Claro que no es lo mismo si el efecto invernadero destruye al planeta, y tú ya te recibiste de contador

En la cantina de Monterrey, el héroe de sí mismo y caudillo de sus batallas interiores pasa a la siguiente cerveza y a la recapitulación: "Hay que tener audacia, no dejarse, no pasar inadvertido, el mundo es de los ambiciosos y los bragados". ¡Qué curioso y qué rara coincidencia! No tiene nada y habla el idioma de las acumulaciones.

—Si eres audaz, atrapas a la pinche suerte. Yo me digo: ¿qué necesitan mis chavitos? Pues no pasarla como yo la pasé, que a ellos sí los tomen en cuenta, que posean lo indispensable y todo lo demás. Ya verás cómo les sirve la escuela privada, es otra cosa, se relacionan con las buenas familias desde niños, aprenden el valor de los modales, lo que uno jamás se imaginó, por pendejo. Aprenderán inglés desde ya, tendrán ventajas, aunque sea algunas.

¿Qué no se dan cuenta que el capitalismo salvaje no los toma en cuenta? ¿Qué no lo entienden que ya no cupieron? Nuestros héroes-por-un-día no se amurallan ni se aprovechan las compensaciones de esta triste y transitoria vida. A un sistema lo renuevan y reactivan las conductas de quienes no lo creen amenazado y lo protegen con su ingenuidad. Para ellos, en materia de esperanzas, no cuentan las realidades de mediano y largo plazo, porque les costó mucho adquirir un punto de vista y no lo abandonarán antes de que sus hijos vayan a Disneyworld, antes de asemejarse a los símbolos externos y ser tan eficaces como un automóvil o un refrigerador.

—Yo no soy viejo, apenas tengo veintiséis años y una ambición fuertísima. Ahora quiero hacer un curso de computación para principiantes y el año que viene, un curso de computación avanzada. Eso sí que tiene mucho futuro. Conozco a un chavo que estudia licenciado en sistemas. Todavía no termina la carrera y ya le ofrecen chamba.

IBM. Apple. NCR. MDS. UNIMAT. Las diferencias entre *software* y *hardware*. Las computadoras personales. La tecnología innovadora. Los microprocesadores. Los giros dinámicos de las empresas. La comunicación computarizada. El mundo es de la tecnología, y la computación es la nueva Religión del Éxito. El joven emprendedor, hoy detenido en la venta de casa en casa, en el anacronismo del muestrario y la sonrisa, se imagina en otro lado, ante la pantalla gigantesca, al frente de un emporio electrónico, el rey del Silicon Valley de Aztlán, macros y micros a sus pies. Y todo estaría bien si no tuviera en este momento tanta sed.

¿Qué sucede con el puño si la mano se abre?
Proverbio Zen

La hora de las adquisiciones espirituales
EL COLECCIONISMO EN MÉXICO
(NOTAS DISPERSAS QUE NO ASPIRAN A FORMAR UNA COLECCIÓN)

A Ricardo Pérez Escamilla

El coleccionismo de arte, tendencia en auge en México, es muchas cosas, diversas y complementarias:

• la aventura que comienza de modo tímido y se amplía al rango de pasión devoradora, de urgencia inacabable de propiedades exclusivas.

• una estrategia especulativa a mediano y largo plazo.

• el vínculo —devoción y homenaje— con aquel segmento material del pasado que representa para su poseedor la tradición que es placer estético.

• un método probado o azaroso de educación artística.

• la "privatización" de un territorio del gusto.

• el anhelo patrimonial: que la casa-museo reelabore la personalidad individual y familiar, y justifique la existencia por el altruismo de la empresa.

¿Qué se coleccionaba antes de las subastas en Manhattan?

En el México del siglo XIX y la primera mitad del siglo XX, el coleccionismo suele ser el recurso de familias o de individuos opuestos a las devastaciones del progreso, y a su perniciosa influencia sobre el gusto. Quien "auspicia el pasado" no distingue entre la compra importante y el acto moralmente justo. Al amparo de sombras notables como el científico y coleccionista Carlos de Sigüenza y Góngora, y de los potentados del Virreinato que viajaban y adquirían, los tradicionalistas albergan tesoros que fueron de la iglesia católica y de las Buenas Familias, y se especializan en santos, tallas de vírgenes y sansebastianes, retratos de quienes fueron o debieron ser sus ancestros. (Los santos informan de la belleza de la fe; los retratos dan noticia de la madurez de la clase social).

Ilústrese lo anterior con lo ocurrido en una ciudad conservadora, según documenta Francisco J. Cabrera en su investigación *El coleccionismo en Puebla* (México, 1988). Allí en el siglo XVIII y parte del XIX los obispos ejercen el mecenazgo, y persuaden a los hombres de dinero a que adquieran paisajes bucólicos y cuadros de temas religiosos mientras obedecen el ritmo del hogar poblano: rosario vespertino, bendición al sentarse a la mesa y acción de gracias al levantarse de ella, ayunos y vigilias prescritos. En la segunda mitad del siglo XIX lo común es la exhibición prestigiosa en las residencias: pinturas, bronces, mármoles, joyas ornamentales, orfebrería, piezas arqueológicas, marquetería, porcelana china, cerámica de Talavera, cristal antiguo, herrajes, marfiles, lacas, cobres, instrumentos musicales y los objetos de arte sacro: tallas, cálices, patenas, relicarios, navetas, custodias, blandones, casullas, dalmáticas, atriles y facistoles. Esto en ocasiones se extrema. En una de sus crónicas (marzo de 1879), Guillermo Prieto atestigua la presencia en Puebla de dos originales de Rubens.

¡Ah!, y lo demás en los hogares de estos abogados y comerciantes cultos que enlista Francisco J. Cabrera: las mesas de taracea poblana, los muebles Segundo Imperio, el ajuar *pera* y *manzana*, los sillones caligráficos, las consolas recubiertas de mármol y rematadas por enormes espejos de copete, los relojes de bronce sobredorado, las mesas de pata de garra, los relojes de antepasados con su dejo conmemorativo. En estos salones abigarrados, las colecciones enumeran las creencias y el linaje, o como se le diga a los certificados de pureza religiosa y nacional que emite el celo criollo. Allí está el caso de don Ramón Alcázar, hacendado guanajuatense. Él, en un momento, calcula en treinta mil el número de objetos en su posesión: muebles, marfiles, plata, porcelana, corderos Agnus, cuadros, reliquias... O don Carlos Rincón Gallardo, marqués de Guadalupe, quien se propone —ideólogo y coleccionista— revitalizar a la charrería, poco antes de que el mariachi usurpe el traje de charro.

En la Ciudad de México el impulso es distinto, y el afrancesamiento es la norma en la corte del dictador Porfirio Díaz. Si lo criollo (lo hispánico) se conserva en amplia medida, al gusto lo dinamizan las novedades europeas, los trajes, los vestidos suntuosos, los muebles obligadamente "exquisitos". Sin embargo, el afrancesamiento, por costoso y cuidadoso que sea, no se considera artístico, sino asunto de la civilización y el Progreso, solicitud de ingreso a la ciudadanía del mundo. Eso tal vez explica la ausencia de coleccionistas entre quienes gastan fortunas en París. Ellos adquieren y a veces por la frecuencia de sus compras, parecen interesados en coleccionar. Pero no existe el clima social que distinga entre ostentación de la riqueza y coleccionismo. Los porfirianos se consideran a sí mismos "obras de arte" (no con ese término, sí con esa actitud) y ven en sus residencias a las "vitrinas de la grandeza" que les evitan cualquier otra actividad recolectora.

"Son coleccionistas los hombres más apasionados que hay"

Walter Benjamin en su gran ensayo "Historia y coleccionismo: Eduard Fuchs", analiza a un ser de alma romántica, Fuchs, un socialista y uno de los mayores coleccionistas europeos de principios del siglo XX. Benjamin usa a Fuchs en su teoría de la recepción estética, y en su trazo de una psicología social y literaria, y se extraña de la ausencia del coleccionista en el panóptico parisino donde figuran el viajante, el *flâneur*, el jugador, el virtuoso. Y examina en la obra de Balzac el sitio del coleccionista, "un monumento sin sentido romántico alguno". Balzac, argüye Benjamin, fue siempre extraño al romanticismo, pero la postura antirromántica se desborda con el personaje del Cousin Pons:

Más que nada resulta significativo: cuanta mayor es la precisión con que conocemos los componentes de la colección para la que Pons vive, menos llegamos a saber de la historia de

234

su adquisición. No hay un pasaje en *Le Cousin Pons* que pudiera compararse con las páginas en las que los Goncourt describen en sus diarios, con tensión jadeante, la puesta a salvo de un hallazgo raro. Balzac no representa al cazador en las reservas del inventario, como puede describirse a cada coleccionista. El sentimiento capital que hace temblar todas las fibras de Pons, de Elie Magus, es el orgullo —orgullo de sus tesoros incomparables que guardan con atención sin descanso. Balzac deposita el acento en la representación del *propietario* y el término *millonario* se le desliza como sinónimo del término coleccionista. Habla de París: "A menudo nos encontraremos allí con un Pons, con un Elie Magus, vestidos miserablemente... Tienen aspecto de no apegarse a nada, de no preocuparse por nada; no prestan atención ni a las mujeres ni a los gastos. Andan como en un sueño, sus bolsillos están vacíos, su mirada como vacía de pensamientos, y uno se pregunta a qué especie de parisinos pertenecen. Estas gentes son millonarios. Son coleccionistas; los hombres más apasionados que hay en el mundo".

Benjamin es quizás el teórico más agudo sobre el coleccionismo:

Toda pasión colinda con lo caótico, pero la pasión del coleccionista colinda con un caos de recuerdos... Porque, ¿qué otra cosa es esta colección sino un desorden al que se ha adaptado el hábito a tal grado que parece orden? Todos han oído de gente que se ha quedado inválida tras la pérdida de sus libros, o de aquellos que para obtenerlos se volvieron criminales... Así que existe en la vida del coleccionista una tensión dialéctica entre los polos del orden y el desorden... Lo que más fascina al coleccionista es encerrar objetos aislados en el círculo mágico en que están fijos cuando la última emoción, la emoción de la adquisición, pasa por ellos. Todo lo recordado y lo pensado, todo lo consciente, se convierte en el pedestal, el marco, la base, la cerradura de esta pertenencia.

Dicho sea de paso, un tratamiento notable del arquetipo del acumulador maniático lo proporciona el inglés Bruce Chatwin en su novela *Utz* (1983). El personaje central, un burócrata en la Checoeslovaquia socialista, resiste a la opresión y la sordidez ambientales y mantiene su colección de porcelana, que para él es la vida verdadera, el sentido de lo profundo que la contemplación a solas renueva.

Los bazares de ese tiempo

En *Pero Galín* (1926), Genaro Estrada recrea —con vigor satírico que lo incluye— el "aislamiento" de los años veinte cuando, en el circuito de bibliotecas y librerías y tiendas de anticuarios, nada más un puñado protege el criterio virreinalista y criollo, especie que los revolucionarios detestan y la modernidad ni siquiera advierte. El personaje de Estrada, un Alonso Quijano del coleccionismo, frecuenta las tiendas de antigüedades y las colecciones de Gargollo, de Miranda, de Martínez del Río, de Nájera, de Schultzer, de García Pimentel, de DunKenly... Y de pronto, el sacudimiento, el viento de los cambios. Pero Galín se exilia de los paseos por La Lagunilla, resucita en Los Ángeles con el jazz, y medita irónicamente sobre la obsesión colonialista:

Imaginad que desaparecieran al mismo tiempo ciertos anticuarios de México: Riveroll, Pérez, Monsieur Gendrop, Rouliseck, Bustillos, Salas... Sería un cataclismo que suprimiría, instantáneamente, el curso de nuestra tradición colonial. No más Cabreras inéditos, ni damascos, ni plata quintada, ni sillas fraileras, ni cajas de alcanfor, ni marcos de talla, ni Talaveras del XVIII, ni *agnus* en cera. La literatura perdería, también, una fuente de inspiración irreparable.

A Estrada ya le divierte la picaresca, entonces constreñida a la malicia que se ríe de la credulidad:

236

Por los bazares de este tiempo han pasado cien veces más arcones coloniales de talla, que todos los que hubo en los tres siglos de la Nueva España. Se podría hacer un cálculo semejante de las casullas, sillones, repisas y cajoneras, lo mismo que de las sortijas en esmalte azul, de Maximiliano.

Como de paso, Estrada establece el modelo del coleccionista tradicional, obsesionado por el virreinato y la continuidad del gusto criollo, entonces no muy rentable. En sus haberes psicológicos tiene que contar decididamente la locura, en su forma de manía atesoradora, y despego del mundo. Afuera, la revolución y los amagos de la modernidad; dentro, las lupas y la voluptuosidad de los objetos. A él le toca defender la tradición, otorgarle la continuidad selectiva, subrayar que la estética rescatada de la incuria formaba parte de modos de vida que bárbaros y apresurados no entenderían.

Los albergues de objetos se llamarán museos

A fines del siglo XIX en la Ciudad de México hay sólo dos museos, el Nacional (versión primera del Museo de Antropología) y la Academia de Bellas Artes, con cuatro galerías "de la antigua escuela mexicana, de la escuela europea, de pinturas modernas mexicanas y de paisajes antiguos y modernos". No demasiado, en rigor. Entonces un gobernador de Veracruz, Teodoro Dehesa, es una rareza porque colecciona arte indígena o, si queremos ser eurocéntricos, arte prehispánico. Tal ejemplo no cunde, y pasan décadas antes de que otros asuman públicamente la pasión recolectora, entre ellos Carlos Pellicer y los Sáenz, Jacqueline y Josué, cuya magnífica colección hoy se alberga en el Museo Amparo de Espinosa Iglesias en Puebla. Además de los coleccionistas famosos, muchos otros, en su mayoría extranjeros, al amparo de la indiferencia general, arman sus redes de vendedores, no se inmutan ante las evidencias de robo o saqueo, y compran falsos a sabiendas o porque no hay todavía métodos científicos. El Estado reacciona tardíamente ante la devastación de las zonas arqueológicas, deja pasar oportunidades magníficas, se desinteresa por los museos y no tiene el menor impulso de coleccionista. Sólo en 1960, al inaugurarse el Museo Nacional de Antropología, el Estado y la sociedad se apasionan por el arte antiguo.

En el periodo 1920-1950, *México* (el concepto, las tradiciones, los hallazgos estéticos, la occidentalización creciente y singular) se pone de moda, y extranjeros y nacionales se acercan al arte nuevo que, voluntaria e involuntariamente, el muralismo promueve. En sus conversaciones con Jorge Alberto Manrique y Teresa del Conde (*Una mujer en el arte mexicano*, UNAM, 1987), Inés Amor, directora de la Galería de Arte Mexicano, describe la llegada de los compradores iniciales, norteamericanos en su mayoría:

En 1935 Alfred Honigbaum, empacador de frutas en California, entró a la galería de la calle de Abraham González. Cuidadosamente estudió pintura por pintura; pidió los precios de todas y luego, señalando el muro izquierdo, me dijo: "Me llevo todas ésas; del muro del fondo me llevo ésta y esa otra... y de aquella pared esas otras cuatro..." Por supuesto creí que me estaba tomando el pelo. Pero al día siguiente llegó con las bolsas abultadas de billetes; hicimos su cuenta, nos pagó y nos pidió que enviáramos los cuadros a San Francisco.

Los que estábamos en la galería: Ortiz Monasterio, Federico Cantú, Tmiji Kitagawa, Siqueiros y yo, aventábamos los billetes al techo de puro gusto, como si jugáramos a la piñata, en el mismo momento en el que reapareció el señor Honigbaum a quien se le había olvidado su sombrero.

El proceso es lento y de él se encargan unas cuantas galerías, la de Arte Mexicano, la de Lola Álvarez Bravo, la de Alberto Misrachi. "Cuando se abrió la Galería", recapitula Inés Amor, "poquísimas personas en México poseían cuadros modernos; una que otra familia tenía un Salomé Pina, un Cordero, un Clavé, un José María Velasco. El mismo Clausell no era muy bien recibido; sus cuadros se vendían a cincuenta pesos. El panorama del arte contemporáneo se presentaba como un verdadero desierto. Durante los cinco primeros años de la Galería el 95 por ciento de la sociedad educada de la ciudad de México negaba el valor del arte moderno..."

¿Quiénes compran? Los primeros clientes de Inés Amor son el ingeniero Marte R. Gómez, secretario de Agricultura del presidente Cárdenas, y un emigrado polaco, Salomón Hale, peletero, "con un pequeño despacho en la calle de Uruguay y extraordinariamente dotado para percibir el arte en sus mejores fases. Desgraciadamente se dispersó, queriendo hacer colecciones de otros objetos: libros, marfiles, monedas, etcétera, pero lo más importante es de pintura". Y los coleccionistas van surgiendo. Marte R. Gómez influye en otros políticos como César Martino y Pascual Gutiérrez Roldán, el productor de Cantinflas Jacques Gelman se entusiasma por el arte europeo, Lola Olmedo les compra a Diego y Frida, al banquero Licio Lagos le interesan la Escuela Mexicana de Pintura y los impresionistas. Un caso aparte es Franz Mayer, don Pancho, absorto en su adquisición planetaria de arcones, biombos, platería, cuadros, mesas, bargueños... Marita Martínez del Río lo describe: "Era un caballero en toda la extensión de la palabra. Siempre tenía claveles para obsequiar a las damas a quienes invitaba a tomar el té". Entonces, los precios son irrisorios y porcelanas chinas y cuadros virreinales se adquieren como bagatelas. Y los coleccionistas se hacen amigos de los pintores, los visitan en fiestas y congojas, les significan seguridad. Recuerden a Alfaro Siqueiros, acusado de "disolución social" en 1960, que al huir de la policía se refugia en casa de su coleccionista el doctor Alvar Carrillo Gil.

Según Inés Amor el auge del coleccionismo en México se inicia en 1949, pero todavía en los sesentas el circuito de arte no es importante y, salvo los nombres primordiales (Rivera, Orozco, Siqueiros, Tamayo), es lenta la construcción de prestigios. Durante un lapso prolongado son por lo común norteamericanos los grandes clientes del arte latinoamericano, coleccionistas del tipo de Nelson Rockefeller, Edward G. Robinson, Stanley

239

Marcus. Luego, prevalecen las "afinidades nacionales", con excepciones norteamericanas y, crecientemente, japonesas. Los super-ricos de Caracas compran arte venezolano, y los multimillonarios colombianos adquieren cuadros de Botero, Alejandro Obregón, Grau, Luis Caballero, y los ultra-ricos de México, tan adictos al nacionalismo sentimental, el último de los nacionalismos en la era de las inter-soberanías, respaldan a los suyos. El mercado nacional se restringe a lo producido entre el Bravo y el Suchiate, y las "adquisiciones nacionalistas" se explican por la cercanía, las facilidades de comprensión y, last but no least, la disponibilidad económica.

"Ya no somos locales, ni nunca lo fuimos"

¿Cuándo se da el salto de un paisaje de galerías pequeñas y museos y coleccionistas sin ambiciones ni sistema de compras, al abigarramiento de hoy, con el estrépito de famas sostenidas para que no se caigan las inversiones, inundación de galerías, plétora de subastas, ampliación del mapa museológico y alud de coleccionistas? Algo se intuye en la década de los setentas cuando la información artística se democratiza, la educación superior se expande, quien más quien menos opina sobre arte y los del posgrado inician una de sus obligaciones: regresar convencidos de la obligación de ver museos. Luego, ocurre un desbordamiento ni muy fortuito ni muy riguroso. La crisis económica flexibiliza los criterios de los inversionistas, y la especulación parece unir el criterio estético y el financiero.

¿Qué decir de las virtudes de lo comprado y de las excelsitudes del ojo del comprador? No quiero ser cínico o rencoroso al enfrentarme al cambio en el coleccionismo, financiero y espiritual a la vez. Por supuesto, y pese a todo, el coleccionismo representa un avance en la valoración social del arte, y esta obviedad me dispensa de afirmar la superioridad de Cézanne sobre la moda televisiva (no que en las reuniones de los conversos a la religión del arte se deje de hablar de las telenovelas, pero si no son el único tema ya no son *el* tema). Y el rayo en el Camino a Damasco, si vale el símil que nada les dice a las nuevas generaciones, la implantación de la fe inesperada, ocurre al cerciorarse los Very Rich Mexicans de la explosión internacional, los tumultos en el Louvre, el MOMA, la Tate Gallery. Y los Very Rich se deciden: instalarán museos domiciliarios.

Esto se da en algún momento de los ochentas, entre lecturas de *Time Magazine* y visitas presurosas a los museos extranjeros que al regreso se transforman en duelos adjetivales ("¡Qué maravilla Picasso! ¡Qué genial Modigliani!"). Con emotividad, los Very Rich se enriquecen anímicamente al añadir a sus ejercicios cotidianos el "envío significativo" de miradas a la pared. ¡Ah, la migración de objetos! Desaparecen los retratos de familia, ella vestida de novia, él de charro, ambos cobijados bajo la augusta sombra de Niagara Falls, todo tan previsible como las reproducciones de Raphael o los cuadros obviamente originales de algún pintor que homenajeó al Sena desde su cubil bohemio en la Colonia Obrera... Lo antes inevitable se esfuma y, afirmada en el status, la vista se esparce con orgullo.

¿Cómo dar el paso del hobby a la adquisición disciplinada? Con expertos, desde luego, y con esa sabiduría al microscopio que los rumores infunden. "Este pintor es notable... Aquel ya está a la baja." *All of a sudden* —y no generalizo, no toda la clase prosperísima es así, pero toda la clase prosperísima será así— el arte se gana un sitio en las conversaciones de sobremesa, y en épocas de paz y superávit alterna felizmente con la economía y la política, lo que ya es mucho decir. (Si el arte intentara competir sería su ruina.) Pronto se sabe falso el dictum "cada coleccionista es versión legítima del infinito de las predilecciones". Aquí, el Gusto Artístico es más bien restringido. Sin embargo, las galerías se multiplican, el Instituto de Investigaciones Estéticas de la UNAM amplía sus funciones, los curadores de exposiciones crecen en proporción geométrica. Hay nuevas profesiones (Asesor en Materia de Inversiones Artísticas, una de ellas), y un día se amanece con la noticia: ¡Ya hay Mercado de Arte! Mercado en serio, con fluctuaciones y trampas y falsos alborozos y descubrimientos genuinos o programados, no nada más el ir y venir de compradores y vendedores.

Al unísono, el arte, desplegable y rentable, es el inesperado panal de rica miel, el cielo de la dicha con nueve círculos infernales, que cito en desorden:

1. Los enterados que orientan en el gusto a los ansiosos de conocimientos súbitos, y que ocasionalmente, y haciendo un favor, le venden a alguno de los alumnos las joyas de la familia (de cuya existencia previa la familia no sabía una palabra) o localizan con sigilo a maravillas propiedad de viudas afligidas o coleccionistas en vísperas de cremación.

2. Los frecuentadores de las galerías de Nueva York y Houston y Los Ángeles, que provienen de familias con genealogías decorativas y relaciones pertinentes, y tan hábiles como publirrelacionistas que consiguen discutir con los dueños de las mansiones uno de sus más agudos problemas existenciales: ¿qué hacer con tanta pared en la residencia?

3. Los historiadores de arte (en distintos niveles) que evalúan y autentifican, y de vez en cuando tienen tropiezos porque alguien acusa: "Ese certificado ampara una obra falsa", qué se le va a hacer, gajes del oficio. Pero la profesión es generosa y su cumbre remunerativa es el estímulo didáctico a grupos de señoras anhelosas de visitas guiadas, y de cursos interminables que se prolongan en tardes aromáticas por los siglos de los siglos.

4. Las magnas exposiciones con catálogo adjunto que revalúan una obra y la depositan ante un mercado ni muy amplio ni sujeto a las restricciones antiguas.

5. Los artistas, seres capaces todavía (uno entre mil) de fomentar leyendas de vida personal o promocional, nunca lo mismo.

6. Los nuevos grandes coleccionistas, extenuados en el afán de igualar con la vida el atesoramiento, descendientes autoproclamados de seres legendarios: Havenmayer, Frick, Simon Guggenheim, Nelson Rockefeller, De Menil. Por lo común, estos seres adquisitivos todavía actúan a la manera de los pe-

troleros texanos que emprenden conversaciones sobre Monet (sólo adjetivos) y la retrospectiva neoyorquina en turno (sólo interjecciones).

7. Los críticos impetuosos o líricos que si no forjan reputaciones por lo menos se ocupan en el sembradío de nombres.

8. Los galeristas, insistentes y pacientes, seres confiables que no le venderán a sus clientes cuadros "desconocidos" de Leonardo da Vinci, o cuadros "conocidos" de María Izquierdo que por casualidad ya están en algún museo.

9. Los "cajueleros" que visitan con sigilo, obligan al cauto y al incauto a salir a la calle, y presenciar la extraña ceremonia: se abre con lentitud la cajuela del auto, el "cajuelero" mira nerviosamente a los lados, extrae el cuadro atribuido a... sonríe como si extendiera un certificado, todo debe ser en dinero contante y sonante, es una ganga, si no lo aprovechas iré de inmediato con...

Paréntesis para recibir algunas donaciones

Por alguna razón ya casi inexplicable de tan explicable, del gremio de los pintores surgen coleccionistas de primer orden, obsesionados con la creación de museos. Diego Rivera forma una excelente colección de arte indígena y regala el sitio que la albergará: el Anahuacalli. David Alfaro Siqueiros lega una casa y parte de su obra para un taller-museo. Rufino Tamayo crea un pequeño, magnífico museo de arte indígena en Oaxaca y un museo de arte internacional en la Ciudad de México. José Chávez Morado y Olga Costa crean tres museos en Guanajuato. Pedro Coronel, coleccionista de arte occidental y oriental, le obsequia todo a su ciudad natal, Zacatecas, para un museo. Lo mismo hace su hermano Rafael, que cede su gran acervo de máscaras mexicanas y de títeres de la antigua compañía de Rosete Aranda. José Luis Cuevas le cede a la Ciudad de México su colección de grabados y pintura, más una vasta selección de su obra. Francisco Toledo aprovisiona a la Casa de Cultura de Juchitán con una excelente muestra de arte internacional, y a la Ciudad de Oaxaca le aporta dos museos, el Instituto de Artes Gráficas (IAGO), con más de seis mil grabados y litografías, y el Museo de Arte Contemporáneo de Oaxaca (MACO). Rodolfo Morales crea la Fundación que lleva su nombre, a la que le entrega parte de su obra.

La actitud de estos pintores y las instituciones que conforman remiten a la tesis de Walter Benjamin: "El fenómeno de coleccionar pierde su significado cuando pierde a su dueño personal. Aunque las colecciones públicas pueden tener menos objeciones sociales y ser más útiles académicamente que las colecciones privadas, los objetos obtienen lo que se merecen sólo en las segundas".

"¿Ya viste ese Tamayo? Me hace falta para mi colección"

Los asistentes eligen como acompañante de esa noche a la displicencia. Es más internacional y más *cosy*, si de lo que se trata es asistir, en Manhattan, a una subasta de arte latinoamericano en Sotheby's o en Christie's, las Scilla y Caribdis del coleccionismo. Una persona displicente no declara ambiciones, no confiesa fortuna, no se acongoja, no se limpia el sudor. Únicamente, y para eso se es o se quiere ser cosmopolita, usa como extensión corporal al instrumento belicoso de las subastas, la paleta, que se eleva con fuerza, se esgrime con timidez, se retiene con elegancia, se emplea a modo de máscara en la sala poblada de rivales, casi todos ellos hispano-hablantes. Los aparentemente fastidiados han venido desde México a comprar arte mexicano.

Digan ustedes si tienen o no razón. La Secretaría de Hacienda, el nuevo Super Yo, no les ha dejado otro remedio al gravar sobre la utilidad el tratamiento fiscal. ¿Y quién tiene la factura de un José María Velasco? En los Estados Unidos, por no ser ciudadanos, ni les retienen ni les cobran un centavo. Y, además, bueno, están las razones del status, departir en las galerías del Soho, cenar cada noche en el East Side, dormir en el Pierre o en el condominio de MOMA Towers. No es lo mismo comprar en México que en Nueva York, no sabe igual. Es más chic manejar con soltura la paleta por 600 mil o un millón de dólares y fuera del ojo fiscalizador. Y por eso, en las subastas, cerca del noventa por ciento del arte mexicano es adquirido por gente de esa nacionalidad. Ellos están al tanto: las limitaciones son enormes pero la insistencia en Lo Nuestro posee compensaciones notorias: es tema inagotable de conversación, es vanidad que no requiere de más explicaciones con las visitas y concede el prestigio íntimo sin el cual ni familias ni residencias alcanzan el grado de perfección.

¿Quiénes compran? *Art News* (mayo de 1994), luego de consultas a galeristas, subastadores, historiadores, críticos y artistas, entrega la lista de los veinticinco coleccionistas de arte más importantes de México, empresarios en su totalidad. Son ellos Manuel Arango (Fundación Aurrerá, Afra), Sergio Autrey (Organización Autrey), Emilio Azcárraga (Televisa), Manuel Espinosa Iglesias (exbanquero), Mauricio Fernández Garza (Pyosa), Eugenio Garza Lagüera (Grupo VISA), Carlos Hank González (empresario y político) y su hijo Carlos Hank Rhon (Hermes), Andrés Blaisten (industrial), Aurelio López Rocha (WTC Guadalajara), Enrique Molina Sobrino (Grupo Escorpión), Alfonso Romo Garza (Pulsar), Carlos Slim Helú (Carso), Lorenzo H. Zambrano (Cementos de México). Son fortunas de la Ciudad de México, Guadalajara y Monterrey... y valdría la pena detenerse en Monterrey. Allí una burguesía antes considerada rústica ("los bárbaros del Norte") se aficiona al arte no necesariamente como inversión, no forzosamente como regodeo estético. Quizás la primera vez alguien presume de un cuadro maravilloso, y la segunda ocasión ya está presente un art-dealer, muy bien relacionado y simpático, y el art-dealer recomienda y sugiere, y algunas (más que algunos) le hacen caso, y al cabo de algunos años el Grupo Monterrey entero conoce de las delicias y terrores de la compra de objetos cuyo sitio natural, su ecosistema por así decirlo, es la casa-museo.

A la subasta se va de incógnito

Al prohibirse la venta del arte indígena, el saqueo no se detiene ni se vuelve necesariamente más difícil, pero los coleccionistas tienen miedo a decomisos y cárceles, y van acercándose al arte virreinal, no sin precauciones, tanto robo sacrílego, pero con una seguridad más consistente. Si los objetos no tienen huellas de la sangre del sacristán que quiso impedir el despojo, servirán para decorar restaurantes y hoteles, o conferirle un revestimiento antiguo y moderno a las mansiones (¡Ah, los santos que son lámparas! ¡Ah las vírgenes que llenan de penumbras los pasillos!), o, en menor medida, integrarse en colecciones genuinas. Y en eso andábamos cuando se producen más sacudimientos del Mercado: en alza la pintura de castas, artistas como José de Páez, las monjas coronadas y el costumbrismo. En materia del siglo XIX venden ahora lo popular y lo regional popular. Vuelve lo académico porque inspira armonía, tienen demanda los paisajes tal vez por nostalgia ecológica, un Hermenegildo Bustos es un milagro, y la pintura religiosa, aunque menos que la colonial, se hace de clientela. Y en materia de la demanda, Rafael Matos divide al siglo XX en tres cuartos de siglo y dieciocho ya probados:

1900-25: Julio Ruelas, Saturnino Herrán, Joaquín Clausell, Icaza, Dr. Atl.

1925-50: Rivera, Orozco, Siqueiros, Tamayo, Carlos Mérida, Roberto Montenegro, Manuel Rodríguez Lozano, Escuelas al Aire Libre.

1950-75: Juan O'Gorman, Juan Soriano, Ricardo Martínez, Gunther Gerzso, Olga Costa, Leonora Carrington, Remedios Varo, Francisco Toledo.

1975-93: Enrique Guzmán, Germán Venegas, Nahum B. Zenil, Julio Galán.

En el mercado hay de todo, artistas excelentes con mala venta, mediocres o lamentables con un mercado fantástico (lo que Matos llama "golosinas visuales"), excelentes con buen mercado. Como siempre, abundan los falsos. ¿Y quiénes disciernen? Los coleccionistas, los compradores, los decoradores. No encarguen un Rebull por teléfono, aconsejan los de la Asociación Mexicana de Comerciantes en Artes y Antigüedades.

El gusto es una sucesión de vuelcos y preguntas. ¿Qué es una casa-museo? ¿Por qué el destino de las colecciones suele ser más interesante que la vida de sus propietarios? Pronto, tal vez, abundaremos en destinos previsibles: padre Self-Made-Man, hijo coleccionista, nieto Connaisseur. Se instala el triángulo: el mercado, la crítica de arte y el coleccionismo, el Estado se margina considerablemente del proceso por su carencia de planes adquisitivos, y quienes se pueden dar literalmente ese lujo, creen en el arte y se abocan al reencauzamiento valorativo. Desaparece Disneylandia, aparece Beaubourg; desaparece Epcott, aparece el Metropolitan Museum of Art; desaparece el miedo a opinar, aparece el MOMA. Y el coleccionismo dispendioso se acerca, gracias a trescientas personas que serán mil, que serán diez mil, a la condición de tribu en lo alto de la pirámide.

Sólo se comprenderá al coleccionista cuando se haya extinguido (W. Benjamin).

Parábolas de las postrimerías
EL APOCALIPSIS EN ARRESTO DOMICILIARIO

Bienaventurado el que lee, y más bienaventurado el que no se estremece ante la cimitarra de la economía, que veda el acceso al dudoso paraíso de libros y revistas, en estos años de ira, de monstruos que ascienden desde la mar, de blasfemias que descienden para cercenar el tartamudeo, y de dragones a quienes seres caritativos filman y graban el día entero para que nadie se llame a pánico y se les considere criaturas mecánicas y no anticipos del feroz exterminio.

Y digo lo que miré en el primer día del milenio tercero de nuestra era. El que tiene oído, oiga, y el que no que se ahogue en lascivias, en concupiscencias, en embriagueces, en glotonerías, en banquetes, y en otros abominables placeres deleitosos.

Y vi una puerta abierta, y entré, y escuché sonidos arcangélicos, como los que manaron del sonido muzak el día del anuncio del Juicio Final, y vi la Ciudad de México (que ya llegaba por un costado a Guadalajara, y por otro a Oaxaca), y no estaba alumbrada de gloria y de pavor, y sí era distinta desde luego, más populosa, con legiones columpiándose en el abismo de cada metro cuadrado, y video-clips que exhortaban a las parejas a la bendición demográfica de la esterilidad o al edén de los unigénitos, y un litro de agua costaba mil dólares, y se pagaba por meter la cabeza unos segundos en un tanque de oxígeno, y en las puertas de las estaciones del Metro se elegía por sorteo a quienes sí habrían de viajar ("No más de quince millones de personas por jornada", decía uno de tantos letreros que son el cáliz de los incontinentes).

Y había retratos de la Bestia y de la Ramera, y el número era 666, pero comprendí que no estaban allí para espantar, sino con tal de promover series especiales ("Salude al día con sonrisa milenarista"), y busqué en vano las señales, los arcos celestes, los tronos que emitían relámpagos, los mares de vidrio, los animales tan poblados de ojos que *parecían sala de monitores, los libros de siete sellos... Sólo encontré los signos de plagas, muerte, llanto y hambre, pero no eran muy distintos a los anteriores, a los por mí vividos, más temibles porque recaían sobre más gente, pero hasta allí. Y había más protestas y más promesas, territorios liberados y territorios ocupados, más hartazgo y más resignación, pero hasta allí. Y a las frases cínicas las interrumpían las confesiones desgarradas, y las carcajadas obscenas se volvían sonrisitas tímidas, pero hasta allí.*

Y me alarmé y pregunté: ¿qué ha sucedido con profecías y prospectivas? ¿Dónde almacenáis el lloro y el crujir de dientes, y los leones con voz de trueno que esparcen víctimas como si fueran volantes, y el sol negro como un saco de cilicio, y la luna toda como de sangre, y las estrellas caídas sobre la tierra? ¿Dónde se encuentran? ¡No pretendáis escamotearme el apocalipsis, he vivido en valle de sombra de agonía aguardando la revancha suprema de los justos, hice minuciosamente el bien con tal de ver a los fazedores del mal reprendidos a fuerza de fuego y tridentes y cesación del rostro de Dios!

Y quienes me oyeron, porque de oídos no carecían, se extrañaron de mi amarga verbosidad. Y doce ancianos, ya próximos todos a los treinta años de edad, debatieron entre sí, y uno se acercó y con voz de trueno que murmura me advirtió: "¡Hombre de demasiada fe! ¿Qué aguardas que no hayas ya vivido? La esencia de los vaticinios es la consolación por el fraude: el envío de los problemas del momento a la tierra sin fondo del tiempo distante. Observa sin aspavientos el futuro: es tu presente sin las intermediaciones del autoengaño". —¡Pero eso no es posible!, grité. Si el gran mérito de las épocas que vienen es su falta de misericordia. Gracias a eso uno se consuela de no habitar en ellas, y se despreocupa por el promedio de vida en la Edad del Ozono Sepulturero.

—Has descrito sin proponértelo otra estrategia de la piedad de Dios que ni empieza ni acaba —me respondió el patriarca de la tribu que bien podría tener treinta y dos años—. Los mortales se sublevarían de no creer en su trasfondo que lo venidero es siempre peor, y tal vez lo sea, pero quien alcanza a lo que veía como el lejano porvenir, entiende que no es lo más terrible, porque él sigue vivo, y lo intolerable es lo próximo, cuando él dejará de estarlo. Y así hasta la decapitación de los tiempos.

Y en ese instante vi al apocalipsis cara a cara. Y comprendí que el santo temor al Juicio Final radica en la intuición demoniaca: uno ya no estará para presenciarlo. Y vi de reojo a la Bestia con siete cabezas y diez cuernos, y entre sus cuernos diez diademas, y sobre las cabezas de ella nombre de blasfemia. Y la gente le aplaudía y le tomaba fotos y videos, y grababa sus declaraciones exclusivas, mientras, con claridad que había de tornarse bruma dolorosa, llegaba a mí el conocimiento postrero: la pesadilla más atroz es la que nos excluye definitivamente.

Fotocomposición: Alba Rojo
Impresión:
Encuadernación Técnica Editorial, S. A.
Calz. San Lorenzo 279, 45-48, 09880 México, D.F.
20-I-2000
Edición de 2 000 ejemplares

Ensayo y testimonio en Biblioteca Era

Jorge Aguilar Mora
> *La divina pareja. Historia y mito en Octavio Paz*
> *Una muerte sencilla, justa, eterna. Cultura y guerra*
> *   durante la revolución mexicana*

Roger Bartra
> *El salvaje en el espejo*
> *El salvaje artificial*

Fernando Benítez
> *Los indios de México [5 volúmenes]*
> *Los indios de México. Antología*
> *Los primeros mexicanos*
> *Los demonios en el convento. Sexo y religión en la Nueva España*
> *El peso de la noche. Nueva España de la edad de plata a la edad de fuego*
> *El libro de los desastres*
> *Los hongos alucinantes*
> *1992: ¿Qué celebramos, qué lamentamos?*

José Joaquín Blanco
> *Función de medianoche*
> *Un chavo bien helado*

Jorge Boccanera
> *Sólo venimos a soñar. La poesía de Luis Cardoza y Aragón*

Luis Cardoza y Aragón
> *Pintura contemporánea de México*
> *Ojo/voz*
> *Miguel Ángel Asturias (Casi novela)*

Carlos Chimal (comp.)
> *Crines. Nuevas lecturas de rock*

Will. H. Corral
> *Refracción. Augusto Monterroso ante la crítica.*

Gilles Deleuze y Félix Guattari
> *Kafka. Por una literatura menor*

Isaac Deutscher
> *Stalin. Biografía política*

Christopher Domínguez
> *Tiros en el concierto*

Bolívar Echeverría
> *La modernidad de lo barroco*

Mircea Eliade
Tratado de historia de las religiones
Emilio García Riera
México visto por el cine extranjero
Tomo I: 1894-1940
Tomo II: 1906-1940 filmografía
Tomo III: 1941-1969
Tomo IV: 1941/1969 filmografía
Tomo V: 1970-1988
Tomo VI: 1970-1988 filmografía
Jaime García Terrés
El teatro de los acontecimientos
Antonio Gramsci
Cuadernos de la cárcel [6 volúmenes]
Hugo Hiriart
Disertación sobre las telarañas
Sobre la naturaleza de los sueños
Bárbara Jacobs
Escrito en el tiempo
Meri Lao
Las Sirenas
José Lezama Lima
Diarios (1939-49 / 1956-58)
Héctor Manjarrez
El camino de los sentimientos
Antonio Marimón
Mis voces cantando
Carlos Monsiváis
Días de guardar
Amor perdido
A ustedes les consta. Antología de la crónica en México
Entrada libre. Crónicas de la sociedad que se organiza
Los rituales del caos
Nuevo catecismo para indios remisos
Augusto Monterroso
La palabra mágica
Edith Negrín
Nocturno en que todo se oye. José Revueltas ante la crítica
José Clemente Orozco
Autobiografía
Cartas a Margarita